生猪产业链健康状态波动机理与临界情境仿真研究

东北农业大学经济管理学院
重庆乡村振兴研究院　组编

王刚毅　申玉琢　王菁菁　主编

中国农业出版社
农村读物出版社
北　京

编 写 人 员

主　编：王刚毅　申玉琢　王菁菁

参　编：彭万勇　赵常娥　李春雷　王志琳　郝岩芝

　　　　宓一鸣　柏凌雪　贾雪蕾　王馨彗　李洪姝

　　　　王　舫　王　茜　陈思宇

前 言

健康的生猪产业链是指以紧密的组织方式将生猪产业链各环节连接起来，充分发挥各个环节的优势，降低产业链运营成本，提高产业链生产经营效率。当前，我国生猪产业的规模化和标准化正处于起步阶段，随着"非洲猪瘟"与"禁限养""去产能"等问题累积，生猪产业链显现出健康状态偏低且波动规律不明确的现象，波动引致风险谐振，中观对策缺失导致宏观调控政策和微观调控策略失效。解决我国生猪产业链数量与质量安全、价格超常波动、健康状态无序波动及风险谐振等科学问题，是生猪产业链健康发展的有力保障。

为指导养殖主体合理调整产能，有效引导市场预期，稳定猪肉价格波动，平抑"猪周期"，东北农业大学经济管理学院王刚毅研究团队经过近10年的研究，立足当前生猪产业实际供求关系，整理了与生猪产业链健康发展相关的理论并提出相关约束因素，编写了本书，为广大基层生猪养殖业研究人员提供参考，为相关养殖企业和养殖户提供产业认识和决策支持。

全书共分9章：第1章概述了生猪健康养殖和产业链的发展现状。第2章阐述了对生猪产业链健康的系统认识，并提出思路框架与理论依据。第3章至第9章分析了生猪产业链健康的约束因素，包括流动性约束、价格波动约束、外部冲击约束、组织合作约束、品牌运营约束、流通质量信用约束、环境污染约束7个产业链健康约束维度，最后提出政策建议。

本书得到了国家自然科学基金项目（71673273）、国家自然科学基金青年科学项目（71303040）、教育部人文社会科学基金项目（13YJC790142）、黑龙江省哲学社会科学基金项目（2018MSJ001）、黑龙江省自然科学基金项目（LH2019G002）、重庆市博士后科研资助项目（XM2016094）等支持，也得到了东北农业大学和重庆乡村振兴研究院相关领导的大力支持，在此表示感谢。

本书在编写形式上谋求科学性、知识性与通俗性的统一。受篇幅以及编者水平的限制，本书难免出现遗漏和错误之处，恳请读者提出宝贵意见和建议，以供今后修正与充实。

编　者

2022 年 1 月

目 录

第1章 绪论

1.1 研究背景

自 2006 年以来,我国生猪供给由严重过剩转为严重短缺,遭受破坏的市场调节机制诱发了生猪价格超常波动。猪肉价格大幅度攀升,推动了食品价格过度上涨和通货膨胀。2008 年初,南方严重雪灾的发生加剧了这一不利局面。2008 年以来,我国生猪养殖从以粗放型散养为主的模式,向集约化和半集约化转型,生猪产业进入快速变革发展期。2012 年,我国生猪出栏已达到 7.1 亿头,环比增加 1.3%,猪肉产量达到了 5 160 万吨,位居世界首位。[①] 生猪产业的贡献呈现出由满足粮食转化需求为主到满足农民增收需求为主,再到满足食品安全需求为主的阶段性转变。生猪产业链会经历"政府主导的机制—政府和市场共同主导—市场主导的机制"3 个发展阶段。我国现在正处于由政府主导向政府和市场共同主导的过渡阶段,产业链以自组织为主,生猪产业链自组织累积正效应,有利于促进产业链健康状态提升;累积负效应,则导致产业链健康状态衰退。动态累积体现在现实波动层面,我国生猪产业正经历着长期疫病累积、价格过度波动、生产成本上升、要素竞争加剧等多方面不利因素的挑战,产业链健康状态偏低且波动规律不明确。

我国是猪肉生产大国,历年来我国猪肉产量连续增长。从 1979 年的 1 001.4 万吨增长至 2015 年的 5 487 万吨,增长 4 倍之多。由图 1.1 可以看出,自 1979 年以来我国猪肉产量占肉类总产量的比重虽然连年下降,但仍然在 60% 以上,2005—2015 年稳定在 63% 左右。2015 年我国肉类总产量 8 625 万吨,其中猪肉产量 5 487 万吨,占比 63.62%。

我国是猪肉消费大国,猪肉是我国居民肉类消费的主要内容。由图 1.2 可以看出,自 2010 年以来我国居民猪肉的消费量保持平稳增长趋势,猪肉消费量占肉类消费总量的比重尽管有所波动,但始终保持在 60% 以上,2013 年的最低点占比 61.64%;2015 年我国居民肉类消费总量为 8 625 万吨,其中猪肉消费 5 742.5 万吨,占比 66.58%。

---

① 数据来源:中华人民共和国农业农村部网站。

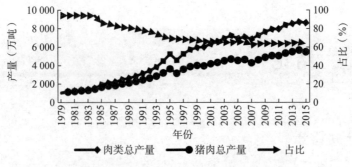

图 1.1　1979—2015 年肉类及猪肉产量情况

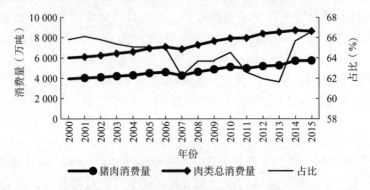

图 1.2　2000—2015 年我国肉类及猪肉消费情况

生猪产业也是我国畜牧业乃至整个农业的重要收入来源。2014 年畜牧业产值达 2.9 万亿元，其中生猪产业产值为 1.28 万亿元，占比 44.1%。从图 1.3 可以看出，畜牧业产值和生猪产业产值变化趋势比较一致，2003 年以前增长较慢，2006—2011 年增长较快，2012 年以后增长趋缓。生猪产业产值占畜牧业产值的比重在 2008 年以前基本是缓慢上升趋势，之后占比逐步下降，由 2008 年的 53.3% 下降到 2014 年的 44.1%。

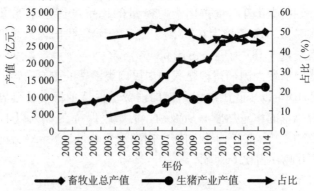

图 1.3　2000—2014 年畜牧业及生猪产业产值情况

1985 年取消生猪派购政策后，我国生猪价格呈现出较强的波动性。生猪价格超常波动影响我国的宏观经济运行，影响社会经济的稳定发展。由图 1.4 可以看到，2003 年 7 月之前的生猪价格波动相对平缓，之后分别经历了 2004 年 9 月、2006 年 12 月、2007 年 12 月、2008 年 5 月 4 次波峰和 2006 年 4 月、2007 年 7 月、2008 年 2 月 3 次波谷。2008 年之后，我国生猪价格开始频繁波动，波动幅度和频率都有所增加。截至 2016 年 4 月，最近一轮的"猪周期"中生猪价格从 2015 年 3 月的 12.27 元/千克的最低点经过长达一年多的上涨后在 2016 年 4 月达到 19.84 元/千克，逼近历史最高点。

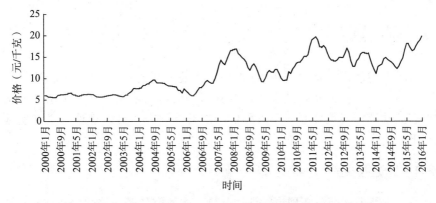

图 1.4　2000—2016 年生猪价格走势

笔者所在的研究团队经过近 10 年的研究得出，发展能够实现生猪健康、人类健康、生态环境健康和产业链健康的生猪健康养殖产业是解决我国生猪供求失衡和价格超常波动问题的根本途径。基于此结论，健康的生猪产业链是指以紧密的组织方式，将生猪产业链各环节连接起来，充分发挥各个环节的优势，降低产业链运营成本，提高产业链生产经营效率；以合理的运行机制，保证产业链整体利益最大化并实现个体的利益增加；以适合的技术和设施，提高生猪品种与设备设施技术的匹配度，最大限度地保障生猪健康，减少疾病发生，提高生猪及猪肉产品质量和数量安全，最终实现生猪健康、人类健康、生态环境健康和产业链健康的可持续发展。经过近 3 年的文献查阅、实地调研和专家访谈发现，生猪产业的规模化和标准化在我国正处于起步阶段，生猪产业链显现出健康状态无序波动、波动引致风险谐振、中观对策缺失导致宏观调控政策和微观调控策略失效等特征，亟须在组织关系紧密度、主体利益关系合理性、产业链可持续发展、风险防控能力、技术保障能力、产品质量安全和环境保护效果等方面实现生猪产业链健康的终极目标，即形成以收益分配合理、成本分摊公平、风险分担有效、利益保障稳定、价值创新增益为目标的生猪产业链健康状态。在上述研究积累和认识基础上,又发现很多亟须研究和解释的问题,生猪产业链健康的科学内涵和系统特征是什么?我国现阶段生猪产业链健康状态如何?生猪产业链健康状态如何量化测度和准确表达?生猪产业链健康状态的动态变化是如何产生又是如何演化的?在演化的边界上又有怎样的波动状态和特征表现?生猪产业链健康状态的波动会对农业产业和社会经济形成怎样的影响效应?现有的调控对策是否有效?又是什么因素造成现有调控对策效果有限?相关的政府与企业又该如何有效应对生猪产业链健康状态的波动?全面、系统并科学地解释以上问题,是本研究的出发点。同时,通过理论结合实践来解决这些问题,是本研究的归宿。

1.2 研究意义

基于上述认识,本书针对生猪产业链健康概念的科学界定及其状态测度、生猪产业链健康状态波动机理及其临界情境的系统仿真、生猪产业链健康状态波动调控对策体系 3 个方面的问题开展研究,具体理论意义和实践意义如下。

1.2.1 理论意义

(1)丰富生猪产业链理论的认识基础。本研究从产业链健康及其状态波动的内涵、特征、规律、模式、机理等方面,描述、分析并界定了生猪产业链健康这一概念范畴,并提出生猪产业链健康状态测度指标体系,上述研究内容为丰富生猪产业链理论提供了认识基础。

(2)完善系统分析框架。为相关领域学者研究生猪产业链健康状态波动机理提供系统分析框架,为生猪产业链及其状态波动研究提供方法支撑。为构建生猪产业链主体收益分享、合作成本分摊、运营风险分担和产业链价值增益的产业健康体系及其实现状态的测度指标体系提供方法支撑,为研究生猪产业链健康及其状态波动机理提供理论依据。

1.2.2 实践意义

为生猪产业链市场主体制定决策提供方案借鉴和实践导向。利用笔者团队多年研究区域生猪产业链组织与机制的成果和建立的广泛调研基地(部门)、学术研究网络,为相关企业、市场和养殖户提供产业认识和决策制定的借鉴方案,为生猪产业链管理主体制定政策提供依据,为生猪产业相关部门提供解决生猪价格过度波动、生产成本上升、要素竞争加剧问题的决策依据。

1.3 国内外研究综述

根据研究所涉及的研究对象、研究思路与研究内容、研究基础理论与研究方法，重点围绕生猪健康养殖和产业链健康、生猪产业链健康状态波动及其机理研究、生猪产业链健康状态波动的系统仿真 3 个主要方面展开概念和方法性文献综述，再从价格波动、流动性、市场集成度、组织合作、气候变化、养殖污染 6 个主要约束维度展开文献综述。

1.3.1 生猪健康养殖和产业链健康的研究现状

生猪产业链健康的概念最早源自"生猪健康养殖"的内涵。梳理国内外相关文献，可以分为健康养殖、生猪健康养殖、生猪产业链健康 3 个层次。

（1）健康养殖的研究。健康养殖的概念最早是在 20 世纪 90 年代中后期由我国海水养殖界提出的，以后陆续向淡水养殖、生猪养殖和家禽养殖渗透并完善。健康养殖方式所形成的经济效益和环境效益很大程度上规避了各种农业经济组织和养殖户的经营风险（胡浩等，2009），为以养殖为核心环节的牧渔产业健康有序发展提供了路径保障（卢凤君等，2011）。这一阶段的研究普遍将健康养殖作为规避风险的一种手段，而化解风险及其影响、产业链主体的风险偏好与风险态度是产业链健康状态的重要识别特征之一。国外生猪产业链风险的来源主要有 2 个：疫病风险和标准提升带来的政策风险。相比而言，我国生猪产业链风险的来源比较复杂，很大部分的风险产生于市场，政策风险影响程度相对较弱。市场风险的不确定性给我国生猪产业链风险防控体系的建立带来了一定的难度。

（2）生猪健康养殖的研究。一些专家学者从生猪养殖过程中病害的形成、健康养殖原理与目标、动物营养和生态条件等不同角度对健康养殖进行了阐述（沈瑞玲，2006；张国洪，2006；王道坤，2007；孙世民，2007；Horgan et al.，2011）。生猪健康养殖不仅是追求消费者健康和生猪健康，更将环境健康和产业链健康作为衡量"健康度"的主要指标。卢凤君等（2009）最早将生猪健康养殖定义为"一种具有较高经济、社会和生态综合效益的养殖模式，它是根据不同生猪品种的生物学特性，以保护生猪健康、人类健康和生态环境为目的，以动物生理学、营养学、生态学以及经济学、供应链管理、系统学为依据，利用有利于生猪健康和环境保护的集成技术（包括生物、工艺、装备、设施和材料），为生猪提供良好的、有利于快速生长的生产工艺、生态环境和安全营养饲料，使其生长发育期间，最大限度地减少疾病发生，最终生产出符合无公害及其以上标准的生猪产品"。生猪健康养殖除具有一般健康养殖的本质属性外，还应具有以下 3 个方面的特征：人畜和谐的全新理念、健康安全的生猪养殖全过程、健康安全的供应链主体参与过程（孙世民，2007）。在产业链的层次，生猪健康养殖可以化解养猪业发展面临的消费需求增长与资源供给增长平衡失调、数量安全与质量安全保障困难、质量保障与成本降低协调乏力、整体投入与主体目标协同困难、龙头企业提升发展能力与保持眼前绩效冲突五大矛盾，进而形成生猪产业链健康（卢凤君等，2006、2008），这是生猪产业链健康这一概念的首次提出。发展能够实现动物健康、生态环境健康、人类健康和产业链健康的生猪健康养殖产业是解决我国生猪供求失衡和价格超常波动问题根本途径（卢凤君等，2008；王刚毅等，2011；单福彬，2012）。

（3）生猪产业链健康的研究。生猪产业链健康是"人类健康、动物健康和生态环境健康"的结果，生猪产业链健康状态是生猪产业发展过程客观评价与科学描述的重要指标，是生猪健康养殖发展的终极目标。因此，生猪产业链健康的研究有较高的理论价值和现实意义。生猪产业链健康状态优化是确保生猪产业高效持续发展的基本条件（肖传禄，2007），是中国养猪业发展的趋势和出路（齐广海，2008）。近年来，国内外学者从收益分配、成本分摊、风险分担等角度勾勒出生猪产业链健康的基本内涵和产业链健康状态识别的框架。首先，经济利益是农业产业化经营机制的核心（郑立平等，2005），农业产业化的各经营主体都应获得正常合理的利润（庄丽娟，2011），且应遵循"风险共担、利益均沾、公平分配"（王刚毅等，2011；Phillips，2010；牛若峰等，2010；冯永晔等，2010；铁晓明等，2010）和"利益、效率、协调和平衡"（卢凤君等，2012）等原则。因此，利益的合理分配是生猪产业链健康的基础。合作伙伴能否获取产业链剩余利润是产业链能否长期稳定运行的关键因素（刘贵富，2011）。关于生猪产业链健康的研究，国内外学者多以价格、收益、成本和风险作为生猪产业链健康状态评价的主要指标（Pellini，2001；Widowski，2008；Fujihara，2005）。生猪产业链合理利益分配的前提是产业稳定发展，产业链各环节间建立稳定的契约关系（卢凤君等，2007）。从价值链的角度来看，形成农业产业化利益共同体的利益分配机制，需要解决比较利益在各主体之间合理分配等问题（张亮，2010；吴群，2011），以及能否形成一个"利益共同体"（盛毅，2010；刘红斌，2010；曹永林，2012），若猪肉加工企业过分地追求利益最大化，会使农户只注重短期利益（王凯，2012），广东温氏集团"公司＋农户"的成功在于以龙头企业为核心的"合同型"利益机制（王凯，2009）。建立牧企利益联结机制，用政策引导龙头企业选择利益联结方式（王济民，2011）。其中，投资环节和方式是引发产业链功能主体联结方式的关键，并导致形成不同的利益分配方式（李晓红，2007）。在生猪养殖企业与屠宰销售企业利益分配的市场交易、批发价、收益共享 3 种契约方式中，收益共享契约可使双方利益一致化（胡凯，2010）。中高档猪肉产业链具有较高的价值创造潜力，产业链上合作伙伴自身利益最大化是产业链发展的强大动力（李晓红等，2005）。在"理性人"假设下，主体对利益最大化的追求是涉农产业链阶段演进的根本动力（卢凤君，2005）。通过农业产业化利益联结，使农民通过产业化链条上的各个组成部门多层次获利，从而促进主导产业的膨胀和波动（张瑜，2011）。生猪产业链健康层次的研究主要涉及风险规避、利益分配、成本分担等内容，但对生猪产业链健康这一概念尚无系统的内涵界定、特征分析以及系统分析框架。同时，缺乏对与生猪产业链健康有关的各项指标的定量评价，使研究主体和产业决策主体难以从整体上把握我国及区域内生猪产业链健康水平，这正是本研究要解决的重要问题之一，即在前人研究的基础上科学界定生猪产业链健康的内涵和特征，并提出生猪产业链健康的系统分析框架和生猪产业链健康状态的评价指标体系。

1.3.2 生猪产业链健康状态波动及其机理研究

本书所研究的生猪产业链包括上游的饲料作物、饲料原料及饲料添加剂生产，种猪、饲料和兽药等生猪投入品生产，中间的生猪饲养、管理和疫病防治，下游的生猪屠宰、加工、储存、流通、销售，以及主副产品精深加工等环节。国内外现有生猪产业链健康状态波动的研究大多集中在价格波动、生产波动、成本与收益波动等方面。一般认为，生猪生产与价格的稳定有利于消费者价格指数（CPI）保持平稳，而CPI的稳定又有利于国民经济的健康稳定发展（王刚毅等，2018）。因此，生猪市场的平稳发展间接有利于国民经济保持健康稳定发展。生猪产业链的稳定性不仅影响整个饲料工业的稳定发展，甚至影响国家粮食安全。国内外文献虽然没有用"健康"来表达对生猪产业链状态的定性描述，但相关研究普遍重视生猪产业链变化过程中的正面效应和负面效应问题，这正是本研究中所定义的生猪产业链健康状态波动的重要表征。

（1）周期性规律引致的生猪产业链健康状态波动研究。这部分研究主要以测定波动周期为目标，很多研究者在探索其中的规律，周期性的波动在本研究中体现为生猪产业链健康状态渐变波动，而本书是在国内外已有研究成果基础上重点研究渐变边界上的波动机理并对这一过程进行系统仿真。西方学者首先提出了生猪生产的周期性特征，后来大量学者对这一问题从不同角度并利用不同方法进行了研究。从这些研究结论来看，生猪生产波动的周期性特征，并不是物理意义上的"等时间间隔"波动，而是一种具有经济意义的带有循环特征的现象。这种现象所表现出来的周期性波动在时间意义上仅仅具有"平均"的含义，除去"平均"意义的生猪生产波动周期特征研究是不具有现实意义的

（王孝华等，2017）。关于生猪生产周期性波动特征的一个基础理论就是蛛网模型理论，该理论是西方学者对生猪生产波动周期研究的重要结论。Ezekiel（1938）应用蛛网模型理论分析了不同时期价格对生产者供给行为的影响程度，认为产量与价格之间的循环变化形成了生产波动过程（王兵等，2014）。Harlow（1960）利用蛛网模型分析了生猪屠宰量与价格之间的动态变化关系，奠定了蛛网模型在研究生猪生产波动周期的基础框架，由于该模型仅考虑价格因素对生产量的影响，而具有一定的局限性。Larson（1964）运用谐波理论研究了生猪生产波动问题，该研究在 Harlow 的基础上考虑了除价格外的其他影响因素对生产者供给的影响，同时得出了生猪生产波动周期的非可靠性结论。Bancroft（2003）认为，影响生猪生产波动的主要因素包括替代品价格、玉米价格、生产技术效率、消费者心理因素、国际贸易需求、生产加工需求、疾病或政策变动等。Bowden 等（2008）利用小波分析原理对净利润率指标进行了趋势与周期成分分解，分析了两者之间的因果关系，并检测了其结构突变特征，认为短周期几乎出现在所有的商品价格之中，而较长周期的发生一般与汇率和商品价格的相互作用有关。关于生猪产业与农业产业之间的关系，主要体现在农业为生猪生产提供饲料。因此，某些农产品产量、价格发生变化，会直接影响到生猪产业链并引致不同程度的波动。田维明（2012）、潘耀国（2011）等从不同的角度研究了玉米生产波动对生猪产业发展的影响。国内学者普遍认为，农业产业波动，尤其是玉米产业波动与生猪产业链稳定具有非常紧密的联系。国内学者应用不同的研究方法，选择不同的研究样本与时间区间，大致得出我国生猪生产波动周期为 6 年左右的结论。

（2）产业布局变迁引致的生猪产业链健康状态波动研究。地区经济的不均衡发展与产业结构的调整所导致的生猪产业布局变迁是引发生猪产业链健康状态波动的主要原因之一。胡浩等（2005）通过分析发现，我国生猪产地开始由东南沿海地区向华北及西南地区发生转移，并利用综合优势指数分析了不同省份之间的比较优势情况。张存根（2006）通过对我国生猪生产区域迁移方向的研究，结合比较优势与合理布局的原则，提出了我国未来生猪生产区域调整的整体思路。陈伟生（2006）通过研究认为，影响我国生猪生产区域变化的因素主要包括养殖比较效益、环境污染和土地价格、粮食产量和交通运输等方面，同时还包括饲料、加工方面的影响因素。于潇萌等（2007）认为，我国生猪养殖主要集中在西南地区的四川、重庆，长江中下游地区的湖南、湖北、安徽、江西，华北地区的山东、河北、河南，东北地区的生猪养殖也呈现出加速发展的态势。冯永辉（2009）认为，随着我国生猪养殖规模化进程的不断加快，生猪养殖区域将由传统产区向黄淮流域转移，同时，东北粮食主产区及其他边远地区生猪养殖有快速发展的趋势。

（3）生猪产业规模化与标准化引致的生猪产业链健康状态波动。从国外对生猪养殖的实践来看，规模化、标准化将是我国生猪生产发展的必由之路。同时，这一转变升级过程也是引致生猪产业链健康状态波动的主要原因之一。在本研究中，规模化与标准化是生猪产业链健康状态临界波动的结果。于爱芝（2005）利用国内资源成本模型，对我国农户散养、专业户饲养和国有集体饲养 3 种模式下生猪生产的比较优势进行了研究，发现国有集体饲养的比较效益比其他 2 种类型更为明显，其中农户散养比较优势最低。宋连喜（2007）通过对生猪散养模式的利弊进行分析，发现农户散养模式在现有养殖条件下具有存在的必要性。

（4）生猪产业链健康状态波动原因的研究。国内外学者对生猪产业链波动原因的研究方法可以分为定性研究与定量研究，无论选择哪种研究方法，前提都是要确定引起生猪产业链健康状态波动的影响因素（卢凤君等，2011；VanDam，2012）。关于这方面的研究有：曹暕（2002）通过比较认为，改革开放前，生猪产业链健康状态波动主要受生猪经济体制影响较大；改革开放后，价格因素成为影响我国生猪产业链健康状态波动的主要原因。宋连喜等（2006）认为，引起我国生猪市场周期性波动的原因包括市场经济规律的调节作用、市场供求关系的变化，宏观调控及市场体系不完善、畜牧业信息体系不健全，生产与加工、销售环节利益分配不合理，组织化程度低，生猪供给对市场价格作出的反应具有较突出的滞后性，以及未可预见因素的影响；李秉龙等（2007）从政府宏观调控、猪肉供给和需求 3 个方面解析了中国生猪产业链健康状态波动的原因；吕杰（2007）通过分析认为，造成我国生猪产业链健康状态波动主要原因有内部和外部 2 个方面，内部因素主要包括饲料成本、生产加工、小规模生产等，外部因素包括疫情、宏观调控体系等；农业部课题组（2008）认为，全球粮食减产、石油价格飙升、疫情发生、规模户饲养量上升未能弥补散养户下降缺口都是最近一次产业链健康状态波动的诱因；潘春玲（2008）分析认为，生猪价格、利润周期、疫病发生的不确定性和农户饲养规模是生猪产业链健康状态波动的主要原因；陈欣天（2009）认为，行政垄断行为是引起我国生猪产业链健康状态波动的重要原因。通过已有文献的分析，可以将引起我国生猪产业链健康状态波动的影响因素归结为 2 种类型：一类是内部传导因素，另一类是外部冲击因素。在这方面的研究中，比较全面的研究者有綦颖（2008）和肖红波（2010），他们不仅对引起我国生猪产业链健康状态波动的原因进行了定性分析，还结合有关数据，利用计量模型进行了定量分析，可以较为清楚地了解不同因素对我国生猪产业链健康状态波动的影响程度。

1.3.3 生猪产业链健康状态波动的仿真研究

生猪产业链是典型的多变量、非线性、复杂的经济系统，只有建立一个适合该系统的动态分析模型，才能全面准确地研究系统中各个因素之间的相互关系和它们对系统行为的影响。国内外部分学者采用系统动力学（SD）等方法对生猪行业、生猪市场、猪肉供应链等进行了仿真研究（Ross，2009；Hofman，2010；Klein，2012）。20 世纪 90 年代以来，系统动力学在畜牧业中的应用日益增多，尤其是在国家、区域和地区畜牧业发展规划方面（柴琦丽等，2006）。在生猪产业研究领域，卢凤君等（2002）运用系统动力学对县域生猪产业发展联盟的动力机制、北京市中高端猪肉市场供应商品牌行为的效应及其形成机理进行了研究，分析了县域生猪产业联盟的发展动力和北京市中高端猪肉市场供应商的品牌行为，并提出了相应的改善策略。Osinga 等（2010）利用代理仿真模型，研究了在代理人行为不能被完全控制的情况下，自上而下的措施对于实际的代理行为和整个系统行为所产生的影响，并以中国猪肉行业为案例进行了研究。结果表明，动机和达到目标的可能性是提高整体系统质量的重要要求，而能够提供更多信息的政府会增强这种效果。Imre 等（2009）通过模型仿真研究认为，与发展中国家相比，匈牙利猪肉产业链健康面临着相当大的不利因素的挑战。Cerjak 等（2011）通过实地调研和系统仿真研究发现，喂料不足与传统的喂养系统、低效率的喂养结构、落后的农业设备等方面的问题是导致克罗地亚生猪产业链效率低下的主要因素。克兰菲尔德大学管理学院的研究团队（2010）、Neureuther（2009）、David B（2012）等从不同角度进行了生猪产业链健康状态波动相关的建模与系统仿真研究。胡凯（2010）对生猪价格进行了系统动力学仿真，甘筱青等（2012）对生猪供应链系统上不同组织模式的成本波动进行系统动力学仿真。综合相关文献，国内外的生猪产业链仿真研究大多以探究波动周期、分析影响因素和决策评估为主，鲜有针对生猪产业链健康状态波动边界的仿真研究。

以上为生猪健康养殖和产业链健康、生猪产业链健康状态波动及其机理研究、生猪产业链健康状态波动的系统仿真 3 个方面的概念和方法性文献综述，接下来从价格波动、流动性、市场集成度、组织合作、气候变化、养殖污染 6 个主要约束维度展开文献综述。

1.3.4 生猪产业链健康的价格波动约束

有关我国生猪价格的研究大致可以分为"猪周期"、价格传递、影响因素 3 个方面。"猪周期"这一概念由西方学者首先提出，随后众多学者从不同角度、运用不同方法对这一问题进行了研究。Harlow（1960）最早运用蛛网模型理论分析了生猪价格、生猪产量及生猪屠宰加工数量之间的关系，并得到了生猪价格波动具有 4 年左右波动周期的结论。此后，蛛网模型理论便成为研究生猪价格波动周期的重要理论方法。Harlow（1960）运用蛛网模型理论研究了 20 世纪 50 年代美国生猪价格波动的规律，同时在蛛网模型理论中考虑了供给反应的滞后效应，指出在外部因素稳定的情况下，生猪价格的波动长度是由生产者对生猪价格预期的反应所决定。Talpaz（1974）将蛛网模型理论和分布滞后模型等整合为多频蛛网模型，并以 1964—1971 年美国仔猪、猪粮比的月度数据为分析基础，研究发现在样本期内有 6 个不同长度的波动周期。20 世纪 70 年代之后，国外学者在对"猪周期"的研究中更加倾向于计量经济学方法的应用。Griffith（1977）以澳大利亚 1958—1975 年的猪肉产量、生猪屠宰量、猪肉价格月度数据为研究对象，运用交叉谱分析法研究变量序列之间的相互关系，同样得到了价格序列具有 4 年波动周期的规律。国内学者毛学峰等（2008）研究表明，我国生猪价格存在显著的周期波动，周期为 35～45 个月。王明利等（2010）研究表明，我国生猪价格的平均周期长度为 30 个月。谢杰等（2015）采用 HP 滤波法分析我国生猪市场价格波动的特征，研究表明，生猪价格、猪肉价格、仔猪价格波动周期大多数超过 40 个月。由于学者们所截取的时间范围不同，在结论方面会存在差异，但都说明我国生猪价格波动具有一定的周期性规律。

有关生猪价格的传递，Chavas（1991）运用经典线性 AR 模型研究美国生猪价格周期时，发现"猪周期"的动态波动过程可能存在非线性和非对称性（于爱芝，2005）。Nelson（1991）提出 EGARCH 模型，用标准化的扰动项来区分正向冲击和负向冲击对价格波动的不同影响。Glosten 等（1993）在 EGARCH 模型的基础上，通过引入虚拟变量设置门限的方法来分析价格波动的非对称性。门限模型提出后被广泛用来研究农产品价格传递的非对称性。具体到生猪产业，Goodwin 等（2000）对 1987—1998 年美国生猪生产者价格、批发价格和零售价格进行研究，结果显示，生猪产业链价格传递具有明显的门限效应，同时具有显著的非对称性。Abdulai 等（2002）利用门限向量误差修正模型对瑞士生猪产业链的价格传递进行研究，结果表明，当生产和零售价格差减少时，价格的传递速度较快。Holt 等（2006）在对美国将近 100 年的猪粮比研究中，运用区制转移模型为生猪波动的非线性特征、体制依赖行为和结构变化提供了证据。McCullough 等（2012）在美国的"猪周期"中检测到了非线性特征。Berg 等（2015）运用诊断建模方法对德国近 10 年的生猪价格序列进行研究，结果表明，德国生猪市场的非线性是由时滞所引起的。

国内学者辛贤等（2000）较早研究中国生猪产业价格传递问题。李圣君（2013）指出，生猪及猪肉全产业链各环节价格波动呈现明显的周期性，且彼此之间超越传统的线性影响关系，呈现相互影响、相互作用的复杂影响关系。例如，陈晨（2011）对我国生猪价格在猪肉、生猪、仔猪、玉米价格等环节之间的传导机制的研究表明，玉米价格对猪肉、生猪、仔猪3个环节的冲击在长期内保持较大影响。周金城等（2014）指出，生猪价格与玉米价格存在长期均衡关系，玉米价格变动对生猪价格变动有显著影响。董晓霞（2015）研究表明，中国生猪价格与猪肉价格之间的传导是非对称的，且这种非对称现象具有双向特征，即生猪价格对猪肉价格的传导是非对称的，猪肉价格对生猪价格的传导也是非对称的。周应恒（2015）研究同样证明，近10年来生猪出栏价波动存在显著的非线性门限效应。生猪价格波动受多方面因素影响，Bancroft（2003）认为，影响生猪生产波动的主要因素包括替代品价格、玉米价格、生产技术效率、消费者心理、国际贸易、疾病和政策变动等。Bowden等（2008）利用小波分析原理对利润率指标进行了周期分解，并检验其结构突变特征。

从供给侧来看，我国传统的生猪散养方式、生猪生产成本的大幅上涨、生猪养殖户的价格预期、生产时滞等引起了我国生猪价格的剧烈波动（辛贤等，1999；李治国，2009）。高阔等（2012）研究表明，生猪产业生产要素的价格上涨不是构成猪肉价格上涨的因素。梁桂（2011）指出，供给方面因素是影响生猪价格波动的主要原因，而市场供求信息的滞后性是影响生猪价格波动的深层原因。宋连喜（2009）认为，供给方面影响除了与生产者价格预期有关外，仔猪价格也是一个重要影响因素。谭莹（2010）通过经济学模型得出生猪总体供给各因素的短期动态效应，从生猪饲料价格对猪肉供给弹性和母猪补栏对供给的反应系数等方面来解释价格波动成因。从需求侧来看，苗贺雨等（2012）认为，消费者对猪肉的需求量对生猪价格波动有重要影响。赵静（2010）指出，影响生猪需求状况的因素有居民的收入、替代品的相对价格、消费习惯以及突发事件等。宁攸凉等（2010）对影响及导致生猪价格波动的各种原因进行了定量分析，认为影响生猪价格的其他因素还包括人口增长、人口分布结构、市场发育程度等，这些变化对生猪价格的影响取决于所导致的猪肉消费需求变化。

除了供给和需求层面的影响因素，部分学者认为还包括系统外因素。张利庠等（2009）指出，生猪产业链养殖环节利润最低造成养殖基础薄弱和散户承担风险大、反馈滞后也是导致生猪价格波动的主要原因。另外，疫病、自然灾害、政策、金融环境等外部冲击都受到不同学者的关注（潘春玲，2008；周发明等，2012；潘方卉等，2016）。关于价格超常波动，单福彬（2011）指出，生猪价格的超常波动使生猪养殖风险增大、收益不稳定，频繁的价格波动影响了养殖主体决策的理性。陈甜等（2014）将畜牧产品价格异常波动的原因总结为直接原因、深层原因和持续原因。

1.3.5　生猪产业链健康的流动性约束

本部分主要从生猪供应链的管理与融资、订单农业的决策与履约行为、供应链上的流动性约束成因与解决路径三大方面对国内外的研究现状进行阐述总结，同时引出本书研究内容的必要性与可行性。

（1）生猪供应链的相关研究现状。对于生猪供应链的管理运作模式方面，国外学者 Bouma（2006）对西方国家的生猪供应链运作模式进行了研究，发现垂直整合模式、合作模式以及新兴的合作模式在生猪供应链的发展中比较适用，并且取得了良好的成果。国内学者何开伦（2011）分析了生猪绿色供应链的管理模式和特征，并提出了生猪绿色供应链管理系统结构和运作模型，认为核心企业应当从产品和企业环境 2 个方面充分运用绿色运营理念，才能实现生猪供应链绿色管理目标。高阔等（2013）从时间和空间 2 个视角对生猪供应链运作模式进行分析，并指出中国未来的生猪供应链模式应当是上纵下横集团联盟生猪供应链，即上游纵向一体化或准纵向一体化（龙头加工企业＋农户）＋下游横向一体化（龙头加工企业＋物流公司＋销售商），是一种分工协作下利益集团联盟之间的竞争。孙世民（2006）在分析我国主要猪肉生产组织模式存在问题的基础上，着重论述了优质猪肉供应链建设的依据、策略和基本框架，最后从选择合作伙伴、形成竞争合作关系、发挥政府作用等方面提出了对策与建议。从以上研究可以看出，国内外学者将生猪供应链的基本模式普遍定义为上纵下横的模式。然而，无论上游的"公司＋农户"模式还是下游的"加工＋物流＋销售"模式，生猪供应链上的节点企业对于资金都保持长期性需求。Berger 等（2004）突破传统的中小企业融资形式，最早提出了供应链金融的设想与框架；Guillen 等（2006）提出，集生产与融资于一体的供应链管理模式可以影响企业的运作与资金融通，从而增加整体收益。王刚贞（2015）从农户的角度对农业价值链的融资模式进行分析，发现链内融资模式通过贸易信贷可以解决农户生产性的融资需求，链外融资通过金融机构对农户授信解决农户的长期性资金需求。而贺群等（2013）对参与生猪供应链内部融资的龙头企业和农户进行效益分析，发现内部融资可以使双方建立相对稳固的订单关系，所获得的收益要大于通过外部资本市场融资，更加有利于生猪供应链的发展。很多学者对供应链内部融资进行了研究，认为链内融资更能解决节点企业的资金需求问题。然而，由于信用缺失、节点企业的内部融资与外源融资能力相对较弱，由此产生的流动性约束体现在供应链上节点企业间的订单不稳定上。

（2）订单农业的相关研究现状。订单农业由"农业纵向协调"演进而来，美国农业经济学家 Mighell 和 Jones 在 1963 年提出了"农业纵向协调"的概念，以农业企业为核心，将其上下游有关部门联结成统一的整体。Ouden 等

（1996）指出，农业生产具有明显的季节性和不连续性，农产品的消费具有普遍性和连续性，而农产品的储存又具有易腐坏性。他们认为，订单农业兴起的内在原因是其可以解决农产品生产、消费和储存三者之间的难题。国内学者林强（2014）认为，集中决策下的生产量优于分散决策下农产品的最优生产量，同时价格低于分散决策下的最优零售价格，存在"双边际效应"。叶飞（2012）提出了"B-S期权定价＋生产协作＋保证金"的协调机制弥补"保底收购、随行就市"订单价格机制的弊端，提高了订单的稳定性。郑银粉（2014）研究了在收购价格随机以及受价格影响的市场需求随机的双重不确定情形下，公司的成本分担因子以及农户的价格参照点、损失规避度、收购价格波动对公司与农户决策的影响。农业自身的弱质性与高风险性以及农产品市场价格波动性导致企业内部资金短缺，因此农业订单的履约行为发生概率相对较高。Sharma等（2012）指出，许多订单农业实践中签订的某些合同条款旨在保护企业的利益，如企业保留修改收购价格的权利，这些条款会侵害农户的正当利益，可能导致订单违约的发生。Zylbersztajn（2003）应用交易成本理论，对巴西东北部1 523户参与番茄订单生产的农户履约情况进行了定量分析表明，农户的履约率与农户经营的规模成正向关系，规模越大的农户履约率越高；农户离农产品销售市场的距离越近，农户违约的概率越大；价格随行就市的合同比固定价格的合同履约率高。曹艳爱（2014）通过渠道权利理论和博弈论对"公司＋农户"型订单的违约机理进行分析，得出契约双方的违约动机为订单产生的效用大小，违约条件是替代的稀缺性，违约成本取决于替代成本的大小，因此订单具有一定的脆弱性。只有扩大契约市场的均衡区间，在减少替代关系的同时提高替代成本才能提高订单的稳定性。王刚毅（2011）通过组织行为学理论和博弈论方法，讨论了生猪养殖主体和加工贸易主体之间关于商品猪价格的收益分享博弈行为，同时阐述了生猪健康养殖模式对于稳定订单的意义。郭红东（2006）建立了一个企业与农户的订单履约博弈模型，研究发现，实行"保底收购、随行就市"的履约率明显高于其他价格条款的履约率，对农户专门投入有要求和有奖励措施条款的订单履约率要高于没有这些条款的订单履约率。已有的大多数文献从价格的角度分析了农业订单的不稳定性，对于订单农业违约的机理与动机进行了研究，并就提高订单稳定性提出了相应的对策建议。

（3）流动性约束相关研究现状。已有的研究企业的生产和库存决策文献中大多数都假定资金充足，然而，实际上流动性约束始终存在于企业乃至整个供应链的生产过程，并限制了企业的生产以及供应链的发展。

理论上，早期只有Sherbrooke（1968）等学者在假定每一时期的预算已知或外生设定的情况下研究了资金约束下的库存决策，直到最近几年，才出现了较多的文献探讨物流运营决策和资金决策同时进行并相互影响的问题。然而，大多数研究都很少考虑外部银行贷款融资约束。因此，Buzacott 等（2004）首次尝试了将基于资产的融资引入生产决策中建立需求确定时的相关模型，证明了将生产和融资决策综合考虑对创业型企业的重要性。他们还在需求不确定时建立了银行和零售商之间的单周期的 Stackelberg 博弈模型，分析了在无资金限额和有资金限额时企业的订购决策。这些推导和结论证明了流动性约束严重制约了企业的生产与决策。郭丽虹等（2009）通过比较分析了受融资约束程度不同的企业投资与现金流量的关系，发现受融资约束程度越深，投资对现金流量的敏感度越大，认为投资对现金流量的敏感性反映了融资约束的存在。谢江林（2004）应用系统动力学的方法构建了供应链资金约束成长上限基本模型，分析了供应链上流动性约束产生的因素，并且利用供应链金融为杠杆提出了相应的对策以解决流动性约束对供应链发展的影响。张伟斌（2012）对现金 - 现金流敏感性进行了验证。他认为，流动性约束在整体实力偏弱的中小企业表现更加明显，而供应链融资可以缓解这种约束，提高供应链的整体效益。陈祥锋（2008）研究发现，对于具有流动性约束的供应链，资本市场的竞争程度直接影响供应链上的企业以及金融机构的利益决策。窦亚芹（2014）运用博弈论的方法分析了预订购、委托代销和组合模式 3 种合作方式的运作行为以及合同双方的博弈顺序；并构建了供应链融资和协同营运的决策模型以解释流动性约束下的供应链如何进行协同决策，研究发现，在资金充足时，供应商以委托代销的方式与零售商进行合作；在资金约束时，供应商激励零售商预订购，愿意与零售商合作，分担市场风险。胡本勇等（2009）利用非线性规划中的 Kuhn - Tucker 条件分析了流动性约束下供应链的期权柔性契约，阐述了采购资金对销售商订货决策的影响。在探讨了流动性约束对于企业的协同决策产生了怎样的影响的基础上，国内学者从供应商、制造商、零售商等不同的角度提出了相应的解决路径。张小娟（2014）从零售商的角度分析了受到流动性约束时，推迟支付和借贷支付方式对于企业决策的影响，应用博弈论探讨了 2 种决策模型，发现推迟支付更能解决供应链上的流动性约束问题，提高市场竞争力。应雯珺（2006）通过构造一个简单的供应链系统，分析了其中一个节点企业受到流动性约束对整个供应链的绩效影响，提出"融通仓"模式是解决供应链上资金约束的可行性方案。陈祥锋（2013）研究发现，当零售商存在破产风险且承担有限责任时，贸易信用能有效激励零售商增加采购量，且零售商初始资金越少，其采购量越大；另外，贸易信用合同能够为资金约束供应链提供协调机制，创造新的价值，并实现部分协调供应链的作用。王文利（2014）研究了当企业面对流动性约束时，供应商和制造商采用预付款的融资方式的最优生产和融资决策；同时，分析了价格折扣给供应链整体的绩效带来的影响，认为制造商提供预付款的内部融资方式可以有效缓解供应商的资金约束问题。

从以上的文献研究中可以看出，在生猪供应链的管理与融资、订单农业的决策与履约行为、供应链上的流动性约束成因与解决路径方面，已经有很多优秀的成果和借鉴之处。本书在已有文献的基础上，对生猪供应链上订单主体的流动性约束进行了进一步研究和探讨，对流动性约束的生成及其对订单主体决策与收益的影响进行分析，提出企业信用演化体系，对生猪供应链理论体系进行丰富与深化。

1.3.6　生猪产业链健康的市场集成度约束

根据研究方向所涉及的研究对象、研究思路与研究内容、研究基础理论与研究方法，重点围绕生猪生产布局、生猪市场整合、生猪价格区域间传导3个方面展开文献综述。

（1）生猪生产布局研究。总的来说，国内外关于生猪经济的研究有很多，但大多数集中于生产与价格方面，关于生产布局的研究较少。有关生猪生产布局的研究主要集中于生猪生产布局变化及成因。

梁振华等（1997）指出，生猪生产逐渐向区域化甚至区域一体化发展，布局由资源约束转向效益约束，并进一步向资源、市场、效益三重约束发展。胡浩等（2005）指出，我国生猪产地长期处于南方农区的现状已经发生了重大变化，生猪生产逐渐向北方粮食主产区转移，由东部地区向山区转移（冯永辉，2006）。生猪产地移动逐渐由自然性布局转向经济性布局，各地区间的生猪生产优势、生猪饲养规模、市场交通条件及环境污染状况对生猪产地布局产生重要影响（李崇光，2000；辛贤等，2004；胡浩等，2005）。在这些因素中，环境因素对生猪布局的影响越发突出（罗旭英，2007；虞伟，2011）。随着产地布局的加强，学者们开始运用定量分析的方法，研究影响产地变化的因素，其中发现，地区粮食产量对生产布局影响并不明显（黄延裙，2009；王军等，2011；张振等，2011）。

（2）生猪市场整合研究。关于农产品市场整合的研究有很多，早期研究表明，我国农产品市场存在严重的市场分割和地方保护主义，但这种现象逐渐改善，国内市场逐渐趋于整合。武拉平（1999）分别研究了小麦、玉米收购市场以及生猪市场的整合关系，结果显示，小麦、玉米收购市场的整合关系较强，但生猪市场的整合关系较弱。韩胜飞（2007）认为，生猪市场整合程度低的原因有地区间生猪流通限制较多、交通基础设施落后、市场价格信号传递不完全等。随着市场经济体制的改革，生猪市场的整合度得到了改善，主产省份与猪肉主销省份的猪肉价格存在长期的均衡关系，短期内猪肉价格是以主销区带动主产区为主（栾淑梅，2011）。田晓超等（2010）在研究中发现，生猪市场整合情况较好，价格传导方向主要以产区向销区传导为主。2000—2008年中国相邻省份间生猪市场的整合度较好，并呈逐渐提高趋势（杨朝英，2009）。我国生猪市场长期整合度远高于短期整合度：长期整合度方面，新兴产区优于主产区、主销区；短期整合度方面，主销区优于新兴产区、主产区。新兴产区处于价格变动的主导地位，主销区、主产区处于价格变动的接受地位（孙赫等，2014）。四川、湖南、河南对生猪长期价格的形成有较为显著的影响，四川、湖南生猪价格的上升对共因子具有负向影响，河南生猪价格的上升对共因子有正向影响（陈永福，2011）。生猪生产的要素市场和产品市场状况对生猪市场整合度的高低，具有直接影响。郭利京（2011）在研究中发现，生猪产业要素和商品市场流通中交易成本不断下降，流通效率逐步提高，二者都有助于生猪市场整合度的提高。

（3）生猪价格区域间传导研究。针对农产品价格区域间传导的研究很少，而且多集中于蔬菜。学者们对生猪价格传导的研究多集中于纵向传导，关于横向传导的研究非常有限。武拉平（2000）认为，生猪市场的区域差异性较为显著，从生猪价格的区域分布特征来看，不同区域的生猪价格间存在一定差异。栾淑梅（2011）运用 VAR 模型分析生猪价格波动的区域性关系，研究发现，在短期内猪肉价格是以主销省份带动主产省份为主，传导方向也以主销省份传至主产省份为主。另外，主销省份的生猪价格变异指数较高，如华东地区（綦颖，2008）。孙秀玲（2015）在研究生猪价格区域传导过程中发现，生猪价格在区域间表现出相对稳定的函数关系，山东、四川、河南发挥着较为明显的价格主导作用，而湖南的生猪价格显著地处于被引导的地位，湖北和辽宁既会向其他省份进行生猪价格的传导，也会受到其他省份生猪价格的影响。近年来，随着空间计量经济学理论的不断发展与成熟，基于空间计量模型的生猪价格研究开始引起重视。郭国强（2010）对猪肉价格空间效应的研究表明，在猪肉价格回归模型中引入空间因素是必要的且影响显著。空间因素同样影响着生猪价格的波动，生猪价格不但具有稳定的空间相关性，而且具有显著的空间溢出效应（王晶晶，2014）。

生猪价格所呈现的区域性特征与生猪的生产布局是密切相关的，在生猪主产区向主销区的变化过程中，会导致价格传导路径的变化。因此，研究生猪生产布局的变化是研究生猪区域价格的前提。通过对文献的梳理，发现影响生产布局的因素有很多，但是他们忽略了一个重要的影响因素——资本。如今，生猪产业环境已经发生了变化，跨界资本纷纷注入，生猪产业逐渐变为资本密集型产业。生猪资本的布局必然影响着生猪产业布局，进而影响着生猪价格区域间的传导。

我国对于生猪的横向研究，多聚焦于区域间生猪市场整合的研究，分析区域间生猪价格存在的长期关系，但是并没有剖析其背后的深层次原因。而关于生猪价格的空间计量起步较晚，只有少数学者考虑了空间因素对生猪价格的影响。基于对文献的梳理，并根据生猪产业所处的背景，以资本博弈的有限理性为视角，研究生猪价格区域间传导的非均衡性，具有一定的理论意义与实践意义。

1.3.7　生猪产业链健康的组织合作约束

陈志祥等（2001）根据合作双方成员数量将供应链上企业的合作关系分为2种模式："一对一"模式和"一对多"模式。生猪养殖企业处于生猪产业链上的某一节点，当与上游的农户或是下游的屠宰加工企业合作时，形成"一对一"模式；同时，与农户和屠宰加工企业合作时，便形成了"一对多"模式。对于生猪养殖企业来说，这2种关系都属于纵向关系，也被称为伙伴关系。Lin等（2008）指出，企业合作是提高企业竞争力的重要因素。产业组织合作范式的确立，对于中国产业组织的调整具有重要的启示作用。在对供应链上下游企业之间合作关系进行了解之后，还需对企业的合作基础以及策略选择进行了解。胡伟等（2013）通过建立基于供需网的企业合作优化决策模型，定量分析得出供需网系统不同产品市场的两节点之间合作的可能性即合作空间的大小。这有助于了解生猪养殖企业与其上下游企业合作的可能性。钟胜（2006）通过建立两阶段博弈模型对供应链上下游企业的4种策略组合进行了比较分析，得出合作-合作策略只是供应链企业合作竞争的方式之一，合作-不合作策略才是理想模式。李振华等（2008）从价值网角度分析了上下游企业4种策略选择的结果，得出企业联合决策时，合作-合作策略组合有可能成为提高集体效率的有效途径。王永平等（2004）通过建立供应链企业合作竞争机制的演化博弈模型，发现该系统的演化方向与博弈双方的支付矩阵以及系统的初始状态有关，且合作收益、合作的初始成本均为企业合作竞争机制演化的关键影响因素。段世霞（2007）认为，重复博弈会激励企业的合作，且合作后的整体利益大于每个成员独自经营时的收益之和。

张小庆等（2012）通过合作博弈对网格化虚拟资源提供者联盟的效用分配进行分析，发现网格资源联盟确实能够使任务执行效率和资源整体收益得到提升。这种战略联盟效用类似于企业合作效用，利用类似的方法即合作博弈也可分析企业的合作效用。赵骅等（2010）从社会资本角度出发，分析如何通过社会资本提高产业集群里企业的合作效用。结合序数效用理论，也可从利润角度探究如何提高企业的合作效用。王良等（2005）以项目合作为前提，得出资源联盟成员的合作效用函数，并通过神经网络方法进行仿真求解。建立合作效用函数，需要实际情况来检测函数的精确性，但实际值的获取往往成为研究的难点，故可通过仿真来分析合作效用的变化。饶庆林等（2014）从企业产权主体出发，对各产权主体发生利益冲突时的企业效用进行研究。据此可以进一步分析节点企业合作时成本收益的变化以及带来的合作效用的变化。张颖南等（2009）通过协调的役使原理与合作的价值创造模型对企业的合作效用进行分析。企业合作效用函数的构建同样需要相应的理论基础以及现实中效用的影响因素，从而得出最终的效用函数。王冬梅等（2010）从科学基金制度入手，发现其推动科研合作的突出效用。企业合作效用的分析也需从不同方面入手，多角度探究企业效用的变化。齐亚伟等（2013）通过合作博弈对区域经济发展和环境治理联盟的合作效用分配进行了研究，得出联盟成立的充分必要条件。企业达成合作也需要相应条件，不同因素变化时，企业合作效用会发生哪种变化，值得深究。张琼等（2006）基于劳动价值论和效用价值论对农地股份制的效用进行了分析。刘钢等（2012）从多利益相关者合作角度构建企业治污效用模型，分析了社会责任与合作治污对企业治污的影响。段一群等（2013）基于效用理论和 VNM 效用函数构建模型，对天气灾害小额保险与农村小额贷款的合作效用进行了分析。

合作指数被用于"囚徒困境"，即用来描述不同的策略选择给合作双方带来的不同效果。已知不同的策略选择对应的合作指数，合作双方均会倾向于选择合作指数最高的策略。孙昕怡等（2009）利用"囚徒困境"范式分析了合作指数与描述方式分别对儿童与成人合作性的影响，发现儿童对描述方式非常敏感，而成人则无明显影响；儿童对合作指数不敏感，表现出合作倾向，成人平均合作率随合作指数的上升而升高，但始终不超过概率水平，表现出竞争倾向。卢洋等（2016）利用"囚徒困境"范式分析了合作指数与社会距离对个体合作行为的影响，得出合作指数对于个体合作行为的促进作用存在阈值，且与社会距离相互独立地影响合作行为。上述研究主要是针对合作指数的研究和应用，却并未对指数的构建进行阐述，缺乏指数构建的现实依据。刘瑞翔等（2012）为研究资源环境约束下的中国经济增长绩效，结合 SBM 方向距离函数和全要素生产率指数的特点发展了一种新型生产率指数构建与分解方法。Burgess 等（2013）通过经济合作与发展组织手册的方法建立综合指标，创建了国家的 SEE 指数（即社会、环境和经济指数）。余辉等（2013）为体现不同形势下不同经济因素对金融总体形势的影响，并反映货币政策传导渠道的效应，通过时变参数状态空间模型估算不同经济因素的动态权重，并以此为基础构建金融状况指数。陶涛等（2014）基于实地调查，以家庭为单位，从幸福提升潜力的视角，主观与客观结合，从经济、文明、健康和社会四大维度构建家庭幸福发展指数。周德才等（2015）基于 MI - TVP - SV - VAR 模型，通过金融变量的选取以及灵活动态权重的估计，构建了我国灵活动态金融状态指数并分析了该指数对通货膨胀的预测能力。赖玢洁等（2014）运用多目标排序构建了中国生态工业园区发展环境绩效指数，从而对生态工业园区的环境绩效进行量化和比较。林琳等（2013）通过研究中国影子银行体系及其与系统性风险的相互关系，构建了系统性风险压力指数，并实证检验了该指数的合理性。合作指数的构建不仅依赖于现有的理论基础和研究成果，还需要通过实地调研对构建的指数进行验证，进而进行修正，才能得出真正恰当、合理的合作指数。关于合作指数尤其是生猪养殖企业合作指数的研究比较少见，以上学者就合作指数的应用和指数的构建进行了相关研究，缺乏对养殖企业合作指数的深度剖析，有待进一步研究。

1.3.8 生猪产业链健康的气候变化约束

家畜的生活受到各种环境因素的影响，环境因素的变化会改变家畜与环境之间的能量交换，从而影响家畜的行为、生长、繁殖和生产性能。气候因素是动物机体的重要环境因素，它可以通过不同的途径对畜体发生作用。其中，最重要的是直接影响畜体的热量调节，从而影响家畜的健康和生产力。猪群在最适宜的气候条件下，才有可能达到增重速度快、繁殖成活率高和饲料利用率高的要求。按照这个思路将分 3 个部分展开文献述评。

（1）气候因素与养猪生产。关于气候因素对猪只不同阶段的影响，已经有很多文献进行了多角度（温度、湿度、光照）的探讨。仔猪被毛和皮下脂肪少，隔热能力差，不耐寒。中村正斗（1988）研究了刚出生和 1～28 日龄的仔猪自动控制环境猪舍内 18～38℃温度范围对仔猪生理反应的影响，发现引起呼吸加快的环境温度和出现寒战的环境温度基本平行，都随日龄的增加而逐渐下降，直到 10 日龄为止，以后至 28 日龄都比较稳定。在适宜的温度范围内，湿度对猪的生产力并不直接起作用，但湿度的高低与其他环境条件有关，并有可能造成疾病而影响生产（穆淑琴，1992）。另外，补充光照能促进仔猪生长。

生长育肥猪的适宜温度范围在 15～25℃，气温过高或过低对生长、育肥和提高饲料转化率都不利。气温在最适温度以上，采食量下降，从而降低饲料转化率和增重率；而在低温状态下，采食量增加，但大部分作为产热之用，其增重和饲料转化率也下降。Christoll（1988）观察到在 22～32℃范围内，猪的直肠温度和呼吸率增加，但生长速度和饲料转化率下降。湿度对猪的生长有一定的影响，但单从湿度来评价对育肥猪的影响是困难的，因为它与环境温度共同产生影响。在良好的光照条件下，猪的生长速度加快，而且体重越小的猪效果越显著。Furlan（1986）研究了 18 小时、24 小时光照对育肥猪的日增重、饲料消耗的影响，结果表明，2 种光照制度对日增重、消耗饲料的影响差异不显著。

母猪以 15℃左右的气温最适宜，高温对妊娠母猪危害最大。妊娠 3～25

天的母猪处于 32℃ 高温条件下，每窝产仔比处于 15℃ 条件下的母猪少 3.1 头。在良好的光照条件下，猪的生长速度加快，其发情期也提早 30～45 天。John（1988）发现，延长光照时间可缩短母猪重新发情的天数并减少母猪哺乳期的体重损失。总之，气候因素对养猪生产的影响不容忽视，在实际生产中，应在可能的条件下对气候环境进行适当控制。

（2）气候因素与猪只疫病。自古以来，人们就认识到了某些疾病的发生和流行常与季节、气候的变化密切相关。家畜疾病的发生、发展过程与气象因素或气候条件密切相关。在世界兽医文献中，有相当多的论文和数据证实，猪的许多传染病、寄生虫病、普通病以及代谢、中毒病等均与天气或气候变化有关。许多气象因素能直接影响猪的生理功能和抗病力，能影响病原体的扩散，引起猪病，造成经济损失。

当天气和气候的剧烈变化超越了猪的生理适应范围时，就会引起有害效应和冷热应激，造成生产性能下降，抵抗力降低，机体失去平衡（沈志强，1994）。因此，研究天气和气候对有关猪病的病原微生物、病媒昆虫和寄生虫的影响及其规律，有利于猪病防治。

猪巴氏杆菌病是一种流行性的传染疾病，通常又被人们称为猪肺疫或者猪出血性败血症，俗称锁喉风或肿脖子瘟。王绍梅（2016）对猪巴氏杆菌病的病原性以及云南省文山壮族苗族自治州丘北县树皮彝族乡的气候环境特点进行分析，并主要对近几年树皮彝族乡发生猪巴氏杆菌病的资料进行研究，发现猪巴氏杆菌病的发生与气候因素具有正相关性。一般来说，疾病的季节性不明显，但外部因素，如炎热和寒冷、气候变化、闷热、潮湿等因素是该疾病发生的主要原因。任朝武（2006）发现，猪巴氏杆菌病的发生与气候因素如温度、相对湿度、日照时数呈正相关，相关系数分别为 0.249 4、0.361 9 和 0.039 6；与降水量呈负相关，相关系数为 -0.236 6。

（3）气候因素与猪只饲料。饲料对于猪的生产具有重要的作用，气候通过多种途径影响着饲料的生产。气象因素中的太阳辐射、温度、湿度、降水量、风速以及大气组成（主要为二氧化碳）等对饲料作物和饲草的影响极大，其类型受气候环境条件所制约。同时，气候对作物成分的影响和产生的有毒物质，会引起畜禽多种疾病。姚瑞旦（1988）通过研究气候对饲料及畜禽健康的影响发现，气候通过影响饲料中矿物元素和维生素含量及光敏化学物质而引起畜禽疾病，通过影响含硝酸盐的青饲料而引起畜禽中毒及十字花科植物中毒，通过使饲料产生真菌而引起畜禽真菌毒素中毒。气候条件的改变，如温度和降水量的异常变化或干旱，会影响原料的质量参数，如细菌计数、酵母菌、霉菌以及霉菌毒素。由曲霉菌产生的黄曲霉毒素，属于最毒的霉菌毒素，也与大部分其他霉菌毒素有协同效应。黄曲霉毒素在温暖气候中最为常见，特别是干旱和害虫破坏同时出现时，幼龄动物比成年动物更易感。农场动物中，鸡和鸭对黄曲霉毒素具有最低的忍耐度。饲喂受黄曲霉毒素污染的饲料会导致生长性能降低、死亡率增加、接种效果降低、健康问题增多（Ludger et al.，2014）。另外，气候变化引发的自然灾害（干旱、台风、涝灾等）会导致作物饲料的减产。玉米具有较高的单位面积产量和巨大的增产潜力，在解决牲畜饲料保障方面具有重要作用。东北三省是中国玉米主产区之一，是"东北玉米带"的重要组成部分。但是，东北三省的玉米在其生长发育过程中经常受到干旱、洪涝和低温冷害等多种灾害的威胁（高晓容等，2014）。研究表明，气候变化的复杂性使得玉米在生长过程中遭受多种灾害共同威胁的情况增多（史培军等，2014）。

1.3.9 生猪产业链健康的养殖污染约束

生猪养殖对环境造成的污染主要有 3 类：土壤污染、大气污染和水体污染。生猪养殖造成的土壤污染除了会导致土壤板结、生产能力降低外，还会通过地下水系统进入水体中，导致水体富营养化；生猪养殖造成的大气污染除了会影响当地居民健康外，还会通过降水系统对水体进行二次污染。可见，在 3 类污染中生猪养殖对水体的污染最为严重。

（1）生猪养殖污染问题的提出。1992 年王志勇首次提出养殖的污染问题之后，诸多学者针对污染问题进行深入探讨。朱有为等（1999）对养殖污染进行了系统的分析，认为粪污是污染产生的主要原因。刘培芳等（2002）则在此基础上将污染负荷概念引入养殖粪污的研究中，分析粪污带来的污染负荷。在此基础上，高定等（2006）使用聚类分析的方法对全国范围内粪污排放进行风险评定，并进行横向比较，认为全国所有省份中上海受污染的风险等级最高，其次是河南、天津和山东。以上学者通过系统的分析，将造成养殖污染的主要因素——粪污分离出来，由此对生猪养殖污染的研究开始分化。有一部分学者对粪污的影响进行估算，希望通过经济学手段减少污染；另一部分则希望通过技术手段的改进减少生猪养殖过程中造成的水体污染。

（2）针对污染问题的技术性研究及以技术为基础的相关分析。辜玉红等（2005）曾设计生物学试验分析饲料中重金属含量对当地水体造成的污染，试验结果发现，饲料中重金属含量的增加对水体中重金属的含量有直接影响。同时，李以翠等（2006）通过系统工程学试验，分析了育肥猪排泄地点选择对水体的污染情况，并从管理的角度给出减少养殖污染的建议。以上研究相对较早，生物发酵床技术、沼气工程技术已经日趋成熟，现在的技术研究多为对这2 种技术的改进。然而，这些技术上的改进并不能直接引起养殖主体的关注，只有将其经济意义明确后，通过利益、政策的指挥棒才能充分发挥其经济价值。于是，有大批学者对沼气处理生猪粪污的中国模式进行分析。于晓秋等

（2011）从沼气项目发展的激励机制上对生猪养殖主体的决策依据进行分析，认为增加激励机制可以有效促进沼气工程在我国的推广。胡启春等（2015）则针对我国幅员辽阔的现状，提出沼气工程的差异化处理问题，结果证明，我国沼气工程实施潜力巨大，但同时要考虑地方适应性。基于此，冷碧滨等（2014）利用博弈演化模型对我国生猪养殖主体沼气适用模式进行了探索，找到了我国生猪养殖主体适用的沼气工程最优解，并提出推广建议。我国沿海地区和西南地区的大中型猪场沼气工程覆盖率已经达到 80% 以上。

（3）养殖规模对生猪养殖污染问题的影响及相关分析。有部分学者希望通过产业规划的方式改善生猪养殖带来的污染。张绪美等（2007）将粪污污染进一步明确，对粪污中氮含量进行估算，并对其污染负荷特征进行分析，结果显示，粪便氮污染负荷呈现由西北内陆向东南沿海逐渐加重的趋势。张晓恒等（2015）用随机前沿生产函数，以生猪养殖粪便中氮盈余为例，估算我国不同地区生猪养殖的环境效率，结果显示，各地区养殖小区的环境效率高于规模化养殖场，但养殖小区的环境效率呈现下降的趋势，而规模化养殖场的环境效率在逐年提高，从环境污染的角度为我国生猪养殖规模化推进提供了理论支撑。陈勇等（2012）用环境库兹涅茨曲线对山西省养殖非点源污染和人均收入水平进行回归分析，发现结果并不显著，认为有其他因素对这一关系产生较大影响，其研究虽然采用系统的分析方法，但选取的变量代表性不够，导致结果并不理想。王俊能等（2012）在此基础上对全国范围内的数据进行库兹涅茨回归分析，结果显示，养殖的规模化与环境污染之间的关系符合倒 U 形农业环境库兹涅茨曲线。田素妍等（2012）以污染中的碳排放为例，对养殖库兹涅茨曲线的影响因素进行分析，其中，劳动力价格、土地价格、猪肉消费总量、高速公路密度和产业结构对碳排放的影响显著为负；仔猪价格和恩格尔系数对碳排放的影响显著为正。杜红梅（2020）对以上因素进行筛选，利用 SE - SBM 模型对生猪养殖的环境效率进行估算，结果显示，生猪养殖环境效率具有明显的区域差异和规模差异，表现为中部和西南优势区比东北及沿海优势区的效率更高，养殖规模越大则效率越高。

1.3.10 文献评述

国内外学者在与生猪产业链健康及其状态波动相关的生猪产业链健康、生猪产业链波动规律、生猪产业链健康状态波动的动因和生猪产业链波动平抑对策等方面采取不同的经济学分析方法，从不同的角度进行分析，取得了突破性的研究成果，给相关主体提供了决策依据。本书借鉴前人的研究成果，应用科学、动态、发展的观念，系统研究生猪产业链健康的内涵与特征、生猪产业链健康状态的测度与评价和生猪产业链健康状态波动的机理。

国内外学者对生猪产业链相关波动的研究，主要使用蛛网模型理论、战略选择理论、竞争优势理论、系统分析理论、投入产出分析方法等认识并分析了生猪产业链波动的原因、过程与结果，以及该过程中主体收益分享、成本分摊、风险分担和价值增益等问题，并就生猪产业链稳定发展与其他农业产业在自然资源、劳动力、资金等方面存在的矛盾、竞争和冲突提出了相应的化解对策及路径。采用对比分析、规范分析、需求分析等相关理论与分析方法，描述了生猪产业链在健康稳定发展过程中与其他产业的协同和互促关系。综观已有研究文献，有以下结论。

（1）生猪产业链健康及其状态波动相关理论方面。①国内外已有研究对生猪产业链生产、价格、成本、收益、风险等方面波动的规律、特征和效应作出了较为完备的解释；②国内外已有研究对生猪产业链健康及其状态波动尚无明确界定和系统研究；③国内外已有研究中尚无研究生猪产业链健康状态波动机理，尤其是专门以临界情境下健康状态波动机理为研究对象的成果。

（2）仿真与实证方面。国内外已有研究对生猪产业链健康相关的收益、成本、风险和生产在波动中所起的作用已形成了共识，并且这些指标之间的相互关系客观存在且明显，并且现有文献已对生猪价格波动和生产波动有了比较详尽的系统动力学仿真，但尚无在临界情境下的仿真研究。国内外学者进行生猪产业链相关的仿真研究，大多使用 Matlab、Flexsim 等工具，本书仿真部分在前人研究基础上，结合调研数据库，使用 Matlab 进行生猪产业链健康状态临界情境波动仿真。已掌握的文献对系统评价生猪产业链健康状态尚未形成认识，同时缺乏分析框架和机理模型上的支撑。

（3）生猪产业链健康状态波动调控对策研究方面。国内外学者主要运用归纳总结、定性分析、实证研究等方法，研究焦点集中在激励相容、显示原理、实施理论、信息效率 4 个方面，调控对策的内容都相差不大，鲜有针对临界状态下波动的专门调控，本书从价值、利益、信息、决策 4 个层次进行调控对策体系框架和内容的系统研究。

1.4　研究目的

本研究以生猪产业链为研究对象，重点研究各类产业链组织模式下生猪产业链健康状态波动机理，实现我国生猪产业链主体间的收益分配、成本分摊、风险分担、利益保障和价值创新，为解决我国面临的生猪产业数量与质量安全、价格波动幅度过大、环境污染等问题，提供认识基础、分析框架、理论依据、方法支撑和方案借鉴。具体研究目标如下。

（1）科学界定生猪产业链健康的内涵和特征，提出基于产业链组织模式的生猪产业链健康的系统分析框架和健康状态测度指标体系，为评价生猪产业链健康状态提供认识基础和理论依据。

（2）提出生猪产业链健康状态波动形成机理、演化机理和临界条件。

（3）提出生猪产业链健康状态渐变波动和突变波动情境下的临界情境系统仿真模型。

（4）基于生猪产业链健康状态波动的临界仿真和实证评价结果，构建生猪产业链健康状态波动调控对策体系框架。

1.5　研究内容

本书的研究内容包括生猪产业链健康问题的系统认识与健康状态测度指标体系研究、生猪产业链健康状态波动机理研究、生猪产业链健康状态临界情境系统仿真与实证研究、生猪产业链健康状态波动调控对策体系构建与对策内容研究 4 个主要部分。具体的研究内容分为金融支持和流动性约束，价格波动和非对称传导，外部冲击和超常波动，效率差异、市场集成和合作效用，养殖污染与气候变化 5 个方面，概括为流动性约束、波动传导、外部冲击、市场效率、污染和气候 5 个维度，逻辑结构如图 1.5 所示。

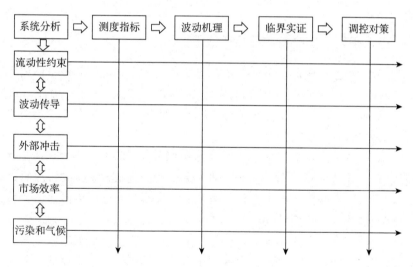

图 1.5　研究内容逻辑结构

1.5.1　金融支持和流动性约束

以黑龙江省的生猪产业为例，探究了商业金融、合作金融、政策金融以及民间金融 4 种金融支持渠道对于不同规模的生猪养殖主体的金融供给效用。

基于生猪企业间的商业信用关系构建投入产出模型，将外部冲击因素引入生猪企业的投入产出机制，对生猪企业的流动性风险与生猪供应链的系统风险进行测评。

1.5.2 价格波动和非对称传导

运用 STR（平缓转换回归）模型研究玉米价格波动对生猪价格波动的非对称影响，希望更好地刻画出其非线性特征和机制转换方式。

基于 2008 年 1 月至 2015 年 10 月我国生猪出栏量、需求量、生猪价格以及投入品价格和相关商品价格的月度时间序列数据，运用联立方程组模型从生猪供给侧与需求侧 2 个方面入手，同时将市场预期引入模型，分析我国生猪价格波动的影响因素。

1.5.3 外部冲击和超常波动

运用 X-12 季节调整、H-P 滤波和方差分解等方法，将猪肉、生猪和仔猪价格月度数据分解为长期趋势、季节因子、周期趋势和随机因子，并进行周期识别。在此基础上，基于方差比统计量，度量外部冲击对生猪产业链环节产品价格的长期影响，通过构建数理模型研究疫病预期对生猪养殖主体供给反应的影响。

1.5.4 效率差异、市场集成和合作效用

基于散户和小规模养殖主体、中规模养殖主体、大规模养殖主体的面板数据，利用 Malmquist 指数法测算各养殖主体的生产效率及其构成，再通过 LMDI 模型得出生产效率及其构成的增长率，从数值和增长率波动趋势分析影响东北地区生猪有效供给的主要因素。

在不同的疫情冲击下，生猪养殖主体短期的供给反应会发生不同的变化，为了将这些变化"白箱化"，基于全国主要生猪产地和销地数据，测算省际、区域之间以及区域与全国的生猪价格波动的同步系数，分析中国生猪价格区域协动性问题以及生猪价格波动的区域传导路径。

以供应链节点企业为研究对象，分析节点企业合作前后成本收益变化，结合序数效用理论构建节点企业合作效用函数，从不可控因素即企业产品市场价格和品质鼓励 2 个方面分析企业合作效用。

以生猪产业链纵向联合为研究对象，从养殖企业角度出发，利用演化博弈模型得到三方主体即屠宰加工企业、养殖企业以及玉米种植户的复制动态方程，再结合系统动力学模型构建三方主体的流率基本入树模型，通过 Vensim PLE 软件对纵向联合的稳定性及其收益进行仿真分析。

1.5.5　养殖污染与气候变化

基于猪舍室温与猪只健康、增重之间的关系分析，设定采暖的温度阈值，发现在临界温度下育肥猪的增重速度随环境温度变化而改变的简单规律。基于饲养规模、猪场选址和基础设施等指标，以氮积累评价生猪养殖对水体造成的污染。

1.6　研究的特色与创新之处

本书的创新具体体现在以下 3 个方面。

（1）基于笔者所在团队在前期研究成果中所提出的发展能够实现动物健康、生态环境健康、人类健康和产业链健康的生猪健康养殖产业是解决我国生猪供求失衡和价格超常波动问题根本途径的结论，本书进一步创新地提出生猪产业链健康的概念内涵及其状态测度指标构成，并提出不同组织模式下生猪产业链健康目标实现的重点及健康状态的测度指标体系，解决了生猪产业链健康状态识别与评价的目标依据和科学标准问题，不仅具有较高的学术价值，也具有较高的实用推广价值。

（2）本书在研究生猪产业链健康状态波动形成、演化机理和临界条件的基础上，进一步创新地以渐变波动和突变波动的临界情境下的生猪产业链健康状态波动为重点研究内容，建立生猪产业链健康状态渐变的临界情境 SIS 模型、突变的临界情境 SIR 模型[①]、主稳定函数模型，并进行系统仿真与实证，为把握调控对策体系关键点提供了科学依据和实证依据。

（3）本研究的结论应用部分提出从战略目标设置出发，在产业价值提升、主体利益保障、信息协作共享和科学理性决策 4 个部分构建生猪产业链健康状态波动调控对策体系框架，并研究调控对策内容，具体转化为思想理念、质量标准、技术体系、组织模式、管理规范等对策形式，而非仅提出零散的对策，实现了调控对策的系统性、完整性和可操作性，从实施关键路径的角度解决了生猪产业链健康状态波动调控的问题。

---

① SIS 模型和 SIR 模型都是传染病模型，SIS 模型为生猪反复多次得病的情境，SIR 模型为患病的生猪经过治疗后不会再得病的情境。

第2章 生猪产业链健康的系统认识

结合多年来对生猪产业链健康的理论研究和实践探索，依据产业链理论、价值链理论和生命周期理论，综合运用系统分析、战略分析、决策分析和创新思维方法，按照"提出问题—认识问题—分析问题—解决问题"的步骤，构建了集思路框架、方法流程和创新突破于一体的生猪产业链健康的战略分析模型体系，试图为深度解决生猪产业链健康的战略性问题、系统分析生猪健康养殖业的内在逻辑提供创新研究的视角。

2.1 思路框架

2.1.1 提出问题的思路框架

（1）四大战略性问题提出的模型。用于提出我国生猪养殖业发展到现阶段的战略性问题，是生猪产业链健康的战略分析模型体系构建的出发点。该模型包括以下 4 个组成部分。

一是基础性问题维度。即技术环境视角，受品种的一致性、环境的多变性和不稳定性的影响，我国生猪养殖业的疫病较多且影响严重。

二是关键性问题维度。即经营管理视角，我国生猪养殖业的主体存在参差不齐、散户较多的现象，造成了养殖方式与国外差距较大。

三是核心问题维度。即综合服务视角，我国生猪健康养殖业缺乏相应的品种、兽药、饲料、疫苗等功能健全的社会化服务体系。

四是表层问题维度。即经济社会视角，生猪养殖业存在生产波动和超常的价格波动，严重影响着居民的消费福利和生产者的养殖福利（图 2.1）。

该模型属于针对生猪养殖业问题的系统分析模型，可以从多个维度、不同视角对生猪养殖业发展面临的问题进行解析，从而提出相关的战略思路。

（2）生猪产业链健康战略分析的"米"字模型。针对生猪养殖业转型升级的历史阶段，以生猪产业链健康作为终极目标，提出由战略突破、目标引导、组织建设、机制保障构成的生猪健康养殖业系统认识，按照价值来源、价值留存、价值放大和价值循环的价值活动主线，构建生猪产业链健康战略分析的"米"字模型（图 2.2），为明确生猪养殖业未来的发展方向、完善生猪健康养殖业系统认识提供参考。

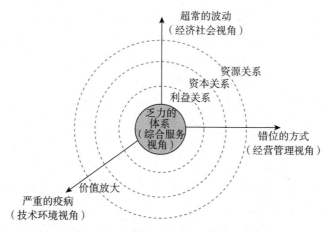

图 2.1　生猪养殖业发展的四大战略性问题

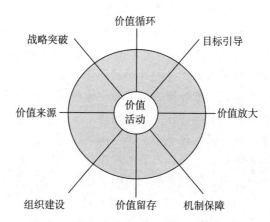

图 2.2　生猪产业链健康战略分析的"米"字模型

生猪产业链健康是指在发展理念、主体需求和战略性问题的作用下，以战略突破为核心、以目标体系为引导、以组织建设为支撑、以机制优化为保障构成的复杂系统，是一个复杂、创新和开放的系统。稳定物价、保障安全、规模适度、布局合理、资源节约、环境友好是我国生猪产业链健康有别于生猪产业链非健康的基本特征。

2.1.2　认识问题的思路框架

（1）"321"系统思想框架。生猪产业链健康的"321"系统思想框架是系统认识、分析和解决生猪健康养殖价值链战略问题的分析工具，是价值链思想在生猪健康养殖领域应用推广的重要手段。生猪健康养殖业"321"系统思想框架由关键抓手、发展目标、价值载体等部分构成。

一是关键抓手。健康是一种期望、稀缺和矛盾。对于消费者是一种期望，对于生产者是一种稀缺，对于政府则是一种矛盾[①]。机制保障是生猪健康养殖价值链形成和演化的重要抓手。生猪健康养殖价值链的价值来源、价值形成、价值放大，最后形成价值留存，是一个自然而然的过程。价值来源要丰富，价值的形成要有载体，价值的放大要进行传播，整个过程都要完成价值的留存。本部分主要通过生猪健康养殖的利益驱动、动力放大和耦合强化来体现。

二是发展目标。价值活动中实现的价值目标包括价值的增益、价值的减损与价值的创造，是具体的操作性目标，区别于总体的方向性目标。生猪健康养殖业的发展就是要满足相关主体对健康理念的需求，健全生猪健康养殖价值链支撑保障体系，促进生猪产业链转型升级优化，从而实现消费健康、养殖健康、环境健康、产业链投资运营健康和职业健康。

三是价值载体。生猪产业链健康的价值载体主要包括3类，即基于生猪健康养殖组织体系、生猪健康养殖业组织、生猪健康养殖产业链组织3类组织载体，依靠生猪产业链转型升级优化的战略目标作为引导，采取生猪健康养殖产业链技术管理、投资运营、管理服务等手段，促进生猪产业链转型、升级、优化，实现生猪健康养殖产业链的整体价值目标。本部分主要通过集团、集群和链网等内容来体现，目的是实现基于主体组织的协同目标。

在生猪健康养殖价值链形成和发展过程中，关联主体尤其是政府主体和市场主体的意识流和思想流首先发挥作用，引导生产主体、消费主体和市场主体在知识流和信息流方面的交互，进而带动投资运营主体改变物质流和资金流。外部植入能量和势能相互作用，构成生猪产业链健康的外部驱动；生猪健康养殖业传承的自然能量和动能相互作用，维持了生猪产业链健康的稳定性；生猪健康养殖业各主体交互共生形成场能，促进生猪健康养殖业动态演化和行业环境的可持续性。"321"系统思想框架用于指导生猪健康养殖价值链的形成与演化过程中主体的行为，为价值创造、价值增益和价值减损提供方式方法，为价值目标实现、价值活动方法和价值载体优化提供认识基础，为价值形成、价值来源和价值循环提供可持续的运行机理（图2.3）。

（2）360°集群链网平台模型。从主体需求、行业生态、制约障碍和系统结构等角度，构建多维度的生猪健康养殖价值链系统认识模型，为指导生猪健

---

① 对于政府而言，本意是促进生猪产业健康发展。但是，当前的生猪产业存在生产方式、产业结构的不合理，提高产量会造成产业不健康。因此，在现阶段，对于政府来说，获得健康是一种矛盾，亟待解决。

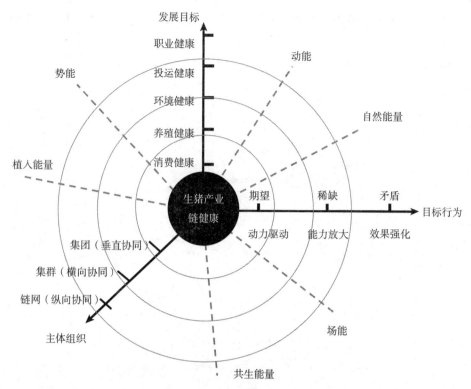

图 2.3　生猪产业链健康的"321"系统思想框架

养殖业主体价值、客体价值及其协同创造条件，为生猪健康养殖价值链网的形成演化提供认识基础。该模型包括驱动因素和功效因素 2 个组成部分。

一是生猪产业链健康的驱动因素。生猪健康养殖业的发展主要依托产业链组织链网等价值载体，实现基于知识经济、服务经济和生态经济的系统创新，基于区域经济、产业经济和技术经济的竞争合作共生，基于主体组织、装备设施和生产工艺的集成优化以及基于投入品、养殖和环境处理技术的价值链主体合作共生。

二是生猪产业链健康的功效因素。生猪产业链健康的主体价值主要是由消费主体、生产主体、市场主体和政府主体的智慧所决定的，生猪健康养殖业的发展壮大是主体智慧、势能、场能不断做功产生功效的结果。传统生猪养殖业的传承和积累形成势能。生猪健康养殖产业链的关联主体（消费主体、生产主体、市场主体和政府主体）以及组织体系和产业链集群交互作用，不断进行物质、资金、知识、信息以及思想和意识的交流交换，形成场能。势能和场能共同做功，产生生猪健康养殖业的功效。

区域经济、产业经济和技术经济主要影响生猪及猪肉产品价值链族的形成与演化；基于生猪健康养殖业价值载体的系统创新和集成优化主要影响服务价值链网的形成和演化；品种、饲料、兽药、疫苗等投入品的科技创新，养殖工艺和设施调控技术的应用，养殖环保和废弃物处理技术的推广等都会影响到生猪健康养殖业科技价值链群的形成与演化（图 2.4）。

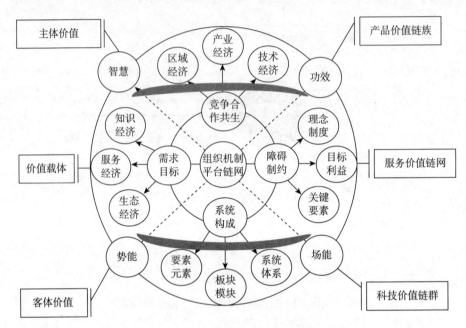

图 2.4　生猪产业链健康的 306°集群链网平台模型

2.1.3　分析问题的思路框架

（1）问题及成因分析模型。该模型用于提出我国生猪养殖业发展到现阶段战略性问题的潜在原因，是生猪产业链健康的战略分析模型体系的内部支点，包括 4 个组成部分。

一是理念制度障碍。我国生猪健康养殖业的发展需要发挥政府的宏观调控与引导作用。但受政府部门条块分割、部门之间难以协调统一、行业发展规划持续落实和执行效果较弱、原有的养殖管理制度缺陷较多以及政府业绩驱动力较强等因素制约，导致生猪产业链健康面临较大的制度体制障碍。

二是目标利益冲突。对生猪健康养殖业价值认知的不一致性，导致产业链相关主体对生猪健康养殖的认识存在不清晰、不成体系和不协同现象，主体之间产生一定的利益冲突。

三是组织机制缺失。现阶段，由于我国生猪养殖主体（尤其是养殖户）受教育与培训不足、自我学习意愿与学习能力不强，在生产决策中应用和尝试新技术新模式的积极性不高，无形中加大了健康养殖推广的难度，制约了生猪健康养殖的推广进度。

四是关键要素制约。生猪产业链健康受到土地、资金、劳动力的制约，以及技术、政策和软件的限制，需要进行突破。

生猪产业链健康战略问题及成因分析模型属于针对生猪养殖业问题的系统分析模型，可以从多个维度、不同视角对生猪养殖业发展面临的问题及其成因进行解析，从而提出相关的解决思路（图2.5）。

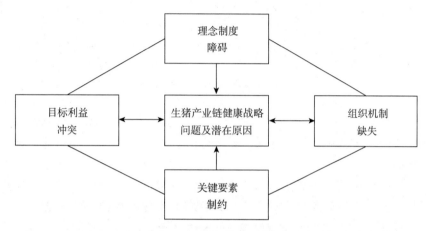

图 2.5 生猪产业链健康战略问题及成因分析模型

（2）生猪产业链健康的木桶原理。用于探讨生猪健康养殖业形成和发展过程中关键难点问题的成因，寻求养殖业发展的本质规律。

根据生猪健康养殖产业链的构成和特征，木桶的木板包括投入品环节、消费健康环节（目标）、养殖健康环节（目标）、环境健康环节（目标）和流通加工环节，而木桶的环箍是指生猪产业链健康的投资运营健康目标和职业健康目标。不同类型的木桶如图2.6所示。

高板小半径木桶：势能很高，半径很小，有高度、难转化、不实用。

矮板大半径木桶：场能较大，半径很大，实用性强，但没高度、没水平。

缺板的漏水木桶：高度和半径介于上述两者之间，存在短板，容量较小。

（3）结构序模型。为了系统地化解生猪养殖业面临的严重的疫病、超常的波动、错位的方式、乏力的体系、环境的风险5个方面的战略性问题，我国需要加快发展生猪健康养殖业。发展生猪健康养殖业需要从战略突破、目标引导、组织建设和机制保障4个方面开展系统深入的思路框架研究、机理原理研究、时空演化研究，全面创新知识体系，解决理论和方法对实践支撑不足的问题。该模型包括3个组成部分。

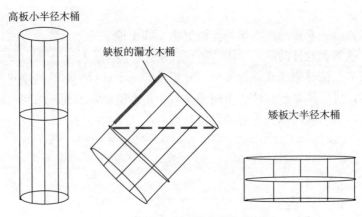

高板小半径木桶

缺板的漏水木桶

矮板大半径木桶

图 2.6　生猪产业链健康的木桶原理

一是系统层面。主要包括战略突破、目标引导、组织建设、机制保障和评价优化 5 个系统，系统之间相互联系、密不可分，共同构成生猪产业链健康的战略分析体系。

二是模块层面。主要是指对 5 个系统的分解，其中战略突破系统包括产地主导、销地主导和集团主导 3 个模块；目标引导系统包括消费健康、养殖与职业健康、环境与投资运营健康 3 个模块；组织建设包括组织体系、养殖组织和产业链组织 3 个模块；机制保障系统包括利益驱动机制、推广放大机制和耦合强化机制 3 个模块；评价优化系统包括评价指标、评价标准和评价权值 3 个模块。

三是要素层面。主要是对各类模块的分解，也是模块构成的基础。战略突破系统的要素包括目标定位、路径模式和创新突破；目标引导系统的要素包括衡量目标、评价指标和健康标准；组织建设系统的要素包括横向协同、纵向协同和层级协同的目标行为；机制保障系统的要素包括动力强化、能力放大和耦合作用；评价优化系统包括与评价指标、标准和权值相关的思路框架、方法流程和创新突破（图 2.7）。

生猪健康养殖业的发展有利于推广健康与价值、效用与价值、成本与价值、质量与价值、满意与价值、风险与价值 6 个方面的健康发展理念。发展生猪健康养殖业需要实施市场与政府功能不断完善的战略，培育发展路径与模式协同优化的新型组织体系和能力与动力协同提高的长效保障机制，促进消费健康、养殖健康、环境健康、投资运营健康、职业健康等战略目标的实现，为满足政府主体、消费主体、生产主体和市场主体对生猪健康养殖业的需求创造条件。

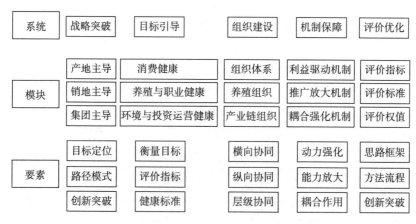

图 2.7 生猪产业链健康战略分析的结构序模型

2.1.4 解决问题的思路框架

（1）生猪产业链健康的钻石模型。该模型是解决生猪产业链健康的四大深层次问题（理念制度、目标利益、组织机制和关键要素）的模型，为探索生猪养殖业向健康养殖方向转变的路径模式提供支撑，为优化生猪健康养殖业主体组织的目标行为提供解决工具。该模型包括 3 个组成部分。

一是目标行为。生猪健康养殖业相关主体的目标行为包括技术管理行为、投资运营行为和政府调控行为，主体目标行为受到主体需求和保障机制的影响。

二是健康需求。需求是指由主体对健康的期望、稀缺和矛盾产生的需求。从消费者角度，健康是一种期望；从生产者角度，健康是一种稀缺；从政府角度，健康是一种矛盾。

三是保障机制。机制是系统内部各组件相互作用产生的，动力驱动、能力放大和效果强化形成 3 种机制，影响着生猪健康养殖业相关主体的目标行为。

该模型用于构建生猪产业链健康的战略分析体系，指导相关主体充分辨识各类主体对健康的需求，发挥优势、内化机遇、应对挑战，寻求生猪产业链健康的路径模式，强化动力驱动、能力放大和效果强化，确定合理、可行的主体目标行为（图 2.8）。

（2）价值链分析的微笑曲线（"聚宝盆"模型）。生猪健康养殖业持续循环发展的内在本质是基于价值载体的价值活动循环，形成了主体价值、客体价值和价值载体交互作用的演化关系。健康是人类追求的终极目标，健康产生的价值因人而异。对高收入人群而言，健康是"稀缺"；对低收入人群而言，追求健康是"困扰"。

知识和运营属于最高层面，产品属于最低层面，技术和服务属于中间层

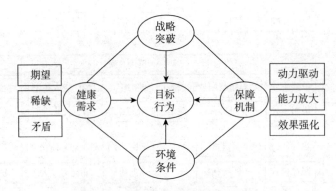

图 2.8　生猪产业链健康的钻石模型

面。促进价值循环放大的是创新服务平台，只有平台能够实现能值和流值的循环放大。把健康理念应用到生猪养殖产业链的运营过程之中，形成如图 2.9 所示的"聚宝盆"模型。

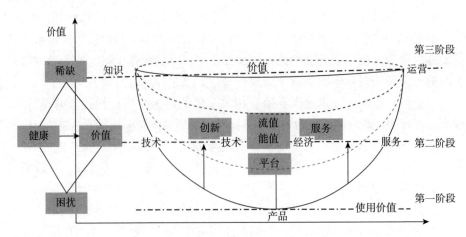

图 2.9　生猪产业链健康的"聚宝盆"模型

（3）创新投资运营模型。协同生猪产业规划和标准制定规则，聚品牌、强品牌、创品牌，促进生猪产业价值链转型升级；为龙头集群、新型经营主体增值减损搭建舞台；建设信息、金融和科技结合的创新服务平台，促进生猪产业价值链创新投资运营（图 2.10）。

（4）价值能流作用的三螺旋模型。从生猪产业链健康水平和生猪健康养殖业演化阶段 2 个维度，构建能够指导生猪健康养殖业能量形成与放大的模型，为生猪健康养殖业能量的来源、形成、转化和循环提供系统模型与认识基础，为生猪健康养殖业思想流和意识流、物质流和资金流、能量流和价值流的形成与作用提供动力来源。该模型包括能量和功效 2 个部分。

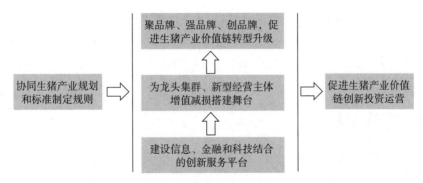

图 2.10　生猪产业链健康的创新投资运营模型

　　一是能量构成。生猪产业链健康的动力来源主要有自然能量、共生能量和植入能量。自然能量主要是指传统的生猪养殖业累积传承留存的能量,共生能量主要是指生猪健康养殖产业链关联主体之间竞争合作共生形成的能量循环,植入能量是指通过外部的创新平台或负熵注入的能量。

　　二是功效构成。主要表现为势能、场能和动能。生猪健康养殖业与传统生猪养殖业存在着势差,会通过势能做功,影响着生猪产业链的转型;生猪健康养殖业与传统生猪养殖业的交互影响,会通过场能,产生博弈竞争合作共生关系,影响着生猪产业链的升级;生猪健康养殖业是终极的发展方向,在主体、机制和平台的作用下形成新的动能,产生新的螺旋和递阶循环动力,影响着生猪健康养殖价值链的优化(图 2.11)。

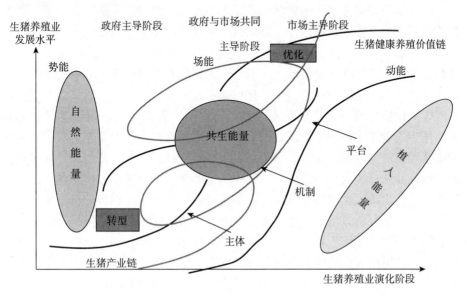

图 2.11　生猪产业链健康的价值能流作用的三螺旋模型

自然能量积累到一定程度形成势能，共生能量交互到一定程度形成场能，植入能量的外部冲击达到一定程度将会形成动能，势能、场能和动能共同作用于生猪健康养殖产业链，对生猪养殖业的转型升级优化起到内外结合的推动作用，促进生猪养殖业主体组织的加速分化和优胜劣汰。

2.2 方法流程

2.2.1 流程框架

生猪产业链健康的系统研究包括 3 个部分 6 个方面的内容。第一部分为需求对象和内容重点的研究，是科学有效开展研究工作的前提，决定研究的价值取向和工作需求；第二部分为优化流程和创新方法的研究，是科学有效开展研究工作的保障，决定研究的成果水平和管理效率；第三部分为体系构成和重点难点的研究，是科学有效开展研究工作的核心，决定研究的成果创新和综合价值（图 2.12）。

2.2.2 研究方法

（1）系统分析方法。运用系统工程和管理工程的方法，设计了"三纵三横"的系统分析框架，以组织建设为条件，以保障机制为动力，以战略突破为手段，对生猪产业链健康的能力和技术、目标和标准、行为和管理进行了系统深入的分析（图 2.13）。

（2）创新研究方法。生猪健康养殖业的发展是在健康理念的指引下，以健康养殖模式为支撑，将基地作为空间载体，在保障体系下以基地为核心建立新型组织体系，以目标和方法的创新为主线，最终实现产地公平、销地安全、主体福利和产业链效率等价值效应。其中，生猪产业链健康系统分析的主线是实现"理念-目标-方法-条件"的"四位一体"（图 2.14）。

（3）比较评价方法。按照主导性、稳定性、贡献性的原则设置评价的指标，基于消费主体健康、养殖健康、环境健康、生产主体健康 4 类目标，对保障生猪产业链健康的微观组织、市场组织、政府组织、产业链组织设置了具体的指标，并从行为或作用的不足、缺失、不匹配、不协同等方面对各类组织进行评价，得出我国生猪健康养殖业组织发展现状及问题的初步分析结果。

（4）因果分析方法。按照"提出问题—认识问题—分析问题—解决问题"的思路，提出了制约生猪产业链健康的严重疫病、超常波动、落后方式、乏力体系和环境风险五大战略性难题，并从问题成因、问题效应和解决对策等方面进行了系统深入的分析，完善了我国推进生猪产业链健康演化的系统框架和战略构想。

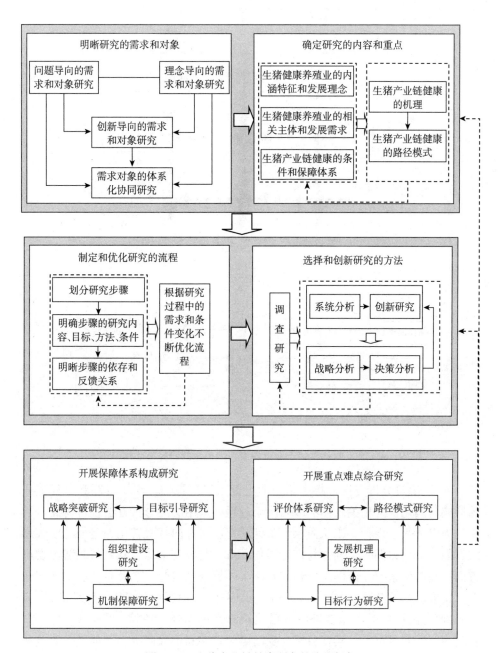

图 2.12 生猪产业链健康研究的流程框架

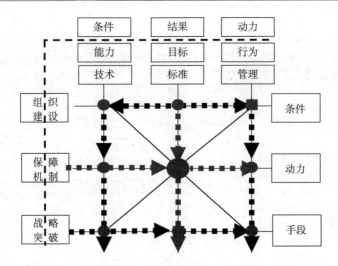

图 2.13　生猪健康产业链"三横三纵"系统分析框架

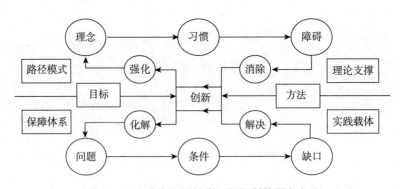

图 2.14　生猪产业链健康组织机制的研究方法

（5）决策分析方法。将生猪产业链健康目标标准、组织机制和路径模式的形成与演化视为相关主体的战略决策过程，运用决策分析方法进行研究，具体分为以下 5 个步骤：①从需求与条件平衡、目标向行为转化、路径与模式形成、能力与动力保障、利益与推广强化、市场与政府支持、基地与联盟建设等方面，提出生猪产业链健康过程需要决策的战略性问题；②针对企业主导产业链（供应链）、产区政府主导产业链（供应链）、销区政府主导产业链（供应链），研究制订生猪产业链健康战略决策方案的主体和方法；③从解决问题、落实理念、满足需求、实现目标、提高组织效率和价值回报、增加规模效益和资本积累等方面，研究评价生猪健康养殖业发展战略决策方案的指标、标准和方法；④从提高科学性和有效性方面，研究选择生猪产业链健康战略决策方案的方法和模型；⑤分发展阶段、分区域环境条件、分产业链主导类型研究生猪产业链健康战略决策方案的实施和情景。

（6）演化分析方法。从问题挑战、发展理念、主体需求、环境影响、市场政府、产业组织、养殖基地等方面系统地认识生猪产业链健康目标标准、组织机制和路径模式的形成与演化过程；从需求驱动、环境影响、市场功能、政府职能、政策法规、能力动力、决策过程、目标行为、行为效应、效应调节、机理原理等方面系统地分析生猪产业链健康目标标准、组织机制和路径模式的形成与演化过程；从应对挑战、落实理念、满足需求、实现目标、健全市场功能体系和政府职能体系（政策法规体系）、培育生猪健康养殖产业基地和生猪健康养殖产业链组织等方面系统地解决生猪产业链健康目标标准、组织机制和路径模式的形成与演化过程中的问题。

（7）情景分析方法。运用系统动力学的情景分析方法，从生猪产业链健康的目标行为、作用关系、行为条件、行为环境等方面进行相关的行为动力、能力和效果的分析，为分析微观组织、市场组织、政府组织、产业链组织在不同情景下的行为动因和行为效应提供支撑。

2.3　创新突破

2.3.1　促进生猪产业链健康的观念转变

（1）理念制度障碍。我国生猪健康养殖业的发展需要发挥政府的宏观调控与引导作用。但受政府部门条块分割、部门之间难以协调统一、行业发展规划持续落实和执行效果较弱、原有的养殖管理制度缺陷较多以及政府业绩驱动力较强等因素制约，导致生猪产业链健康面临较大的制度体制障碍。生猪健康养殖体系内容丰富与复杂，对推广体系的运行要求也较高。现有生猪养殖业在发展路径、组织模式、运行机制和责权利对等方面与生猪健康体系的推广需求不匹配，不利于信息传递、人员素质与能力的提升，难以保障推广的有效性与全面性，阻碍了生猪健康养殖技术体系的应用扩散。

（2）理念制度创新。生猪产业链健康需要解决的首要问题是在思想观念上让全产业链关联主体对生猪健康养殖形成科学认识和有效认同。生猪健康养殖业的发展是以政府的倡导与扶持为驱动，以资源要素的有效集聚利用为保障，以生猪健康养殖体系的推行为基础的新型养殖业态。生猪健康养殖业是以健康、安全、创新理念为核心的新型养殖业态。生猪健康养殖的推广不仅涉及养殖技术，更强调养殖主体生产观念、管理水平和经营能力的转变与提高，具有公益和营利双重属性。因此，需要树立健康养殖的理念，引导健康猪肉产品的消费，转变生产方式与养殖模式，广泛普及和推广消费健康、养殖健康、环境健康、投资运营健康和职业健康的意识，形成全社会重视健康、践行健康和营销健康的良好氛围。

　　生猪产业链健康的关键在于健康理念的引导，链条健康与价值增益、消费效用与价值创造、养殖成本与价值减损、环境质量与价值增益、投资运营风险与价值减损、职业满意与价值增益 6 个发展理念对于生猪产业链健康具有重要的引导作用（图 2.15）。

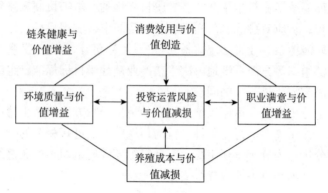

图 2.15　生猪健康养殖业的发展理念及构成

　　一是链条健康与价值增益。健康是具有长远而重要价值的。健康是人类追求的终极目标，健康产生的价值因人而异。对高收入人群而言，健康是"稀缺"；对低收入人群而言，追求健康是"困扰"。把健康理念应用到生猪养殖产业链的运营过程之中，知识和运营属于最高层面，产品属于最低层面，技术和服务属于中间层面。只有创新服务平台，才能够促进价值的循环放大。

　　二是消费效用与价值创造。健康是可以实现的，但是，对大多数产业链相关主体来说，需求得到满足是一种奢望，少数主体能够得到一定的满足，相当多的主体则是不满足的。由此，不健康是多数的，健康是稀缺的，亚健康是经常性的。健康是一种取向和奢望，是一种方式和状态，实现健康需要环境和条件。健康是有载体的，它依托动物或人类的器官和机体，依托组织链、信息链、资金链和价值链。

　　三是养殖成本与价值减损。成本与价值的理念决定了养殖健康的目标。养殖健康目标是生猪产业链健康的直接目标，是保障生猪产品达到无公害以上标准的关键。广义上，养殖健康包括种公猪、母猪、仔猪、育肥猪和出栏猪等生猪养殖不同环节的产品健康；狭义上，养殖健康只包括出栏猪健康。

　　四是环境质量与价值增益。质量与价值的理念决定了环境健康的目标，环境健康目标是生猪健康养殖业在发展过程中的必要条件，也是从生态角度和社会角度要实现的重要目标之一。环境健康主要包括自然环境健康、经济环境健康、政策环境健康，而狭义的环境健康主要是指与健康养殖有关的生态环境的健康。

五是职业满意与价值增益。满意与价值的理念决定了职业健康的目标。职业健康目标是生猪健康养殖业在发展过程中需要逐步实现的养殖主体目标之一。生产主体健康具体包括生产主体理念健康、身体健康、心理健康、行为健康、收益稳定增长、工作环境良好等。

六是投资运营风险与价值减损。生猪健康养殖作为一个产业，其目的是让产业链实现转型升级，让相关主体得到满足，形成健康的生猪养殖业支撑保障体系。而从更广义的供应链角度进行解读，生猪健康养殖产业链还会衍生出物质链、组织链、价值链、信息链、资金链等概念。如何降低基于全产业链的投资运营风险是生猪健康养殖业风险与价值理念的重要内容。

2.3.2 促进生猪产业链健康的战略突破

（1）战略路径制约。生猪产业链健康是一个长远性、全局性和整体性的系统工程。但是，由于战略意识淡薄、战略策划不足、战略方案缺失和战略实施乏力等问题，导致生猪健康养殖业未上升到国家战略，没有探索出现阶段具有中国特色的生猪产业链健康战略和模式路径。亟须通过总结提升现有的龙头集群的典型模式，融入发达国家生猪健康养殖模式，整合创造中国特色的具有适应性的养殖模式。

（2）战略突破创新。针对生猪养殖业超常的波动、严重的疫病、错位的方式、乏力的体系和环境的风险五大问题，将生猪健康养殖业的发展壮大上升为国家战略，促使生猪产业链健康成为国家主要食品质量安全、数量安全和结构安全的重要保障。以产地政府、销地政府的安全目标为引导，企业集团的联盟合作为手段，构建资源补偿和消费安全的联动机制，为形成区域间的资源共享、分工互补、竞争合作共生和合作共赢机制提供路径模式（图 2.16）。

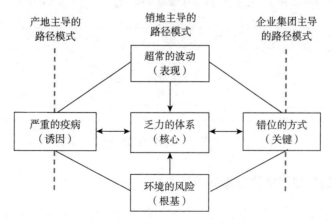

图 2.16 生猪健康养殖业的战略突破创新

2.3.3 促进生猪产业链健康的目标引导

（1）目标利益冲突。对生猪健康养殖业价值认知的不一致性，导致产业链相关主体对生猪健康养殖的认识存在不清晰、不成体系和不协同现象，主体之间产生一定的利益冲突，主要表现在健康价值理念认识的不一致性、消费健康与主体效用认知的不一致性、养殖健康与成本代价认知的不一致性、环境健康与环境质量认知的不一致性、投资运营健康与风险认知的不一致性、职业健康与主体满意的不一致性。造成这些不一致性的根本原因在于生猪健康养殖业作为促进畜禽产业转型升级的价值载体没有得到足够的重视，关联主体在价值来源、价值形成、价值放大和价值循环的过程中缺乏共同的价值观。

（2）目标体系创新。生猪产业链健康的总体目标是提高生猪养殖业应对战略性问题的能力，促进畜禽产业链转型、升级和优化，具体目标是实现生猪健康养殖业相关主体的消费健康、环境健康、工作健康、养殖健康和投资运营健康。因此，需要建立具有共同价值取向的利益结构共同体，强化同向和互补的价值来源，促进生猪健康养殖产业链主体组织间形成互补的目标结构，实现消费主体、生产主体、市场主体和养殖主体之间的共赢（图2.17）。

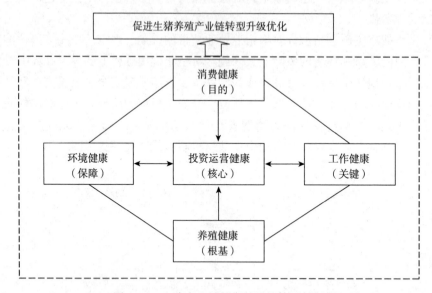

图 2.17　生猪产业链健康的目标体系创新

2.3.4 促进生猪产业链健康的组织建设

（1）行为能力障碍。现阶段，我国生猪养殖主体（尤其是养殖户）受教育与培训不足、自我学习意愿与学习能力不强，在生产决策中应用和尝试新技术新模式的积极性不高。这无形中加大了健康养殖业推广的难度，制约了生猪健康养殖的推广进度。除了思想观念的束缚之外，养殖主体投资能力、技术能力、学习能力也难以满足生猪健康养殖实施的要求，主体行为动力和行为能力不匹配导致行为效果不佳。现阶段，养殖主体的技术能力提高主要靠自我生产积累来实现，由于养殖环节在产业链中处于弱势地位，其自我积累能力较弱，导致技术水平与经济能力有限。这极大地影响了生猪健康养殖业的推行速度。

（2）组织建设创新。以实现政府层级协同、纵向一体化协同、横向一体化协同为目标，构建对生猪健康养殖业具有较强支撑保障能力、能促进生猪健康养殖业可持续发展的生猪健康养殖组织体系；培育实现生猪产业链健康目标的动力和能力强、经营管理效果好的生猪健康养殖组织；打造降低生猪健康养殖业风险与成本、提高生猪健康养殖业价值的生猪健康养殖产业链组织（图2.18）。

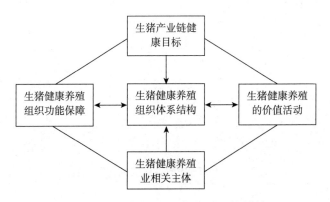

图 2.18　生猪产业链健康的组织建设创新

2.3.5　促进生猪产业链健康的机制保障

（1）机制设计缺失。机制设计及其健全与否是影响生猪健康养殖业可持续发展的重要条件。在生猪养殖业向健康养殖业转型升级的过程中，存在着关联主体动力不足、能力制约和发展效果不明显的现象。大部分养殖主体能够意识到发展健康养殖业的重要性，但是，由于受到技术水平不高、成本投入较高、经济能力有限等方面的制约，导致养殖主体的动力不足、能力欠缺；投资运营主体则因为行业的风险和环境的易变性的影响，对生猪健康养殖业投资的积极性不高，制约了生猪健康养殖业的迅速推广。政府主体和消费主体意识到提高主体动力、能力和效果的重要性，但又缺乏对动力强化机制、能力培育机制和耦合强化机制的联动设计，造成生猪产业链健康壮大的效果不明显。

（2）机制保障创新。按照同向、互补、共赢的原则，构建激励约束机制、竞争合作共生机制、优胜劣汰机制，提高生猪养殖业关联主体参与健康养殖的动力；打造生猪健康养殖业创新服务平台，形成以政府支持为支点的杠杆放大机制，加速培育生猪养殖业关联主体发展生猪健康养殖业的能力；构建复杂适应机制、反馈调节机制、能流匹配机制、安全和补偿互动机制，提高生猪养殖业关联主体自我适应和调节的效果（图2.19）。

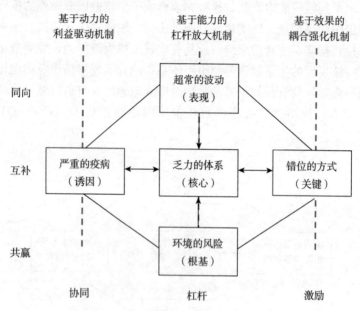

图 2.19　生猪健康养殖业的机制保障创新

第 3 章　生猪产业链健康的流动性约束

农业产业化是解决"三农"问题的有效路径，同时也是传统农业向现代农业转变的过渡方式。在农业产业化的进程中，无论是集约化的经营方式还是龙头企业的自身发展抑或是农业科技的创新都需要大量的金融支持，同时农村金融发展更加依赖良好的金融生态环境。

随着规模化、市场化的农业生产经营方式的发展，生猪产业在农业经济中占有越来越重要的地位，生猪产业化也是今后的发展方向。推进产业化经营方式是我国生猪生产持续稳定发展的客观需要。生猪产业具有天然的弱质性，市场价格易波动。因此，需要借助系统的金融手段进行风险分摊和转移。但是，由于生猪养殖主体缺乏有效担保抵押物品，信用程度较低，很难从商业银行获得贷款。因此，加强养殖户对保险公司的信任程度、维持政策的稳定性、加强立法和监管对进一步扩大政策性生猪保险需求将起到很大作用。同时，优化民间金融，使其发挥良好的融资作用，将有利于生猪产业化的进一步发展。

在农业产业化的发展过程中形成了几类基本经营运作模式，如"龙头企业＋农户""龙头企业＋合作社＋农户"等。对于生猪产业而言，各种生猪养殖规模的比重是衡量生猪产业化的重要指标。本章基于农户视角，以黑龙江省的生猪产业为例，探究了商业性金融、合作性金融、政策性金融以及民间金融 4 种金融支持渠道对于不同规模的生猪养殖主体的金融供给效用。

3.1　黑龙江省生猪养殖现状及金融需求

黑龙江省是我国农业大省，生猪产业在黑龙江省畜牧业占有重要地位。近年来，黑龙江省以发展标准化规模养殖作为转变发展方式的主攻方向，创新建设模式，支持大型产业化龙头企业自建基地，生猪规模化养殖迅速发展。从 2009—2014 年的数据来看，虽然黑龙江省的生猪养殖主体仍以散户居多，但呈逐年递减趋势，规模化养殖数量稳步增长（表 3.1）①。黑龙江省生猪产业的

---

① 本书生猪规模划分标准依据《全国农产品成本收益资料汇编》，具体为散户（年出栏生猪＜30 头）、小规模猪场（年出栏生猪 30～100 头）、中规模猪场（年出栏生猪 100～1 000 头）和大规模猪场（年出栏生猪 1 000 头以上）。

稳步发展和规模的日益壮大使得对金融支持的需求越来越大，而黑龙江省的金融供给总体相对欠缺，各种金融支持路径的协同性较差，发挥的效用较低，尚有较大的改善空间。

表 3.1　黑龙江省 2009—2014 年生猪养殖不同规模比例变化情况

单位：%

规模	2009 年	2010 年	2011 年	2012 年	2013 年	2014 年
散户	80.72	80.49	78.21	76.44	78.02	76.23
小规模	18.43	18.58	20.75	22.42	20.74	22.36
中规模	0.84	0.92	1.03	1.12	1.22	1.38
大规模	0.01	0.01	0.01	0.02	0.02	0.03

数据来源：《中国畜牧业年鉴》。

黑龙江省生猪规模养殖的金融需求特点主要体现在规模化程度快速提高、养殖成本急剧增加、市场波动频繁剧烈。

（1）规模化程度提高，资金需求量增加。生猪养殖逐渐规模化，所需要的饲料成本、医疗防疫、技术服务、圈舍的修理维护等费用越来越高，使得黑龙江省生猪养殖主体对资金的需求量越来越大。

（2）养殖成本过高，增长过快。生猪饲养总成本包括生产成本、人工成本、土地成本。通过对黑龙江省 2009—2014 年成本收益数据进行平均值计算得到，散户养殖下的单位生猪总成本为 1 334.98 元，成本利润率为 17.93%；小规模养殖下单位生猪总成本为 1 282.99 元，成本利润率为 15.01%；中规模养殖下单位生猪总成本为 1 310.90 元，成本利润率为 12.77%；对于大规模养殖而言，单位生猪总成本为 1 243.98 元，成本利润率为 14.49%。生猪养殖相比于其他产业所需成本较高，且单位生猪养殖成本增长过快（图 3.1）。生猪规模养殖的高

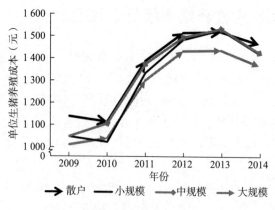

图 3.1　不同规模生猪养殖成本变动趋势

额且逐年递增的养殖成本迫使养殖主体投入更多的资金，自有资金远远不能解决高额成本，需要有效的金融支持渠道。

（3）市场价格波动大，经济效益不稳定。生猪市场价格的波动受到疫病、种源等较多不可预测的因素影响，不同于猪肉市场价格的规律性。通过图 3.2 可以看出，2015—2016 年黑龙江省生猪价格与全国生猪价格波动趋势一致，整体上波动幅度仍然较大。生猪市场价格波动的不可预测性导致生猪养殖主体无法及时合理配置资金的使用，对资金的充足性要求较高，对金融支持的依赖度较大。同时，价格波动影响散户与小规模生猪养殖主体的进入与退出，从而影响黑龙江省生猪产业的经济效益。

图 3.2　黑龙江省与全国生猪价格变动趋势对比

数据来源：《全国农产品成本收益资料汇编》。

3.2　黑龙江省生猪规模养殖的金融供给分析

我国现已形成以商业性金融、合作性金融、政策性金融以及民间金融为主体的多元化农村金融供给体系。从黑龙江省金融体系发展的现状来看，生猪规模养殖对资金的需求与金融支持体系的资金供给没有达到高效的融合，各个金融支持渠道没有发挥有效的资金支持作用，整个金融支持体系没有达到最优协同的状态。

（1）商业性金融支持力度不够，信贷"门槛"过高。中国农业银行的商业化改革使得乡镇地区的基层机构大量减少。在机构与工作人员减少的同时也使得大量的资金从农村撤离，信贷重心从农村转向城市，从而使金融供给与生猪产业发展对资金的需求更加分离。中国邮政储蓄银行"只存不贷"对农村地区资金造成严重的分流。散户与中小规模的生猪养殖主体信用评级不够，生猪与圈舍无法充当抵押担保物品，使得其他商业银行对其信贷投入倾向度也非常低。因此，商业性金融对于黑龙江省生猪规模养殖的支持力度尚待加强。

（2）合作性金融实力较弱，机构体系不健全。农村信用合作社定位于服务"三农"，是黑龙江省农村金融体系的核心力量，同时也是服务于生猪产业化的主要金融支持渠道。2004年10月，黑龙江省农村信用社改革试点工作启动以后，农业贷款力度持续加大，为黑龙江省生猪规模养殖提供了大量的金融支持。但是，由于农村信用合作社治理不完善导致信用度始终不高，吸存资金的实力有限。同时，农村信用合作社的结存服务滞后，无法满足大规模生猪养殖企业的结算需求。合作性金融对于黑龙江省生猪养殖的金融支持起到较大作用，但仍应从内部体系进行优化改革，强化金融支持实力。

（3）政策性金融功能欠缺，政策性生猪保险难普及。中国农业发展银行为政策性金融的一种载体，但从当前来看，只能在棉、粮、油收购方面起到一定作用，无法承担农村政策性业务的"发展"重任，对于生猪规模养殖的资金运行无法起到明显作用。政策性农业保险作为政策性金融的另一载体，在黑龙江省生猪规模养殖的发展中发挥了一定的金融支持作用。2015年黑龙江省开展了能繁母猪政策性保险，对存栏能繁母猪30头以上的养猪场（户）进行承保，能繁母猪每头保险金额为1 000元，保险费率为6%，保险费为50元；各级财政保费补贴标准分别为中央财政养殖业补贴50%，省级财政能繁母猪补贴20%，县级财政能繁母猪补贴10%。政策性生猪保险在黑龙江省起步较晚，很难普及每一个生猪养殖户，散户与小规模养殖主体抗风险能力弱，保险认知程度较低，政策性生猪保险在黑龙江省还需进一步发展与普及。

（4）民间金融不规范，不良风险较高。近年来，正规金融对生猪规模养殖的金融供给力度不够，民间金融日益活跃。民间金融具体表现为农村合作基金会、地下钱庄、私人借贷等。民间金融的出现在一定程度上填补了正规金融服务的空缺，解决了一部分生猪规模养殖的资金需求难题。民间金融组织仍有很大缺陷，风险监管不够严格，在一定程度上扰乱国家金融秩序，难以成为黑龙江省生猪规模养殖资金供给的主要力量。

3.3 生猪规模养殖的金融支持体系差异化效用实证——以黑龙江省为例

基于以上分析可以看出，黑龙江省生猪养殖产业的金融需求与金融支持体系的资金供给存在严重错位，各种金融支持渠道尚未完全发挥金融供给的效用。以下通过研究黑龙江省不同规模下生猪养殖主体收益与各种金融支持渠道的资金支持量的相关性，评价各种金融支持渠道对生猪规模养殖的资金支持效用，并对 4 种金融支持渠道的效用进行比较分析。

黑龙江省生猪养殖产业的金融支持体系包括商业性金融、合作性金融、政策性金融以及民间金融。政策性金融体现在生猪政策性保险的实施上，由于生猪政策性保险起步较晚，且平均到单位生猪上的补贴与单位生猪成本相比甚微，因此实证暂且不考虑政策性金融这一因子。本研究选取了生猪养殖主体收益（Y）、合作性金融、商业性金融、民间金融 4 个指标（表 3.2）。

表 3.2　2002—2014 年实证指标与取值

指标		2002 年	2003 年	2004 年	2005 年	2006 年	2007 年	2008 年	2009 年	2010 年	2011 年	2012 年	2013 年	2014 年
散户	Y	651	685	926	790	879	1 574	1 496	1 363	1 282	1 856	1 668	1 641	1 684
	合作性金融	249	243	324	342	278	468	521	508	500	615	658	639	662
	商业性金融	61	73	65	62	93	94	104	102	100	123	132	128	156
	民间金融	160	170	259	218	247	359	401	390	384	476	510	495	480
小规模	Y	591	640	851	739	731	1 396	1 459	1 231	1 177	1 740	1 583	1 609	1 621
	合作性金融	228	225	296	261	267	480	528	473	462	596	649	655	640
	商业性金融	46	56	59	104	53	116	106	95	92	119	130	131	187
	民间金融	182	187	237	215	213	294	423	378	370	477	519	524	506
中规模	Y	577	631	834	701	726	1 265	1 383	1 177	1 213	1 801	1 582	1 608	1 621
	合作性金融	257	289	362	325	301	492	611	562	583	717	769	776	743
	商业性金融	126	145	175	163	191	250	254	281	340	358	423	388	443
	民间金融	68	48	47	54	55	82	153	94	49	119	90	129	117
大规模	Y	576	589	792	695	683	1 242	1 297	1 179	1 153	1 662	1 550	1 566	1 574
	合作性金融	317	294	367	356	319	470	579	489	573	738	761	685	767
	商业性金融	62	147	130	112	160	255	289	258	300	284	381	373	189
	民间金融	101	49	68	54	96	72	175	27	113	127	187	302	

数据来源：《全国农产品成本收益资料汇编》。

3.3.1　模型假设

基于上述分析，现提出如下假设：

（1）通常情况下，生猪养殖主体的收益与各种金融支持渠道的资金支持量存在正相关性；当利率机制出现重大出入时，生猪养殖收益可能会与金融支持呈负相关关系。

（2）在不同的生猪养殖规模下，金融支持体系对生猪养殖主体的支持力度不同；规模越大，正规金融支持的力度越强。

（3）对于每种规模的生猪养殖，各个金融支持渠道的支持效用不一。其中，合作金融发挥主要资金支持作用。

3.3.2 生猪养殖主体收益与金融支持渠道相关性分析

首先对 4 种规模下的生猪养殖主体收益与 3 种金融支持渠道的相关性进行分析，Person 检验结果如表 3.3 所示。

表 3.3　4 种规模下的生猪养殖主体收益与 3 种金融支持渠道的相关性分析

规模	检验	收益	合作性金融	商业性金融	民间金融
散户	Pearson 相关性	1	0.952**	0.871**	0.964**
	Sig.（双尾）		0.000	0.000	0.000
小规模	Pearson 相关性	1	0.980**	0.836**	0.946**
	Sig.（双尾）		0.000	0.000	0.000
中规模	Pearson 相关性	1	0.973**	0.919**	0.773**
	Sig.（双尾）		0.000	0.000	0.002
大规模	Pearson 相关性	1	0.969**	0.825**	0.605**
	Sig.（双尾）		0.000	0.001	0.029

注：**表示在 5% 水平下显著。

从 Pearson 检验结果来看，4 种规模下的生猪养殖主体收益与 3 种金融支持渠道之间的 Sig. 值均小于 0.05，且相关系数均为正数，即随着 3 种金融支持的增加，收益也是不断增加的。

构建模型：

$$Z = \alpha + \beta_1 X_1 + \beta_2 X_2 + \cdots + \beta_n X_n + u$$

其中，被解释变量为养殖主体收益，解释变量分别为合作性金融、商业性金融、民间金融。

分别对 Z 取值，通过 SPSS 软件可以得到如下分析结果。

（1）散户养殖。判定系数 $R^2 = 0.906$，说明金融支持对散户养殖主体收益具有 90.6% 的解释能力。由于散户生产成本相对较小，大部分资金来源于民间金融，主要体现为亲朋好友互相借贷，商业贷款所需成本可能高于由其产生的收益，因此民间金融的参数值最大，商业性金融的参数为负值。因此，对于散户，民间金融对其生产融资的效用最为明显，其次为合作性金融，最后是商业性金融。

（2）小规模养殖。判定系数 $R^2 = 0.958$，说明金融支持对小规模养殖主体收益具有 95.8% 的解释能力。对于小规模养殖主体，所需成本相对高于散户。

民间金融相对其他 2 种金融支持渠道风险较大，所需成本也更高；合作性金融的成本较低、风险较小。因此，合作性金融的参数值最大，民间金融的参数为负值。因此，对于小规模养殖，合作性金融对其生产融资的效用最为明显，其次为商业性金融，最后是民间金融。

（3）中规模养殖。判定系数 $R^2 = 0.937$，说明金融支持对中规模养殖主体收益具有 93.7% 的解释能力。在实际贷款过程中，商业贷款的实际付息日比名义付息日早，因此养殖主体需要提前销售生猪才能够偿还贷款，进而减少实际收益，养殖主体往往会倾向于选择成本低、风险小的合作性金融。因此，合作性金融的参数最大，商业性金融的参数为负值。对于中规模养殖，合作性金融对其生产融资的效用最为明显，其次为民间金融，最后是商业性金融。

（4）大规模养殖。判定系数 $R^2 = 0.942$，说明金融支持对大规模养殖主体收益具有 94.2% 的解释能力。对于大规模养殖主体，在没有得到任何金融支持的情况下，较大的沉没成本会使得收益小于成本，从而常数项出现负值。大规模养殖与中规模养殖类似，商业贷款计息日往往比真正得到贷款的日期早 1~2 个月，而实际付息日又比名义付息日早 1 个月。因此，对于能够得到商业贷款的养殖户，这极有可能意味着必须提前销售生猪才能够偿还贷款，从而减少了养殖主体的实际收益。因此，对于大规模养殖，合作性金融对其生产融资的效用最为明显，其次为商业性金融，最后是民间金融。

通过以上分析可以看出，农业产业化的进程离不开金融体系的支持，不同金融支持渠道所呈现的金融供给水平不一。但总体上各种金融支持路径的支持力度越大，生猪养殖的收益越高。金融支持对生猪养殖主体收益、成本和风险的影响体现在以下几个方面。

（1）生猪养殖主体的收益与各种金融支持渠道的资金支持量均存在正相关关系。不同金融支持渠道的资金支持量的增加都会导致生猪养殖的总体收益增长。

（2）黑龙江省生猪散户养殖的总成本相对较小，获取资金支持的渠道更倾向于民间金融。正规金融支持渠道对规模养殖的效用更加明显。

（3）对于黑龙江省生猪养殖产业总体的金融支持力度，合作性金融所表现出的效用最大，其次为民间金融，商业性金融的资金支持效用相对较弱。

生猪产业作为我国农业的重要部分，龙头企业数量少，多数为中小规模企业，尤其是生猪养殖企业，养殖主体仍以散户为主，由于非对称信息与代理成本的存在，其投融资都面临着严重的流动性约束。传统贷款模式无法充分满足农业产业化的资金需求，现行的银行信贷体系对于小规模民营企业存在着严重的信贷配给与信贷歧视。

随着非正规金融逐渐融入金融市场体系，商业信用成为一种替代性融资方式存在于供应链管理当中，弥补以上 4 种金融的缺口，有效地缓解了流动性约束。商业信用是指企业在进行商品和服务交易的过程中，通过对贷款的延迟支付占用其他企业资金的行为，既表现为短期债权（应收账款），又表现为短期债务（应付账款）。Cunat（2007）研究表明，生猪供应链企业的违约风险较高，由于违约风险和风险溢价的存在，商业信用的利率较高。既然成本比银行贷款高，中小企业为什么还会选择商业信用的融资方式？由于信贷配给与信贷约束等原因，小企业难以进入资本市场，供应商愿意向企业提供资金，因为其在企业信息上存在比较优势，能够更有效地进行资产清算，企业与其供应商之间的商业信用关系会给企业提供融资渠道，缓解了流动性约束。Allen 等（2005）、Ge 等（2007）、孙浦阳（2014）等学者通过数据验证了中国金融市场体系不健全，商业信用对于企业尤其是中小企业、私营企业等外部金融环境较差的企业融资效果更为显著，甚至可能超过银行信贷。以上学者对于商业信用融资的成本和原因进行了大量的研究。相比银行等金融机构的介入，商业信用双方的信息相对透明且手续简便。因此，商业信用得到了较为广泛的认可。

商业信用将上下游企业以资金或者货物供给的形式相互绑定，一旦资金流断裂，将会引发单个企业的资金风险乃至整个供应链的系统风险。对于供应链风险的定义，比较典型的一种观点认为，供应链风险是一种不确定性因素或者意外事件的发生，对某一或多个供应链成员产生不利影响，破坏整个供应链的运行，使其达不到预期目标。实际上，外部冲击不可预测地进入企业运营生产乃至整个资本市场的运转过程当中，增加了宏观经济的不确定性，导致产出、就业与生产率快速下降。王明利（2012）归纳了影响生猪生产的因素：一方面是饲料价格与能繁母猪数量等因素，另一方面包括 GDP 增长率、重大疾病等外部冲击。张喜才等（2012）利用脉冲响应函数分析了外部冲击对生猪产业链价格传导机制的影响，发现外部冲击对生猪价格波动的影响达到 90% 以上。

梳理文献可发现，国内外学者普遍关注到外部冲击进入生猪供应链的某一节点企业，影响其决策与行为，出于对流动性的需求，生猪供应链企业对投入产出进行适应性调整。生猪供应链上的生猪养殖企业与屠宰加工企业以赊销或预付的商业信用形式互相协作。

3.4 生猪产业链健康的流动性约束理论框架

随着经济新常态的发展，生猪产业结构不断优化升级，向规模化、产业化的方向发展。生猪产业作为我国农业的支柱产业，应当大力推动供应链管理的发展，使上下游企业建立有效的利益分配、风险共担、信息共享机制。根据生猪供应链核心企业的不同，我国现阶段的生猪供应链组织结构主要包括纵向一体化结构与核心企业主导战略联盟结构。

（1）纵向一体化结构。纵向一体化供应链结构即大型农业集团同时向其上下游延伸其产业结构，涵盖整条供应链所有环节与节点企业的业务功能。一些资金雄厚的大型企业就采用纵向一体化的供应链组织结构，在便于绿色管理的同时实现利润最大化（图3.3），以牧原股份为典型代表，实现了"饲料＋养殖＋屠宰＋肉食品加工"的纵向一体化供应链结构。2014年，其上游供应环节自建3个饲料厂，中游养殖环节年末生猪出栏总量达186万头，下游屠宰规模达到100万头/年。

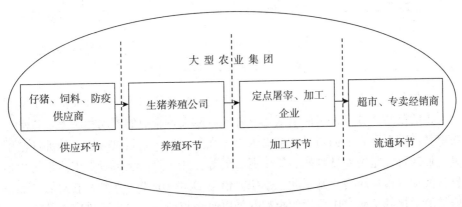

图 3.3　纵向一体化结构

（2）核心企业主导战略联盟结构。核心企业主导战略联盟结构具体分为3种形式，即以生猪养殖商为核心企业、以屠宰加工商为核心企业和以大型零售商为核心企业主导供应链组织结构。雨润集团为屠宰企业主导型的典型代表，以大型屠宰加工企业为核心联结上下游企业形成完整生猪供应链，2014年其屠宰量为1 380万头，所占市场份额为1.88%。大型零售商主导型供应链以首农集团为典型代表，大力发展现代农牧业、食品加工业和现代物流业，2014年实现营业收入345.4亿元，同比增长75.4%。本研究以生猪养殖商主导结构为例进行分析（图3.4）。生猪养殖商主导结构以某一大型生猪养殖公司或规模猪场等养殖主体为核心企业，通过向其上游供应商采购原材料，饲养健康生猪，满足其下游屠宰加工流通企业的订单需求，同时以其核心力量获取市场、技术信息，实现生猪供应链的信息共享，通过相对稳定的订单关系达到整条供应链的资金流通。温氏集团为大型养殖企业的典型代表，2014年全国肉猪出栏量约为73 510万头，同期温氏商品肉猪销售量为1 218.27万头，约占全国商品肉猪出栏量的 1.66％，居行业首位。以产权配置区分的供应链组织结构，其资金配置功能不一，所面临的流动性约束大小不同。以养殖商、屠宰加工商或大型零售商为主导的战略联盟组织结构，所承受的外部冲击种类与规模不同，形成的流动性风险与系统风险不同。

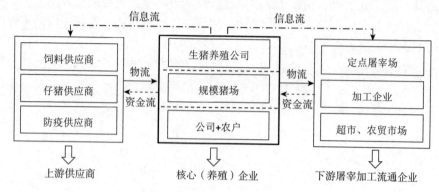

图 3.4　生猪养殖商主导结构

当外部冲击发生时，流动性会对企业的固定投资以及资本开支活动形成更为严重的制约，外部冲击所造成的意外成本越大，企业的流动性越差，流动性约束就会越严重，从而对资金的需求更为强烈。对于生猪供应链，外部冲击的表现形式可以是突发性疫病、暴雨泥石流等自然风险，也可以是生猪市场价格异常波动等市场风险。基于此，本研究借鉴 Dell'Aquila（2012）在对农产品供应链流动性约束研究中所用的模型并加以改编与创新，以生猪供应链节点企业营运资本流动性约束对其投融资影响为研究基础，将外部冲击及其损失量化，并引入均衡状态下生猪养殖企业的投入与产出模型当中，通过对外部冲击大小的分类来判断生猪养殖企业所遭受的流动性风险，进而对商业信用形成的系统风险进行测评。本研究关注生猪供应链主体，包括一二元繁育企业、三元生猪养殖公司、定点屠宰加工厂、销售商等实力不一的节点企业，由于生猪养殖为生猪供应链上的必不可缺的核心环节，将三元生猪养殖公司定为研究的核心企业，通过构建一个基于商业信用的投入产出数理模型，推导计算外部冲击的临界值，对生猪养殖企业的流动性风险进行测评，进而对模型进行扩展，分析整个生猪供应链的系统风险。

3.5　流动性约束模型分析与讨论

3.5.1　模型假定

通过对四川、山东、黑龙江等养猪主要省份进行调研发现，生猪供应链节点企业的营运资本主要来源于内源融资和外源融资。其中，外源融资主要表现为银行贷款和商业信用。因此，本研究设定企业用于生产的外部资金主要来源于与其有商业信用关系的上游供应商和银行，企业优先偿还银行贷款。根据商业信用机理，生猪养殖公司未在当期期末还清全部账款时，其供应商不要求违约的生猪养殖公司进行资产清算，接受延期到下一周期的付款。基于上述分析，模型有如下假设与限定。

（1）周期假设。模型分析的时间维度划分为若干周期（记为 T），具体体现为生猪养殖周期（通常为 4～5 个月）；每一周期生产结束，当期剩余生猪存货将留存至下一周期继续生产；期初售出上一周期所养殖的生猪，期末回款（即赊销），上游供应商给予下游生猪养殖公司的商业信用还款周期也为生猪的养殖周期。

（2）参数设定。本节涉及的参数包括银行利率 r、原材料 I、劳动力 L、均衡状态下企业利润 π^*、商业信用利率 σ、劳动力薪酬 δ。

3.5.2　模型构建

（1）均衡状态模型。设定 $\mathbf{N}$ 为生猪供应链上 n 个企业组成的集合，供应链上下游之间均有商业信用关系。本部分所研究的核心企业即生猪养殖公司，记为 a 企业，其某一供应商记为 b 企业，其某一下游买家记为 c 企业。所谓供应链的均衡状态，即生产主体经营资本充足，且产出可以达到最优，设最优产出量为 y^*，产出价格（此价格非市场价格）不变，记为单位 1。基于此，关于供应链均衡状态的设定如下。

劳动力与原材料比例固定为 $L/I=k$，以产量表示生产函数中的产出，记为 y，且与即时投资总量存在如下线性关系。

$$y = \alpha(I+wL) = I\alpha(1+kw) \tag{3.1}$$

期初，生猪养殖公司 a 从其供应商 b 购入原材料投入生产，期末获得收入后优先支付银行贷款及利息、支付供应商原材料货款，剩余为利润，具体的函数变量如下：a 从 b 购入原材料 I^*，用于本周期生产，即 $y^*=I^*\alpha(1+kw)$；a 在期末获得销售收入金额为 $y^*(1+\delta)$，支付银行贷款及利息金额为 $\beta(1+r)$，支付 b 原材料货款金额为 $I^*(1+\delta)$，用 π^* 表示均衡状态下企业利润，均衡状态下的资金流动方程为

$$y^*(1+\delta) = \beta(1+r) + I^*(1+\delta) + \pi^* \tag{3.2}$$

（2）外部冲击下的非均衡状态模型。某种外部冲击发生于生猪养殖的第 T 周期，打破原有的均衡状态，外部冲击造成的损失由即期利润 π^* 承担。假定损失足够大到 a 违约：$\sigma>\pi^*$。这种情况下，初期的销售收入不足以支付营运成本，即

$$y^*(1+\delta) < \beta(1+r) + I^*(1+\delta) + \sigma \qquad (3.3)$$

此时生猪养殖公司 a 无法对其供应商 b 履行应付账款的偿还，导致流动性短缺 λ，$\lambda = \sigma - \pi^*$。这种流动性短缺对企业的投资所造成的影响发生在 $T+1$ 的生产周期。根据假定，供应商 b 不要求违约企业 a 进行财产清算并接受下一周期的延期支付，第 $T+1$ 周期期末企业 a 必须偿还由于延期支付所形成的债务 $\lambda(1+\delta)$。因此，企业 a 可能会由于没有足够的资金进行生产从而无法达到最优产出 y^*。第 $T+1$ 周期初始，如果 a 能够充分偿还债务，b 愿意对 a 继续授予商业信用。a 向 b 偿还债务的能力取决于外部冲击的大小和企业利润。当 $\sigma < \pi^*\left(1+\dfrac{1}{1+\delta}\right)$ 时，上一周期盈余可以使得 a 企业恢复均衡生产状态。当企业 a 面临投入上限时，第 $T+1$ 周期获得的收入不能完全弥补流动性短缺。b 在了解 a 的真实情况下授予 a 商业信用，其信贷额不超过 a 的偿还能力，因此第 $T+1$ 周期的原材料投入量 I_{T+1} 一定小于理论水平 I^*。那么，由外部冲击引致的损失是否会影响企业 a 第 $T+2$ 周期的投入生产呢？第 $T+1$ 周期产量的减少导致第 $T+2$ 周期收入成比例减少，如果

$$y_{T+1}(1+\delta) < \beta(1+r) + I^*(1+\delta) \qquad (3.4)$$

则第 $T+2$ 周期的原材料投入量依然受到流动性短缺的限制。由 $I^*\alpha(1+kw) = y^*$ 得

$$\left\{ y^* - \left[\alpha(1+kw)\left(\lambda - \dfrac{\pi^*}{1+\delta}\right)\right]\right\}(1+\delta) < \beta(1+r) + y^*\left[\dfrac{1}{\alpha(1+kw)}\right](1+\delta) \qquad (3.5)$$

如果该不等式成立，证明企业 a 的第 $T+2$ 周期生产仍然遭受到外部冲击的影响；反之，第 $T+1$ 周期的生产收益完全可以使第 $T+2$ 周期恢复均衡状态的生产。由 $\lambda = \sigma - \pi^*$ 得

$$\sigma > \pi^*\left\{ 1 + \left[\dfrac{1}{1+\delta} + \dfrac{1}{(1+\delta)\alpha(1+kw)}\right]\right\} \qquad (3.6)$$

第 $T+2$ 周期由于流动性短缺导致投入减少，即 $I_{T+2} < I^*$；第 $T+2$ 周期的投入和产出的减少量，算法同第 $T+1$ 周期一样；第 $T+2$ 周期的投入和产出值进一步下降，$I_{T+2} < I_{T+1}$；由 $\lambda = \sigma - \pi^*$ 得

$$\sigma > \pi^*\left\{ 1 + \dfrac{\alpha(1+kw)}{[\alpha(1+kw)-1](1+\delta)}\right\} \qquad (3.7)$$

在第 $T+2$ 周期，外部冲击使企业的产量持续减少，但如果外部冲击造成的损失小于某一值时，企业就可以通过内源融资使得生产逐步恢复均衡状态。在第 $T+2$ 周期之后的生产周期里，可利用的流动性资金由前一周期的生产盈余产生。假定规模报酬不变，从第 $T+2$ 周期开始可用于内源融资的资本逐步积累，企业生产逐步恢复均衡状态。

根据以上推导，可以对企业所遭受的外部冲击大小进行分类。

$$\sigma_1 = \pi^* \left(1 + \frac{1}{1+\delta} \right) \tag{3.8}$$

$$\sigma_2 = \pi^* \left\{ 1 + \left[\frac{1}{1+\delta} + \frac{1}{(1+\delta)\alpha(1+kw)} \right] \right\} \tag{3.9}$$

$$\sigma_3 = \pi^* \left\{ 1 + \frac{\alpha(1+kw)}{[\alpha(1+kw)-1](1+\delta)} \right\} \tag{3.10}$$

根据公式（3.8），当冲击 $0 \leqslant \sigma < \sigma_1$ 时，当期收益即可以弥补外部冲击形成的损失，不影响企业下一周期的稳定生产；根据公式（3.9），当冲击 $\sigma_1 \leqslant \sigma < \sigma_2$ 时，第 $T+1$ 周期的销售收入无法完全弥补流动性短缺，投入和产出也受到限制，$I_{T+1} < I^*$ 且 $y_{T+1} < y^*$；根据公式（3.10），当冲击 $\sigma_2 \leqslant \sigma < \sigma_3$ 时，第 $T+2$ 周期的投入和产出依然受限，$I_{T+2} < I^*$ 且 $y_{T+2} < y^*$；当冲击 $\sigma \geqslant \sigma_3$ 时，这种外部冲击所造成的流动性约束足够大到对企业的原材料投入产生减速影响，$I_{T+2} < I_{T+1}$ 且 $y_{T+2} < y_{T+1}$。当企业遭遇的外部冲击大于 $\pi^* \left(1 + \frac{1}{1+\delta} \right)$ 时，不仅会对企业自身的生产造成影响，也会通过商业信用将风险传导给其上下游企业，导致整个供应链的产出下降。

3.6　算例分析

生猪供应链的特征决定了其所能承受的外部冲击的类型与规模大小。根据《中国畜牧业年鉴》2007—2014 年的数据，随着规模化养殖与生猪产业化的演进，散户逐渐退出市场（图 3.5），供应链上的生产多以规模养殖为主，即中小规模养殖主体占主要比重。

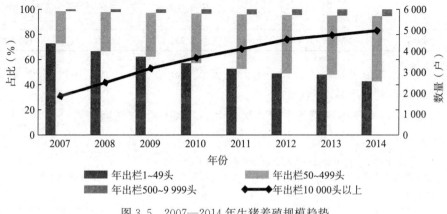

图 3.5　2007—2014 年生猪养殖规模趋势

本研究根据 2007—2014 年中规模生猪养殖统计数据为例进行算例分析。通过对表 3.4 的数据进行加权平均得到中规模养殖企业的生猪养殖周期约为 144 天，每一周期的企业利润约为 19 万元，每一周期劳动者薪酬约为 1.2 万元；单位生猪的人工成本与饲料成本比值为 0.33；生猪供应链上的企业多以互相担保的形式向银行获取短期流动性贷款，其利率比个人贷款的利率低，普遍为基准利率的 1.3~1.5 倍。[1] 根据相关法律规定，商业信用利率不能超过正规金融利率的 4 倍，具体由企业制定。本研究选取中位数进行算例分析，赋予参数值为 12.18%。[2] 根据相关文献可知，中规模生猪养殖的投入产出弹性约为 0.84。[3] 整理成表 3.5。

表 3.4　2007—2014 年中规模生猪养殖统计数据

年份	平均饲养天数（天）	人工成本（元）	饲料成本（元）	单位生猪净利润（元）
2007	141.00	57.92	298.24	389.65
2008	143.00	68.48	308.12	321.37
2009	145.94	71.96	309.87	128.28
2010	144.43	85.14	310.11	160.58
2011	143.41	106.00	312.34	427.18
2012	143.71	130.24	327.27	145.23
2013	145.41	152.48	334.23	121.64
2014	145.77	168.46	342.28	−14.18
平均值	144.08	105.09	317.81	209.97

数据来源：《全国农产品成本收益资料汇编》。

表 3.5　参数对照表

项目	企业利润（万元）	劳动者薪酬（万元）	技术系数	商业信用利率（%）	投入产出弹性
取值	19.00	1.20	0.33	12.18	0.84

将以上数值分别代入公式（3.8）、公式（3.9）、公式（3.10）。根据测算结果可以得到以下基本结论。

结论 1：对于中规模的生猪养殖企业，当某一生产周期遭遇外部冲击时，

---

① 数据来源于《中国金融年鉴》。

② 商业信用利率由具体企业制定，本研究以中位数为例进行算例分析，选取基准利率的 1.4 倍为生猪企业正规贷款利率，选取正规贷款利率的 2 倍为商业信用利率大小。

③ 王明利等学者在《基于随机前沿函数的中国生猪生产效率研究》中对生猪产业的投入产出弹性进行了相关的测算。

当期收益即可弥补外部冲击形成的损失，不影响中规模养殖企业下一周期的稳定生产。

结论 2：当外部冲击发生时，第 $T+1$ 周期的销售收入无法完全弥补流动性短缺，投入和产出将会比均衡状态下有所降低。

结论 3：当外部冲击发生时，第 $T+2$ 周期的投入和产出依然受限。

结论 4：当外部冲击发生时，这种外部冲击所造成的流动性约束大到足以对企业的原材料投入产生减速影响，并且容易导致中规模养殖企业破产。

以上测算过程满足生猪供应链上核心企业的数值分析需求，也适用于对包括工贸企业在内的整个链条特征参数赋值并进行流动性风险测算。商业信用使生猪供应链的上下游企业紧密联结，当生猪供应链上的某一企业遭受外部冲击，这种冲击会传导至供应链上的其他企业，生成系统性风险。通过对流动性风险的测算模型进一步拓展，对中规模生猪养殖企业所处的整条供应链产出缺口进行测算，进而对商业信用形成的系统性风险加以衡量。

为保证模型推导的完整性和客观性，需在前文基础上提出以下要点（以供应链上有联系的 a、b、c 3 个企业为例）。

（1）供应链上的 a 企业由于外部冲击形成的损失为 σ，且 $\sigma > \pi^*$，导致的流动性短缺为 $\lambda_a = \sigma - \pi^*$。

（2）a 企业的供应商 b 企业允许其延期到下一周期偿还欠款。延迟收益导致 b 企业的流动性短缺为 λ_b，且 $\lambda_b = \lambda_a - \pi^* = \sigma - 2\pi^*$。

（3）若 b 企业是强实力企业，能够通过向银行贷款或利用本身的流动储备弥补流动性短缺，从而将流动性资金投入供应链当中使系统风险停止。

（4）若 b 企业不具备获得流动资金的能力，也会被迫向其供应商 c 违约。

（5）若 c 是强实力企业，系统风险停止；反之，流动性短缺继续沿供应链传导给下游企业，造成的流动性短缺 $\lambda_c = \lambda_b - \pi^* = \sigma - 3\pi^*$。流动性短缺由遭受外部冲击影响的企业的净利润弥补。

（6）假定 N 集合里所有企业在均衡状态下的利润 π^* 相等。只要集合里不存在强实力企业，受到系统风险影响的企业数量就是大于等于 σ/π^* 的自然数中的最小值。将供应链上所有因企业 a 遭受冲击而卷入违约危机里的企业集合设为 D，给这些企业编号 $j=1, 2, 3, \cdots, m$。$j-1$ 是传播链上 a 企业到第 j 个企业之间的个数，第 j 个企业遭受其下游企业的违约资金为 $\sigma - (j-1)\pi^*$，导致其面临的流动性短缺为 $\lambda_j = \sigma - j\pi^*$。

前文已经分析了流动性风险对单个企业的投入产出的影响，下面将对整个供应链的产量缺口进行测算。

第 j 个企业在遭受 $\sigma > \sigma_1$ 冲击后的周期里的产量缺口为 $y^* - y_{T+1} =$

$\alpha(1+kw)\left(\lambda_j-\dfrac{\pi^*}{1+\delta}\right)$，假定 **D** 集合里没有强实力企业，那么在第 $T+1$ 周期里整个供应链的产量缺口总额为

$$m\left(\sigma-\dfrac{\pi^*}{1+\delta}\right)\alpha(1+kw)-\sum_{j=1}^{m}j\pi^*\alpha(1+kw) \tag{3.11}$$

相反，如果供应链里的 $j(j<m)$ 企业是强实力企业，那么产量缺口总额为

$$\sum_{j=1}^{j-1}\left(\sigma-j\pi^*-\dfrac{\pi^*}{1+\delta}\right)\alpha(1+kw) \tag{3.12}$$

当 j 企业遭受冲击 $\sigma>\sigma_2$ 时，那么第 $T+2$ 周期里的产量缺口为 $y^*-y_{T+2}=\alpha(1+kw)\left[\alpha(1+kw)\left(\lambda-\dfrac{\pi^*}{1+\delta}\right)-\dfrac{\pi^*}{1+\delta}\right]$，那么整个供应链的产量缺口为

$$\sum_{j=1}^{m}\alpha(1+kw)\left\{\left[\sigma-(j+1)\left(\dfrac{\pi^*}{1+\delta}\right)\right]\alpha(1+kw)-\left(\dfrac{\pi^*}{1+\delta}\right)\right\} \tag{3.13}$$

如果供应链里的 $j(j<m)$ 企业是强实力企业，那么产量缺口总额为

$$\sum_{j=1}^{j-1}\alpha(1+kw)\left\{\left[\sigma-(j+1)\left(\dfrac{\pi^*}{1+\delta}\right)\right]\alpha(1+kw)-\left(\dfrac{\pi^*}{1+\delta}\right)\right\} \tag{3.14}$$

现假定本研究选择的中规模生猪养殖企业所在供应链上有 10 个相关企业遭遇违约危机，即 $m=10$；假定 $j=5$，则有以下结论。

结论 5：当 $\sigma_1\leqslant\sigma<\sigma_2$ 时，若集合里没有强实力企业，将数值代入公式（3.11）中得出整个生猪供应链的产出缺口总额为 $11.7\sigma-1\,242.69$；若该企业为强实力企业，将数值代入公式（3.12）中得出供应链的产出缺口总额为 $4.68\sigma-230.19$。

结论 6：当 $\sigma_1\leqslant\sigma<\sigma_2$ 时，如果集合里没有强实力企业，将数值代入公式（3.13）中得出整个生猪供应链的产出缺口总额为 $13.7\sigma-144.98$；如果第五个企业为强实力企业，将数值代入公式（3.14）中得出供应链的产出缺口总额为 $5.48\sigma-34.36$。

根据 σ 的确切取值，可以科学确定生猪产业发展的财政补贴和金融支持的方向及额度，进而为涉农金融机构创新金融服务提供科学依据，解决生猪供应链中资金流梗阻以及资金流的优化问题，优化生猪企业运营资金和供应链资金流动性。本部分测算方法及结果具有可复制性，若结合生猪供应链实时数据，可加速支付并帮助生猪供应链相关企业及时获得资金融通，同时将融资风险转移给供应链中实力较强的成员，从而实现生猪产业链条与资金链条的密切融合。

3.7 结论及启示

在资本市场严重信息不对称与信贷配给的大背景下,流动性约束不可避免地存在于不同规模、不同性质的企业,制约了企业的生产运作水平与投融资的战略决策。企业投资的流动性约束假设认为,资本市场的不完善使得企业的投资水平取决于企业的利润水平或预期利润水平。商业信用以其融资性功能、稳定订单、保证存货质量等优势兴起于金融市场,成为企业缓解流动性约束的有效途径。对于生猪供应链来说,近年来的数据显示生猪养殖成本越来越高,生猪产业对资金的需求与金融市场的资金供给严重不对等,同时生猪养殖存在弱质性与高风险性,市场价格异常波动、疫病等外部冲击容易进入生猪企业,外部冲击形成的流动性短缺增加了企业的流动性风险;商业信用的契约关系使外部冲击发生的负效应作用于生猪供应链上的其他企业,生成系统性风险,加剧了生猪供应链的流动性约束现象。

本研究基于生猪企业间的商业信用关系构建投入产出模型,将外部冲击因素引入生猪企业的投入产出机制,对生猪企业的流动性风险与生猪供应链的系统风险进行测评,得出以下结论:当外部冲击小于某一值时,生猪企业的当期利润足以弥补其造成的损失,企业下一周期的生产恢复均衡状态;外部冲击越大,对企业的生产投入与产出负向作用越显著,企业遭受的流动性风险越强;当外部冲击足够大时,流动性约束严重制约企业的生产投入,导致生产投入发生减速现象,最终可能导致企业破产。这种外部冲击同时基于商业信用传导给生猪供应链上的其他企业,使整个供应链生成系统性风险,直至某一强实力企业通过内源融资或外源融资弥补流动性短缺,流动性风险停止传播。本研究测算结果有力证明了商业信用融资作为供应链短期融资的重要渠道,在生猪产业发展中发挥着加速资本周转、润滑生产与流通的作用,对供应链中处于弱势地位的众多中小企业进行短期融资意义重大。本研究认为,应不断调整生猪产业链结构,优化产业升级,形成上下游紧密合作的生猪供应链组织形式,加快链际横向与纵向同时整合的速度;政府应坚持政策的导向性与稳定性,建立长期稳定的生猪产业化投入机制,提供平台信用担保,给予合格的中小企业信用认证,进而提高生猪产业化的发展水平,增强企业间的商业信用,降低流动性风险与系统风险,提升中国生猪供应链的生产运作效率与竞争力。

基于上述结论,本研究就流动性约束及风险、商业信用和供应链金融问题得到以下重要理论研究启示。

(1)在由企业竞争转向供应链竞争的背景下,科学测算流动性约束及风险阈值,进而创新金融服务还需进一步研究不同供应链金融模式下生猪供应链整体绩效及其影响因素，以及"涉猪"供应链金融参与主体之间的联盟组建形式和服务标准，对于指导生猪行业竞争具有重要意义。

（2）"涉猪"供应链金融参与主体众多，且各自目标不一，各方之间既是合作又是竞争的关系。如具备融资功能的专业鲜活农产品物流供应商与商业银行，在供应链金融框架下取得各个参与主体的最优业务结构和信贷水平的均衡值，对于供应链金融服务模式的可持续发展非常重要。

（3）商业信用作为本书所研究的生猪供应链金融重要组成部分，其与金融市场等外部宏观环境因素息息相关，生猪供应链金融受到国家宏观金融政策的影响。研究金融政策对包括生猪在内的农业产业影响及其作用机理，对推动供应链金融发展具有重要的实践意义，在金融危机期间或经济下行周期尤其如此。

第4章 生猪产业链健康的价格波动约束

生猪产业是我国畜牧业的重要组成部分,国家统计局数据显示,2015年我国生猪出栏73 510万头,较2014年增长2.7%;猪肉产量5 487万吨,较2014年下降3.3%,占肉类总产量的64.90%。2000年以来,我国生猪价格经历了2004年9月、2008年3月、2011年9月、2015年8月4个大的波峰,以及2006年5月、2009年5月、2010年4月、2013年4月、2014年4月、2015年3月6个大的波谷。我国生猪价格在2008年之前波动幅度较小,2008年之后一直处于剧烈波动中,波动幅度较2007年之前有所放大,极值现象频繁出现。正常的价格波动是调节供求关系、有效配置市场资源的重要方式,超常的价格波动则对生猪产业的健康、稳定、可持续发展产生负面作用。因此,有效减少生猪价格超常波动对我国生猪产业健康发展至关重要。

生猪产业链主要包括仔猪供应、仔猪育肥、屠宰加工、猪肉加工等环节,生猪产业价格沿产业链的传递如图4.1所示。国家发展和改革委员会统计数据显示,玉米和豆粕是主要的生猪养殖饲料原料,在饲料成本中占50%~60%。其中,玉米占30%~40%,玉米价格波动将导致生猪养殖成本的变动,进而影响到生猪价格的波动。因此,生猪产业的价格链向上游可追溯到饲料原料的投入及玉米的价格,玉米价格波动沿着饲料加工、仔猪供应、仔猪育肥等环节

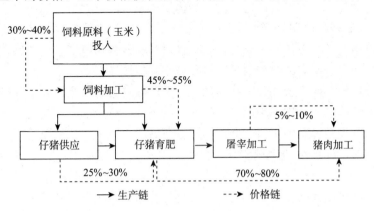

图4.1 生猪产业链的价格传递

注:图中百分数表示上一环节在下一环节中所占的成本比重,如30%~40%表示饲料成本中玉米占30%~40%。

进行传递，进而影响生猪价格的波动。研究玉米价格波动对生猪价格波动的影响对于减少生猪价格超常波动具有重要意义。

梳理前人研究成果发现，有关生猪价格方面的研究大致可分为"猪周期"和生猪价格传导2个角度。

一是有关"猪周期"方面的研究。毛学峰等（2008）研究指出，我国生猪价格波动周期为35~45个月，外部冲击对生猪价格波动起到推波助澜的作用。王明利等（2010）研究则表明，我国生猪价格的平均周期长度为30个月。吴登生等（2011）在生猪价格波动周期的基础上进一步深入分析，把我国生猪价格波动划分为长期趋势模态、经济周期模态、养殖周期模态、短期自我调整模态4种模态。黎东升等（2015）研究表明，我国生猪价格周期相对于2008年以前出现了上涨周期内有明显的下跌周期、大周期的下跌周期变短、波动幅度有所放大等新特征。谢杰等（2015）采用HP滤波法分析我国生猪市场价格波动的特征，结果表明，生猪价格、猪肉价格、仔猪价格波动周期大多数超过40个月。

二是有关生猪价格传导方面的研究。陈晨（2011）对我国生猪价格在猪肉、生猪、仔猪、玉米价格等环节之间的传导机制的研究表明，玉米价格对猪肉、生猪、仔猪3个环节的冲击在长期内保持较大影响。杨朝英等（2011）研究表明，我国生猪与猪肉价格之间的传导具有非对称性。周金城等（2014）指出，生猪产业链的上游向下游传导阶段，生猪价格上涨可以快速传导给猪肉价格，生猪价格下跌时传导给猪肉价格速度较慢。张立中等（2013）认为，在我国生猪产业价格传导中，生猪生产成本对生猪价格影响最大。这一点证明了本书研究玉米价格波动与生猪价格波动之间关系的必要性。魏君英等（2013）的研究同样证明了玉米价格指数与生猪价格具有长期均衡关系。这为本书研究玉米价格波动与生猪价格波动之间的关系提供依据。潘方卉等（2014）通过构建Markov区制转移模型分析了我国生猪价格波动的非线性规律，结果表明，我国生猪价格波动存在价格下跌、价格平稳增长和价格快速增长3个区制，并且在不同区制上有不同的波动水平、转移概率和持续期。

同领域的其他学者关于"猪周期"方面所做的贡献，为了解生猪价格的波动规律奠定了重要基础，为进一步研究"猪周期"形成的原因与机理提供了理论前提。其他学者有关生猪产业价格传导所做的研究为本研究及后续研究提供了可借鉴的研究视角和理论支撑。同时，可以发现前人在研究生猪价格传导时，方法主要集中于VAR模型和门限回归模型。门限回归模型虽然可以刻画变量在不同机制间的转换，但这种转换具有跳跃性的特点。对于现实中很多经济时间序列来说，不同机制之间的转换并非跳跃性的，而是连续性的。因此，本研究在借鉴前人研究视角的基础上，运用STR模型研究玉米价格波动对生猪价格波动的非对称影响，希望更好地刻画出其非线性特征和机制转换方式。

4.1　基于 STR 模型的玉米-生猪价格非对称传导分析框架

4.1.1　模型说明

STR 模型是由 Granger 和 Terasvirta 最早提出的用来描述一种机制转换到另一种机制的过程的模型，模型以转换过程连续且平滑为假设前提。作为一种参数模型，相对于传统线性回归模型可以更加真实地描述 2 个变量之间的非线性关系。标准的 STR 模型形式为

$$y_t = \boldsymbol{x}_t' \boldsymbol{\phi} + (\boldsymbol{x}_t' \boldsymbol{\theta}) G(\gamma, c, s_t) + \mu_t \quad t = 1, 2, \cdots, T \quad (4.1)$$

其中，y_t 为被解释变量；$\boldsymbol{x}_t$ 为解释变量向量；$\boldsymbol{x}_t'$ 为解释变量向量的转置向量，包括被解释变量 y_t 的 k 阶滞后变量和 n 个其他解释变量，具体形式可表示为 $\boldsymbol{x}_t = (1, \boldsymbol{x}_{1t}, \boldsymbol{x}_{2t}, \cdots, \boldsymbol{x}_{pt})' = (1, y_{t-1}, y_{t-2}, \cdots, y_{t-k}; z_{1t}, z_{2t}, \cdots, z_{nt})'$，且 $p = k + n$。$\boldsymbol{\phi} = (\boldsymbol{\phi}_0, \boldsymbol{\phi}_1, l\boldsymbol{\phi}_p)$ 为模型线性部分的参数向量，$\boldsymbol{\theta} = (\boldsymbol{\theta}_0, \boldsymbol{\theta}_1, l\boldsymbol{\theta}_p)$ 为模型非线性部分的参数向量，$\{\mu_t\}$ 为独立同分布的误差序列。$G(\gamma, c, s_t)$ 为转换函数，转换函数取值范围为 $0 \sim 1$，s_t 为转换变量。随着 s_t 的变化，转换函数在 $0 \sim 1$ 平滑转换。γ 为转换速度，c 为转换发生的位置参数。

根据转换函数形式的不同，Granger 等（1993）将 STR 模型分为逻辑型和指数型 2 种形式。当转换成函数形式为

$$G(\gamma, c, s_t) = \{1 + \exp[-\gamma(s_t - c)]\}^{-1} \quad \gamma > 0 \quad (4.2)$$

此时 STR 模型称为逻辑型 STR 即 LSTR，又称为 LSTR1 模型。在这一类模型中转换函数 G 是转换变量 s_t 的单调增函数，当 $s_t \to +\infty$ 时，$G \to 1$；当 $s_t \to -\infty$ 时，$G \to 0$；当 $s_t \to c$ 时，$G \to 0.5$。$\gamma > 0$ 是一个识别约束条件，反映了由 "0" 状态转移到 "1" 状态的速度，γ 越大，表明了 s_t 相对于 c 很小的变化都会导致机制转换的较大的变化。当 γ 趋近于无穷大时，转换函数 G 从 0 到 1 的变化在 $s_t = c$ 时是瞬时的，参数 c 用来确定机制状态转换的时刻。当转换成函数形式为

$$G(\gamma, c, s_t) = 1 - \exp[-\gamma(s_t - c)]^2 \quad \gamma > 0 \quad (4.3)$$

此时 STR 模型称为指数型 STR 即 ESTR，该类模型也是以位置参数 c 作为机制转换的转折点。但与 LSTR 模型不同的是，该模型的转换函数为偶函数，转换函数的值关于 c 点对称，这一性质反映了转换变量 s_t 对目标变量的对称性影响。当 $s_t \to c$ 时，转换函数 $G \to 0$，反之则 $G \to 1$。但是，当转换函数的值趋近于 0 时，模型仅仅保留线性部分，非线性部分逐渐消失。

Granger 等（1993）还提出了一种具有非单调性质的转换函数，函数形式为

$$G(\gamma, s_t, c) = \{1 + \exp[-\gamma(s_t - c_1)(s_t - c_2)]\}^{-1} \quad \gamma > 0, c_1 \leqslant c_2$$

$$(4.4)$$

此类模型也属于逻辑型 STR 模型，但与 LSTR1 模型不同的是，转换函数值关于点 $(c_1+c_2)/2$ 对称。当转换变量 s_t 趋近于正负无穷时，转换函数 G 趋近于 1；对于 $c_1 \leqslant s_t \leqslant c_2$ 的所有转换变量 s_t，都有 $\gamma \to \infty$，转换函数 $G \to 0$，除此之外的其他值，转换函数 $G \to 1$。此类模型可以有效拟合 3 种机制，将此类模型称为 LSTR2 模型。

STR 模型的提出为研究经济时间序列的非线性特征提供了有效的方法，在汇率、房地产、股票、经济增长等领域的研究中得到了广泛的应用。近几年，该方法在农产品领域也得到了应用，并取得较好的效果。李想等（2012）用 STR 模型研究了粮食价格水平对物价水平的非对称影响。石自忠等（2015）利用 LSTR 模型研究了我国牛肉价格与羊肉价格之间的非线性传导。生猪价格与上述经济变量类似，同样是具有连续性和波动性的时间序列，运用此模型能够较好地刻画其波动的非线性与非对称特征。

4.1.2 数据说明与处理

本研究采用我国 2000 年 1 月至 2015 年 6 月的生猪出栏价格和玉米价格的月度数据为实证数据，数据来源于中国畜牧经济信息网。将生猪价格和玉米价格分别记为 cl、ym，对应的一阶差分变量分别记为 dcl、dym。本研究所有计量结果均是用 stata12.0 和 JMULTI4 软件完成。

为了保证所建模型的稳健性，在进行模型构建之前，需要对数据的平稳性进行检验。检验结果见表 4.1。

表 4.1 数据平稳性检验结果

项目	变量	统计量	1%临界值	10%临界值	P 值	结论
原序列	cl	−1.220	−3.482	−2.574	0.665 1	非平稳
	ym	−0.481	−3.482	−2.574	0.895 7	
一阶差分后序列	dcl	−7.929	−3.482	−2.574	0.000 0	平稳
	dym	−9.842	−3.482	−2.574	0.000 0	

由表 4.1 检验结果可知，原价格序列均是非平稳序列，经过一阶差分后的价格序列为平稳序列。也就是说，2 个价格序列为一阶单整序列即 I（1）序列。令 dcl 为被解释变量，dcl 的滞后期变量以及 dym 的滞后期变量为解释变量构建 STR 模型。

4.2 STR 模型实证及结果分析

4.2.1 非线性检验和转换函数形式选择

STR 模型线性部分滞后阶数的确定，可以利用 VAR 模型滞后阶数的确定方法，根据 AIC 准则和 SC 准则所确定的变量 dcl 和变量 dym 的最佳滞后阶数均是 4，即解释变量线性部分的最佳滞后阶组合为（dcl_{t-4}，dym_{t-4}）。模型的非线性部分主要依靠转换函数的泰勒展开式实现。令转换函数 G 在 $\gamma = 0$ 处进行三阶泰勒级数展开，得到的方程称为辅助方程。辅助方程的具体表达式为

$$G^*(\gamma, c, s_t) = \lambda_0 + \lambda_1 s_t + \lambda_2 s_t^2 + \lambda_3 s_t^3 + \omega(\gamma, c, s_t) \qquad (4.5)$$

其中，$\omega(\gamma, c, s_t)$ 为泰勒展开式余项。则

$$y_t = \mathbf{x}_t' \beta_0 + (\mathbf{x}_t^* s_t)' \beta_1 + (\mathbf{x}_t^* s_t^2)' \beta + (\mathbf{x}_t^* s_t^3)' + \mu_t^* \qquad (4.6)$$

其中，$\mu_t^* = \mu_1 + (\mathbf{x}_t' \boldsymbol{\theta}) \omega(\gamma, c, s_t)$，$\beta_i = \gamma \beta_i^*$（$i = 1, 2, 3$），并且满足 $var(\mu_t^*) = var(\mu_t) = \sigma^2$，$x_t^* = (x_{1t}, x_{2t}, \cdots, x_{pt})$。

在 STR 模型中对非线性部分进行检测的顺序为：

$H_4 : \beta_3 = 0$；

$H_3 : \beta_2 = 0 \mid \beta_3 = 0$；

$H_2 : \beta_1 = 0 \mid \beta_2 = \beta_3 = 0$。

如果以上 3 个假设检验中拒绝原假设 H_3 的 P 值最小，则选择 LSTR2 模型或 ESTR 模型，否则将选择 LSTR1 模型。按照上述检验标准对 STR 模型进行非线性检验并确定转换函数的形式，具体结果见表 4.2。

表 4.2　非线性检验与转换变量选择结果

变量	函数 1	函数 4	函数 3	函数 2	模型形式
dcl_{t-1}	0.023 1	0.062 1	0.716 8	0.011 6	LSTR1
dcl_{t-2} *	0.006 1	0.837 1	0.002 4	0.025 9	LSTR2
dcl_{t-3}	0.023 0	0.453 2	0.022 5	0.070 9	LSTR2
dcl_{t-4}	0.087 3	0.573 2	0.510 0	0.007 6	Linear
dym_t	0.664 1	0.832 7	0.237 4	0.648 6	Linear
dym_{t-1}	0.266 4	0.620 2	0.360 4	0.106 2	Linear
dym_{t-2}	0.253 1	0.023 9	0.467 6	0.979 3	Linear
dym_{t-3}	0.253 1	0.054 3	0.263 1	0.580 1	Linear
dym_{t-4}	0.253 1	0.388 4	0.836 3	0.098 7	Linear
TREND	0.964 3	0.696 1	0.937 4	0.810 7	Linear

注：标 * 为最终选择的转换变量与模型形式。

由表 4.2 检验结果可知，模型应以 dcl_{t-2} 作为转换变量，选择的模型形式为 LSTR2。接下来，根据选择的转换变量和模型形式，对模型进行参数估计。

4.2.2　模型估计结果

采用网络搜索法确定模型的初始值，阈值参数 c 的取值区间为［－2.02，2.01］，平滑参数 γ 的取值范围为［0.50，10.00］，在取值范围内分别等间距

取 80 个值，构造出 6 400 对组合，对于每一组合的 c 和 γ 计算其残差平方和，根据残差平方和最小确定 2 个参数的初始值，根据计算结果，当残差平方和 $SSR=38.7120$ 时最小，此时 c 和 γ 的初始值为 $c_1=-0.5916$，$c_2=1.2448$，$\gamma=5.6620$。图 4.2 给出了采用网络搜索法的结果，图中最低点的坐标即为参数初始值。

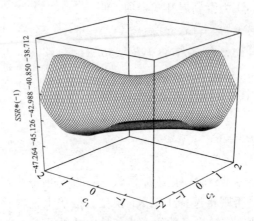

图 4.2　采用网络搜索法的结果

以图 4.2 所确定的参数初始值为基础进行模型参数的估计。将采用网络搜索法确定的阈值参数 c_1、c_2 和平滑转换参数 γ 的初始值带入 LSTR2 模型中，采用 Newtn‑Raphson 方法求解极大条件似然函数，计算模型参数估计值。模型参数估计值见表 4.3。

表 4.3　模型参数估计结果

项目	变量	初始值	估计值	标准差	t 统计量	P 值
线性部分	dcl_{t-1}	0.538 3	0.532 9***	0.089 0	5.987 4	0.000 0
	dym_t	5.645 5	5.577 3***	1.039 3	5.366 6	0.000 0
	dmy_{t-2}	−2.218 1	−2.206 6*	1.174 3	−1.879 1	0.062 0
	dym_{t-3}	3.100 6	3.270 8***	1.164 9	2.807 8	0.005 6
非线性部分	C	0.300 4	0.302 3**	0.138 1	2.189 7	0.030 0
	dcl_{t-2}	0.312 2	0.314 0*	0.186 1	1.686 8	0.093 6
	dcl_{t-3}	−0.431 0	−0.432 0***	0.127 4	−3.392 0	0.000 9
	dym_{t-1}	−20.099 9	−19.581 4***	4.422 7	−4.427 5	0.000 0
	dym_{t-2}	14.164 5	13.279 2**	5.198 9	2.554 2	0.011 6
	dym_{t-3}	−17.010 3	−15.728 3***	5.386 2	−2.920 1	0.004 0
	dym_{t-4}	11.761 4	10.913 7**	4.198 5	2.599 4	0.010 2

（续）

项目	变量	初始值	估计值	标准差	t 统计量	P 值
	γ	5.662 0	5.451 4	3.417 4		
	c_1	−0.591 7	−0.596 0	0.038 9		
	c_2	1.244 8	1.218 6	0.041 8		
AIC		−1.320 7	SSR	38.712 0	SC	−9.849 3

注：γ、c_1、c_2 为网络搜索初始值，无 t 统计量。*、**、***分别表示 10%、5%、1%水平下显著。

在模型结果中，一些系数不显著的变量不予考虑。由表 4.3 可知，LSTR2 模型的非线性部分成立，表明玉米价格波动对生猪价格波动存在非对称影响。转换函数的临界值 $c_1 = -0.596\ 0$，$c_2 = 1.218\ 6$，则转换函数关于 $(c_1 + c_2)/2 = 0.311\ 3$ 对称，根据转换变量取值的不同，模型存在以下 3 种机制。

机制 1：玉米价格对生猪价格波动的线性传导机制。此时生猪价格波动幅度较小，玉米价格对生猪价格波动的影响表现为完全线性状态。

在公式（4.4）中，当转换变量 $dcl_{t-2} = 0.311\ 3$ 时，转换函数值 $G = 0$，此时模型只表现为线性部分：

$$dcl_t = 0.532\ 9dcl_{t-1} + 5.577\ 3dym_t - 2.206\ 6dym_{t-2} + 3.270\ 8dym_{t-3}$$

（4.7）

此时，玉米价格对生猪价格波动的综合影响为 6.641 5，综合影响的滞后期为 3 期。即当期、前第一期、前第三期的玉米价格分别波动 1%时，当期生猪价格将波动 6.641 5%。生猪价格波动受自身的影响为 0.532 9，滞后期为 1 期。即前一期生猪价格波动 1%会引起当期生猪价格波动 0.532 9%。

机制 2：玉米价格对生猪价格波动的不完全线性传导机制。此时生猪价格波动有所扩大，玉米价格对生猪价格波动的影响表现为不完全线性状态。

在公式（4.4）中，当转换变量 $dcl_{t-2} = c_1$ 或 $dcl_{t-2} = c_2$ 时，转换函数值 $G = 0.5$，此时模型由纯线性状态向非线性状态转换，模型形式为

$$dcl_t = 0.151\ 2 + 0.532\ 9dcl_{t-1} + 0.157\ 0dcl_{t-2} - 0.216\ 0dcl_{t-3} + 5.577\ 3dym_t$$
$$- 9.790\ 7dym_{t-1} + 4.433\ 0dym_{t-2} - 4.593\ 4dym_{t-3} + 5.456\ 9dym_{t-4}$$

（4.8）

此时，玉米价格对生猪价格变动的综合影响为 1.083 1，综合影响的滞后期为 4 期。即当期和前第一期、前第二期、前第三期、前第四期的玉米价格分别波动 1%时，会引起当期生猪价格 1.083 1%的波动。生猪价格波动受自身的综合影响为 0.473 9，滞后期为 3 期。即前第一期、前第二期、前第三期的生猪价格分别波动 1%，将引起当期生猪价格 0.473 9%的波动。

机制 3：玉米价格波动对生猪价格波动的非线性传导机制。此时生猪价

格波动进一步扩大，玉米价格对生猪价格波动的影响表现为完全非线性状态。

在公式（4.4）中，当转换变量 $dcl_{t-2} < -0.596\,0$ 或 $dcl_{t-2} > 1.218\,6$ 时，即当前第二期的生猪价格上涨率出现较快回落，其回落速度若超过 $\exp(-0.596\,0)-1=44.90\%$，或前第二期的生猪价格上涨率出现较快增长，其增长速度超过 $\exp(1.218\,6-1)=238.24\%$ 时，玉米价格波动对生猪价格波动影响的非线性特征就会完全表现出来，此时模型形式为

$$dd_t = 0.532.9dd_{t-1} + 5.577\,3dym_t - 2.206\,6dym_{t-2} + 3.270\,8dym_{t-3}$$
$$+ (0.302\,3 + 0.314\,0dd_{t-2} - 0.432\,0dd_{t-3} - 19.581\,4dym_{t-1}$$
$$+ 13.279\,2dym_{t-2} - 15.728\,3dym_{t-3} + 10.913\,7dym_{t-4}) \cdot G(\gamma,c,dd_{t-2})$$

$$(4.9)$$

其中，转换函数为

$$G(\gamma,c,dd_{t-2}) = \{1 + \exp[-5.451\,4(dd_{t-2} + 0.596\,0)(dd_{t-2} - 1.218\,6)]\}^{-1}$$

$$(4.10)$$

此时，玉米价格对生猪价格变动的综合影响为 $-4.475\,3$，滞后期为 4 期。即当期和前第一期、前第二期、前第三期、前第四期的玉米价格分别波动 1% 时，会引起当期生猪价格 $-4.475\,3\%$ 的波动。生猪价格波动受自身的综合影响为 $0.414\,9$，滞后期为 3 期。即前第一期、前第二期、前第三期的生猪价格分别波动 1%，将引起当期生猪价格 $0.414\,9\%$ 的波动。

图 4.3 给出了以 dcl_{t-2} 为转换变量的转换函数图像。横轴表示转换变量 dcl_{t-2}，纵轴表示转换函数 G。由图 4.3 可以看出，转换函数是关于 $dcl_{t-2}=$

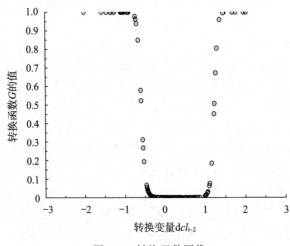

图 4.3　转换函数图像

0.311 3 对称，且当 dcl_{t-2}＝0.311 3 时，转换函数值 G＝0。当 dcl_{t-2}＜－0.596 0 或 dcl_{t-2}＞1.218 6 时，转换函数 G 的值趋近于 1。转换函数揭示了我国玉米价格波动与生猪价格波动的长期效应，由于生猪价格波动幅度的不同而产生了具有机制转换的非线性特征。

图 4.4 进一步给出了转换函数的时间序列，横轴表示时间节点，纵轴表示转换函数的取值。由图 4.4 可知，我国玉米价格波动对生猪价格波动的影响随时间的变化规律，转换函数值接近 1，表示此时的模型表现为非线性特征，接近 0 则表示此时模型表现为线性特征。由图 4.4 可以看到，我国玉米价格波动对生猪价格波动的影响在 2000 年 6 月至 2005 年 11 月、2006 年 8 月至 2007 年 6 月，主要表现为线性特征。在 2005 年 11 月至 2006 年 7 月、2007 年 7 月至 2015 年 6 月，主要表现为非线性特征，特别是 2007 年 7 月以来玉米价格波动对生猪价格波动的影响在线性与非线性之间频繁转换。平滑参数 γ＝5.451 4，表明转换速度相对较快。

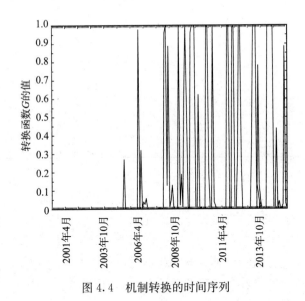

图 4.4　机制转换的时间序列

4.2.3　模型检验

（1）单位根检验。所用模型是否具有稳定性，是否可被用于经济问题的分析，还需要对模型进行一系列的检验。首先对模型残差进行单位根检验，以判断数据残差序列的平稳性。本研究对残差单位根的检验采用 ADF 检验和 KPSS 检验 2 种方法。检验结果见表 4.4。

表 4.4　残差单位根检验

检验方法	检验统计量	1%显著性水平对应临界值	结论
ADF	−5.905 5	−2.560 0	平稳
KPSS	0.037 8	0.739 0	平稳

由表 4.4 可以看出，2 种检验方法都表明残差序列在 1%显著性水平下为平稳序列，即残差序列不存在单位根，所建模型具有较好的稳定性。

（2）无附加非线性检验。为了验证 LSTR2 模型是否能够完全描述数据的非线性特征，需要对模型进行无附加非线性检验。该检验的原假设 H_0：无附加非线性；备择假设 H_1：有附加非线性。检验结果见表 4.5。

表 4.5　无附加非线性检验

转换变量	函数 1	函数 4	函数 3	函数 2
dcl_{t-1}	0.005 2	0.233 3	0.334 1	0.000 8
dcl_{t-2}	0.654 9	0.743 1	0.884 2	0.139 2
dcl_{t-3}	0.103 1	0.518 9	0.014 4	0.558 7
dcl_{t-4}	0.055 0	0.608 8	0.581 1	0.000 9
dym_t	0.110 9	0.942 9	0.010 2	0.249 0
dym_{t-1}	0.436 8	0.495 9	0.610 7	0.206 6
dym_{t-2}	0.027 1	0.013 2	0.320 1	0.270 6
dym_{t-3}	0.362 9	0.643 6	0.090 3	0.635 0
dym_{t-4}	0.238 5	0.521 5	0.725 2	0.034 7

由表 4.5 可以看出，无论转换变量取 dcl_{t-1}、dcl_{t-2}、dcl_{t-3}、dcl_{t-4}、dym_t、dym_{t-1}、dym_{t-2}、dym_{t-3}、dym_{t-4} 中的哪一个，都能在 10%显著性水平下接受 H_0 假设，即 LSTR2 模型无附加非线性，模型能够很好地描述变量的非线性特征。

（3）参数稳定性检验。为了确定模型估计是否具有可靠性，对 LSTR2 模型进行参数的稳定性检验，检验结果见表 4.6。由表 4.6 可知，模型在 10%显著性水平下拒绝备择假设。所以，LSTR2 模型的估计参数具有稳定性，模型整体可靠。

表 4.6　模型参数稳定性检验

转换函数	F 值	样本 1	样本 2	P 值
H_1	0.912 1	18	141	0.565 1
H_2	1.004 6	36	123	0.473 7
H_3	1.145 6	54	105	0.273 8

由以上检验结果表明，模型残差序列为平稳序列，模型无附加非线性，模型参数估计是稳定的，模型能够很好地描述变量之间的非线性关系。由此可以认为，LSTR2 模型估计结果具有稳健性、可靠性，模型所表现出来的经济关系是有意义的。

4.3　玉米-生猪价格非对称传导特征及其经济学解释

4.3.1　特征

本研究通过对我国 2000 年 1 月至 2015 年 6 月的生猪出栏价格和玉米价格构建 LSTR2 模型，验证了玉米价格波动对生猪价格波动的非对称影响，同时得出玉米价格波动对生猪价格波动影响的阈值参数和表现特征。通过对模型的分析得到以下结论。

（1）根据生猪价格波动幅度的不同，可以将玉米价格波动对生猪价格波动的影响，分解为完全线性、不完全线性、非线性 3 种传导机制状态，并在 3 种机制状态之间平滑转换。

（2）在完全线性和不完全线性机制状态下，玉米价格波动对生猪价格波动存在同向影响，即玉米价格波动幅度增加，引致生猪价格波动幅度增加。在非线性机制状态下，即生猪价格波动幅度过大时，玉米价格波动对生猪价格波动变为反向影响，当玉米价格波动幅度增加时，将引起生猪价格波动幅度减小。

（3）生猪价格波动的自我调整规律表现为，生猪价格波动幅度越大，生猪价格波动受自身的影响越小，影响滞后期越长，即生猪价格波动对自身的调整能力随着波动幅度的增加而减弱。这一结论与徐小华等（2011）的研究结果相近。

4.3.2　经济学解释

商品价格波动都是由市场上供求关系变化所引起。生猪的下游产品即猪肉，作为居民肉类消费品的主要产品，其需求弹性相对较小，而较长的生产周期则决定其供给弹性较大。所以，生猪市场上供求的变化主要是供给方面的变化（伍旭，2011）。根据适应性预期理论，生猪养殖主体会根据生猪的历史价格和当前价格作出养殖决策，从而决定生猪市场的供给量。

当生猪价格存在较小增幅时（$dcl_{t-2}=0.3113$），养殖主体预期生猪价格进一步上涨的空间和可能性较大，为了获得更多利润，养殖主体会增加养殖投入并且延迟出栏。此时，市场供应量减少，价格会进一步上涨，玉米作为生猪饲料的主要原料，若同时出现玉米价格上涨，则会导致养殖成本增加，进一步抬高生猪价格。此时玉米价格波动对生猪价格波动表现为正向影响，即本研究中的完全线性传导机制状态。

随着生猪价格的不断上涨（$dcl_{t-2}=1.2448$），养殖主体预期价格的上涨空间逐渐变小，风险逐渐变大。养殖主体开始逐渐增加出栏，市场上供应量逐渐增加，生猪价格上涨受到抑制，此时玉米价格上涨依然会增加成本，对生猪价格有抬高作用，玉米价格波动对生猪价格波动具有正向影响。只不过此时玉米价格上涨对生猪价格的抬高作用，被供给量增大对价格的抑制作用冲抵掉一部分。因此，玉米价格对生猪价格的正向影响弱于不完全线性传导状态。

当生猪价格波动进一步扩大时（$dcl_{t-2}>1.2186$），养殖主体预期生猪价格不再有进一步上涨的空间和可能，下跌的可能性反而更大即风险更大。若此时玉米价格再上涨，则会增加成本，进一步增加价格下跌时的损失。为了降低风险、减少损失，养殖主体会大量出栏，甚至提前出栏，市场供应量迅速增大，价格大幅下跌。此时玉米价格上涨在增加成本的同时更增加了风险，因此玉米价格波动对生猪价格波动的影响由正向变为了负向，即非线性传导机制状态。价格下跌的分析与上涨时的分析原理类似，不再赘述。

4.3.3 对策建议

针对研究得到的玉米价格对生猪波动传导的 3 种机制状态，提出完善我国生猪价格预警机制、平抑生猪价格波动的 3 点建议。

（1）利用收储价格杠杆，稳定玉米产量和价格，降低生猪价格超常波动频率和幅度。由本研究所得结论可知，玉米价格稳定在生猪价格超常波动时，能够起到稳定市场的积极作用。因此，政策干预和市场竞争有力结合，调控并稳定玉米产量和价格，是生猪市场宏观调控的重要抓手。灵活利用调节玉米储备稳定市场，保护玉米种植户收益及其生产积极性，进而稳定玉米生产；利用收储价格杠杆，降低玉米加工企业原料成本，支持饲料加工企业发展，进而降低生猪养殖业生产性投入，提升生猪养殖行业的利润空间，降低生猪价格超常波动频率和幅度。

（2）完善超常波动防控系统，多维度精准发布生猪市场预警。结合现有生猪价格预警机制，不仅要建立包括上游饲料投入品价格、饲料价格在内的全产业链价格监测体系，同时应建立包括波动频率、波动幅度、波动周期在内的多维度价格防控体系，以保证相关部门能够全面、准确、及时地掌握价格信息，向市场精准发布生猪价格预警。确保市场主体能准确、及时地采取应对措施，保证生猪市场稳定健康发展。

（3）构建生猪期货市场，规避市场风险，维护生猪养殖主体利益。结合现有玉米期货交易体系，发挥生猪期货市场系统对生猪养殖、供需、风险信号的汇集功能，创新价格集成、导向、预测功能，为生猪养殖户、龙头企业、政府和消费者提供差异化的信息服务，提高政府、龙头企业、规模化养殖主体对生猪产业的整体掌控和预测能力，防止出现生猪生产的"跟风"现象，平抑生猪价格超常波动。

4.4　基于结构性要素的生猪价格超常波动

我国是全球生猪养殖第一大国，猪肉是我国居民动物蛋白质摄入的最主要来源。2015 年末生猪存栏 45 113 万头，全年出栏 70 825 万头，猪肉年产量5 487万吨，占全国肉类总产量的 64.90%。[①] 2007 年以来，我国生猪价格经历了 6 轮超常波动，平均峰谷落差约为 33.63%，在最近一轮"猪周期"中，我国生猪价格由 2015 年 4 月的 11.12 元/千克上涨至 2016 年 4 月的 19.84 元/千克，约上涨 78.42%。[②] 为平抑价格波动，我国实施了多项稳定生猪生产的政策，从 2007 年的《国务院关于促进生猪生产发展稳定市场供应的意见》到2011 年《国务院办公厅关于促进生猪生产平稳健康持续发展防止市场供应和价格大幅波动的通知》再到 2012 年《生猪调出大县奖励资金管理办法》等，国家对生猪生产与价格的调控涉及信贷、补贴、储备肉等多个方面，短期内我国生猪价格调控政策效果显著，较好地保持了生猪市场价格的稳定。由于忽略了生猪价格形成的滞后性，2008 年以来，各项调控政策长期内未能实现稳定生猪价格、保障供应和消费需求的目标。2015 年开始实施农业供给侧结构性改革，生猪产业开始以生态养殖、规模化养殖为抓手，以稳供给、提素质、保安全、增效益、强生态为发展目标，淘汰落后产能，提高产品质量，以促进供给与需求相匹配。深度去产能带来的是养殖成本不断升高，不断拉抬生猪价格，削弱国内生猪市场竞争力，猪肉进口对国内生猪产业冲击增加。

蛛网模型理论是生猪价格周期波动科学表达的经典理论，Harlow（1960）将蛛网模型理论引入生猪价格波动研究中，结果表明，生猪价格波动具有 4 年左右波动周期。对于生猪价格波动原因的研究，Craig 等（2006）指出，玉米价格与生猪价格之间存在周期循环关系，并且认为应该把玉米价格作为判断生猪价格波动的重要参考。Lee 等（2008）研究表明，国际粮食价格波动通过影响生猪饲料价格进而影响生猪价格波动。Zheng 等（2008）研究表明，有关食品安全的新闻报道是造成农产品价格波动的主要原因之一。Piewthongngam等（2011）指出，优化综合性生猪饲养公司布局，同时保证饲料供给和养殖环境的健康对于稳定生猪价格有很大作用。Berg 等（2015）研究表明，德国生

---

① 数据来源：国家统计局网站。
② 根据我国 2007 年 1 月到 2016 年 5 月生猪价格月度数据综合计算得出。

猪价格波动的非线性特征是由投资时滞所引起的。国内学者认为，影响生猪价格波动的因素主要包括市场供给和消费需求 2 个方面。市场供给研究领域，梁桂（2011）研究认为，供给方面是影响生猪价格波动的主要原因，并进一步指出影响生猪价格波动的更深层次原因是市场信息的不对称。周发明等（2012）则从传统的生猪饲养模式、生猪生产成本、流通成本和生产者的价格预期等方面分析了影响我国生猪价格波动的供给原因。孙秀玲等（2014）基于适应性预期理论的农产品供给反应模型研究了我国猪肉价格的供给弹性，结果表明，我国猪肉供给在长期和短期都缺乏弹性。在消费需求研究方面，李秉龙等（2007）认为，需求侧影响我国生猪价格波动的因素主要包括居民收入、替代品的价格等。宁攸凉等（2010）通过定量分析，认为人口增长、人口分布结构、市场发育程度等因素通过影响消费需求进而影响了生猪价格。贺鸣等（2015）同时从供给与需求层面对我国生猪价格波动的影响因素进行了实证研究，结果表明，成本变化是影响我国生猪价格波动的最主要原因。除了供给和需求因素之外，国家调控政策、生猪疫病、国民经济增长、突发性事件等外部因素也会对生猪价格产生影响。基于以上文献的研究视角与研究成果，本研究提出以下问题：生猪价格波动的主要原因是否都来自供给侧？需求侧在生猪价格波动中扮演什么样的角色？市场预期对生猪价格波动又有什么样的影响？在实施农业供给侧结构性改革过程中应如何处理供给侧与需求侧的关系。为解决这些问题，本研究运用联立方程组模型对生猪价格波动进行实证分析。联立方程组模型在研究农产品价格波动方面的应用已取得较好成果，如穆月英（2016）对我国蔬菜价格的研究。

4.4.1 基于结构性要素的生猪价格超常波动理论框架

相对于供给者充分掌握信息制定正确决策的合理预期理论假设（Muth，1961），生猪供给主体对市场的适应性预期基于历史信息、各类冲击及其影响、检验和修订价格、规模和突发波动的未来预期，即根据往期生猪（或猪肉）价格预期与实际价格之间的差异调整当期预期价格、规划下期预期生产性投入以及市场预期需求，Nerlove（1956）以此为基础提出了农产品适应性价格预期模型，本研究以生猪出栏量作为生猪供给的代理变量，构造生猪市场适应性价格预期模型。

$$P_t^e - P_{t-1}^e = \pi(P_{t-1} - P_{t-1}^e) \quad 0 \leqslant \pi \leqslant 1 \qquad (4.11)$$

其中，P_t^e、P_{t-1}^e 分别表示第 t 期和第 $t-1$ 期的生猪预期价格，P_{t-1} 表示第 $t-1$ 期生猪实际价格，π 为适应性调整系数。

根据 Nerlove 的模型假设，生猪产量是期望价格的函数，即可表示为

$$Y_t^e = \alpha_0 + \alpha_1 P_t^e \qquad (4.12)$$

$$Y_t - Y_{t-1} = \lambda(Y_t^e - Y_{t-1}) \qquad (4.13)$$

通过对公式（4.11）至公式（4.13）的整理可以得到简单的生猪供给反应函数。

$$Y_t = \beta_0 + \beta_1 P_{t-1} + \beta_2 Y_{t-1} + \beta_3 Y_{t-2} \qquad (4.14)$$

其中，$\beta_0 = \alpha_0 \lambda \pi$，$\beta_1 = \alpha_1 \lambda \pi$，$\beta_2 = (1-\lambda) + (1-\pi)$，$\beta_3 = (1-\lambda)(1-\pi)$。

将生猪存栏量、生猪生产成本（用玉米价格和豆粕价格作为代理变量）、猪肉替代品价格（用牛肉价格和羊肉价格作为代理变量）、前期生猪价格、猪肉价格等变量引入模型，可以得到生猪供给反应函数的完整表达。

生猪市场近似完全竞争状态，在满足完全竞争假设的前提下，市场中单个消费单元对生猪的需求量总和即为生猪总需求量。在传统经济学理论中，商品需求量受到商品当期的市场价格、消费者的可支配收入、替代品价格等因素的影响。除此之外，还考虑到消费习惯以及对生猪的需求会受到其下游产品猪肉价格的影响。因此，本研究将当期生猪价格、前一期的生猪需求量、居民可支配收入、前两期的猪肉价格、生猪替代品价格等变量引入生猪需求反应函数。另外，同供给侧情况类似，在需求侧也会存在消费者对市场的预期。因此，本研究借鉴农产品供给的适应性预期理论将上一期生猪价格引入联立方程模型。

4.4.2　基于结构性要素的生猪价格超常波动模型构建与实证

商品供求量和商品价格之间互为因果关系，是典型的内生性问题，用传统的单方程回归对模型进行估计，则会导致模型估计系数的不一致性和非有效性等问题。而联立方程组模型恰好可以解决这一问题。因此，运用联立方程组模型估计出来的结果可以满足估计系数的一致性和有效性。根据上述经济学原理以及影响生猪价格波动的变量关系构建如下联立方程模型。

$$S_t = f(P_t, P_{t-1}, P_{zt}, P_{zt}c_t, stock_{t-1}, stock_{t-2}) \qquad (4.15)$$

$$D_t = f(P_t, P_{t-1}, P_{zt}, D_{t-1}DI_t, pork_{t-1}, pork_{t-2}) \qquad (4.16)$$

$$P_t = f(S_t, Q_t, P_{t-1}) \qquad (4.17)$$

公式（4.15）为生猪供给反应函数，其中，S_t 为生猪市场当期的供给量，用当期生猪出栏量表示，P_t 为当期的生猪价格，P_{t-1} 为上一期的生猪价格，P_{zt} 为生猪替代品的当期价格，G_t 为生猪当期的生产成本。对于生猪产业来说，生猪的生产要素投入中玉米和豆粕占到了生猪生产成本的 70% 左右。考虑到生猪出栏需要大约 5 个月育肥周期，因此用玉米和大豆的滞后 5 期的价格代表生猪的生产成本，分别用 $corn_{t-5}$ 和 $soybean_{t-5}$ 表示。$stock_{t-1}$、$stock_{t-2}$ 分别表示前一期和前两期的生猪存栏量。

公式（4.16）为生猪需求反应函数，其中，D_t 为当期生猪需求量，用当期生猪屠宰量表示。D_{t-1} 表示上一期生猪需求量。P_t 和 P_{t-1} 与式中所表示的含义相同，P_{zt} 为生猪替代品的当期价格，在居民消费当中猪肉的替代品主要为牛肉和羊肉。因此，用牛肉价格和羊肉价格代表生猪的替代品价格，分别用 $beef_t$ 和 $mutton_t$ 表示。DI_t 为当期居民人均可支配收入，$pork_{t-1}$ 和 $pork_{t-2}$ 为前一期和前两期的猪肉价格。

公式（4.17）为生猪价格反应函数，方程中各符号与公式（4.15）和公式（4.16）中所表示的含义相同。

（1）数据说明与处理。上述各变量中，生猪价格、猪肉价格、玉米价格、豆粕价格、牛肉价格、羊肉价格的数据均来自畜牧经济信息网，生猪存栏量和屠宰加工量来自长江农林牧渔数据库物价指数，人均可支配收入来自 Wind 数据库，为 2008 年 1 月至 2015 年 10 月的月度数据。为了使数据方差满足正态分布，需要对所有变量的时间序列做对数化处理。本研究所有数据处理及模型估计结果均借助 stata14.0 软件完成。

在用时间序列数据进行模型估计之前，首先需要检验数据的平稳性以保证模型估计结果的稳定性。对模型中所有变量进行 ADF 检验，结果见表 4.7。

表 4.7　数据平稳性检验

变量	Z 统计量	P 值	结论
$\ln p_t$	−1.701	0.430 7	不平稳
$d\ln p_t$	−5.820	0.000 0	平稳
$\ln p_{t-1}$	−5.818	0.486 0	不平稳
$d\ln p_{t-1}$	−5.818	0.000 0	平稳
$\ln pork_{t-1}$	−1.254	0.649 9	不平稳
$d\ln pork_{t-1}$	−4.834	0.000 0	平稳
$\ln pork_{t-2}$	−1.298	0.630 1	不平稳
$d\ln pork_{t-2}$	−4.492	0.000 2	平稳
$\ln soybean_{t-5}$	−1.228	0.661 5	不平稳
$d\ln soybean_{t-5}$	−6.086	0.000 0	平稳
$\ln corn_{t-5}$	−1.022	0.745 1	不平稳
$d\ln corn_{t-5}$	−5.279	0.000 0	平稳
$\ln mutton_t$	−1.064	0.729 2	不平稳
$d\ln mutton_t$	−12.736	0.000 0	平稳
$\ln beef_t$	−0.589	0.873 5	不平稳
$d\ln beef_t$	−6.730	0.000 0	平稳
$\ln D_t$	−5.057	0.000 0	平稳
$\ln D_{t-1}$	−5.057	0.000 0	平稳

（续）

变量	Z 统计量	P 值	结论
$\ln DI_t$	-1.981	0.295 1	不平稳
$d\ln DI_t$	-11.090	0.000 0	平稳
$\ln S_t$	-3.352	0.012 7	平稳
$\ln stock_{t-1}$	-0.121	0.947 3	不平稳
$d\ln stock_{t-1}$	-5.810	0.000 0	平稳
$\ln stock_{t-2}$	0.021	0.960 2	不平稳
$d\ln stock_{t-2}$	-5.792	0.000 0	平稳

注：Z 统计量在 1%、5%、10%水平下的临界值分别为-3.52、-2.896、-2.583。

由表 4.7 的检验结果可知，变量 $\ln P_t$、$\ln P_{t-1}$、$\ln soybean_{t-5}$、$\ln corn_{t-5}$、$\ln mutton_t$、$\ln beef_t$、$\ln DI_t$、$\ln stock_{t-1}$、$\ln stock_{t-2}$、$\ln pork_{t-1}$ 和 $\ln pork_{t-2}$ 为不平稳时间序列，经过一阶差分后的时间序列为平稳序列，变量 $\ln D_t$、$\ln D_{t-1}$、$\ln S_t$ 为平稳时间序列。

（2）模型识别。在对模型的总体参数进行估计之前，模型必须可被识别，参数可识别是进行模型估计的前提条件。联立方程用矩阵形式表示为

$$BY + \lambda X = \pi \qquad (4.18)$$

其中，Y 表示由方程组中所有内生变量构成的矩阵，X 表示由模型中所有先决变量构成的矩阵，π 表示由误差项构成的向量矩阵，模型中所涉及的总的内生变量和先决变量个数分别用 g 和 n 表示。

如果模型中的第 i 个方程中包含 g_i 个内生变量和 n_i 个先决变量，而第 i 个方程中未包含的变量在其他 $g-1$ 个方程中所对应的系数组成的矩阵用 $B_0\pi_0$ 表示。判断第 i 个方程是否可被识别的条件为 H_1：$R(B_0\pi_0) < g-1$，则表明第 i 个方程不可识别；H_2：$R(B_0\pi_0) = g-1$，则表明第 i 个方程可识别。当第 i 个方程可识别时又有 H_3：如果 $n-n_i = g_i-1$，则表明第 i 个方程为恰好识别；H_4：如果 $n-n_i > g_i-1$，则表明第 i 个方程为过度识别。一般将 H_1 和 H_2 称为联立方程组模型的秩条件，用来判断模型是否可识别，而将 H_3 和 H_4 称为联立方程组模型的阶条件，用来判断结构方程是否过度识别。

（3）模型估计与结果分析。由上述联立方程组模型可识别的判别条件可知，由公式（4.11）、公式（4.12）、公式（4.13）所构成的联立方程组属于过度识别。因此，选用 3SLS（三阶段最小二乘法）对模型进行估计。在某种意义上，三阶段最小二乘法是将两阶段最小二乘法（2SLS）与 SUR 相结合的估计方法。为了进行 3SLS 估计，必须利用 3SLS 的残差重新估计 2SLS 估计得到的协方差矩阵，然后再用 GLS 进行反复迭代，直到收敛。因此，使用 3SLS 对模型整体进行估计得到的参数将更加有效。联立方程组模型估计结果如表

4.8 和表 4.9 所示。

表 4.8 3SLS 估计结果（1）

方程	变量	系数	Z 统计量	P 值
供给反应函数	$dlnstock_{t-1}$***	−4.844 3	−3.94	0.000
	$dlnstock_{t-2}$***	5.621 5	4.18	0.000
	$dlnsoybean_{t-5}$	0.137 0	1.00	0.317
	$dlncorn_{t-5}$**	−2.217 6	−2.34	0.019
	$dlnmutton_t$	−0.024 8	−0.06	0.974
	$dlnbeef_t$	0.327 3	0.39	0.563
	$dlnp_t$ *	−1.324 6	−1.91	0.057
	$dlnp_{t-1}$**	0.693 0	2.00	0.046
	$Cons$***	9.747 5	636.47	0.000
需求反应函数	lnD_{t-1}**	0.227 2	2.23	0.026
	lnD_{t-2}	0.008 5	0.11	0.910
	$dlnDI_t$**	0.250 5	2.07	0.038
	$dlnmutton_t$	−0.007 7	−0.03	0.978
	$dlnbeef_t$	0.415 3	0.42	0.671
	$dlnp_t$***	3.143 0	6.44	0.000
	$dlnp_{t-1}$***	−1.427 4	−2.92	0.003
	$dlnpork_{t-1}$	−0.659 0	−1.04	0.297
	$dlnpork_{t-2}$ *	0.674 3	1.93	0.054
	$Cons$***	5.723 2	7.90	0.000
价格反应函数	lnS_t *	−0.090 6	−1.87	0.061
	lnD_t***	0.247 3	3.80	0.000
	$dlnP_{t-1}$***	0.498 6	5.15	0.000
	$Cons$*	−0.969 5	−1.66	0.096

注：*、**、***分别表示在 10%、5% 和 1% 水平显著。

表 4.9 3SLS 估计结果（2）

方程	卡方值	RMS	P 值
供给反应函数	39.05	0.137 9	0.000 0
需求反应函数	58.43	0.203 1	0.000 0
价格反应函数	37.53	0.060 5	0.000 0

表 4.9 中 RMS 给出的是模型的"均方百分比误差",是判断模型拟合效果的指标。它是将先决变量的观测值代入模型估计结果中,求解内生变量的估计值,再将该估计值与内生变量的实际观测值进行比较得到。由模型检验结果可知,$RMS_1 = 0.14\%$,$RMS_2 = 0.20\%$,$RMS_3 = 0.06\%$。可见,该模型的拟合效果较好。

由表 4.8 模型估计结果可知,在供给方程中前一期、前两期生猪存栏量对当期生猪供给量的影响均在 1% 显著性水平下通过显著性检验,提前 5 期的玉米价格和前一期生猪价格对当期生猪供给量的影响在 5% 显著性水平下通过显著性检验,当期生猪价格对当期生猪供给量的影响在 10% 显著性水平下通过显著性检验,提前 5 期的豆粕价格对当期生猪供给量的影响未通过显著性检验。可得生猪供给反应函数为

$$\ln S_t = 9.747\,5 - 4.844\,3\mathrm{dln}stock_{t-1} + 5.621\,5\mathrm{dln}stock_{t-2}$$
$$- 2.217\,6\mathrm{dln}corn_{t-5} - 1.324\,6\mathrm{dln}P_t + 0.693\,0\mathrm{dln}P_{t-1}$$

$$(4.19)$$

由供给反应函数可知,在影响供给的因素中前两期的生猪存栏量对生猪的供给量有正向影响,当前两期的生猪存栏量每增加 1% 时,当期生猪供给量增加 5.62%;前一期生猪存栏量对生猪供应量有负向影响,当前一期的生猪存栏量增加 1% 时,当期生猪供给量减少 4.84%。在生产要素投入方面,玉米价格对生猪供给量有影响,当玉米价格每增加 1%,生猪供给量将减少 2.22%,同样作为生产要素的豆粕价格对生猪供给量没有显著影响,这主要是因为在生猪生产成本中玉米所占的比重比豆粕所占的比重大得多。在生猪价格方面,当期生猪价格与当期生猪供给量呈反方向变动趋势,即当期生猪价格增加 1% 时,当期生猪供给量将减少 1.32%,前一期生猪价格与当期生猪供给量呈同方向变化趋势,即前一期的生猪价格增加 1% 时,当期生猪供给量将增加 0.69%。

由表 4.8 可知,在需求反应函数中,当期生猪价格、前一期生猪价格对当期生猪需求量的影响均在 1% 显著性水平下通过显著性检验,前一期生猪需求量、居民当期可支配收入对当期生猪需求量的影响在 5% 显著性水平下通过显著性检验,前两期的猪肉价格对当期生猪需求量的影响在 10% 显著性水平下通过显著性检验,当期牛羊肉价格、前一期猪肉价格没有通过显著性检验。可得生猪需求反应函数为

$$\ln D_t = 5.723\,2 + 0.227\,2\ln D_{t-1} + 0.250\,5\mathrm{dln}DI_t + 3.143\,0\mathrm{dln}P_t$$
$$- 1.427\,4\mathrm{dln}P_{t-1} + 0.674\,3\mathrm{dln}pork_{t-2}$$

$$(4.20)$$

由生猪需求反应函数可知,上一期生猪需求量对当期生猪需求量有正向影

响，当上期生猪需求量增加 1% 时，当期生猪需求量会增加 0.23%，表明对生猪的消费需求确实存在惯性。当期居民可支配收入对当期生猪需求量有正向影响，当期居民可支配收入增加 1%，当期生猪需求将增加 0.25%。可见，居民可支配收入对生猪需求量虽然有影响，但影响很小。这是因为猪肉为主要肉类消费品，其需求收入弹性较小，需求相对刚性。当期生猪价格对当期生猪需求量有正向影响，当期生猪价格增加 1%，当期生猪需求量将增加 3.14%；前一期生猪价格对当期生猪需求量有反向影响，当前一期生猪价格增加 1%，当期生猪需求量将减少 1.43%；前两期猪肉价格对当期生猪需求量有正向影响，当前两期猪肉价格分别上涨 1% 时，当期生猪需求量将增加 0.67%。牛羊肉作为猪肉的替代品，其价格对生猪需求量没有显著影响，这是由我国居民的消费习惯决定的，中国居民肉类消费主要以猪肉为主，牛羊肉的消费量较之猪肉来说很小。因此，牛羊肉价格对生猪的需求量不会产生明显影响。生猪需求量受猪肉价格的影响存在两期滞后。

由表 4.8 可知，在生猪价格反应函数中，当期生猪供给量对当期生猪价格的影响在 10% 显著性水平下通过显著性检验，当期生猪需求量、前一期生猪价格对当期生猪价格的影响均在 1% 显著性水平下通过显著性检验。可得生猪的价格反应函数为

$$\mathrm{dln}P_t = -0.969\,5 - 0.090\,6\mathrm{ln}S_t + 0.247\,3\mathrm{ln}D_t + 0.498\,6\mathrm{dln}P_{t-1}$$

$$(4.21)$$

由价格反应函数可知，当期生猪供给量与当期生猪价格呈反方向变化，当期生猪供给量增加 1%，当期生猪价格减少 0.09%；当期生猪需求量与当期生猪价格呈同方向变化，当期生猪需求量增加 1%，当期生猪价格增加 0.24%；前一期生猪价格与当期生猪价格呈同方向变化，前一期生猪价格上涨 1%，当期生猪价格上涨 0.50%，即生猪价格变化具有一定惯性。

从供给侧来看，当生猪价格上涨时，生猪生产者对未来的生猪市场持利好预期，为了在未来获得更大利润，生产者会作出延迟出栏的决策，由此导致当期生猪价格虽然上涨，但供给量不增反降，而下一期的生猪供给量则会增加。当生猪价格下降时，生猪生产者对未来的生猪市场持利空预期，为了避免在未来遭受损失，生产者会作出提前出栏并减少补栏的决策，由此导致当期生猪价格虽然下降，但当期生猪供给量不降反增，下一期供给量减少。生猪生产周期长、灵活性强的特点为生猪生产者作出以上决策提供可能。

从需求侧来看，生猪价格上涨，意味着猪肉价格的上涨。此时生猪的需求者屠宰加工企业会对下游猪肉市场产生利好预期，屠宰加工企业为了在猪肉市场获得更多利润则会增加生猪需求甚至囤积猪肉，从而当生猪价格上涨时，当期生猪需求量不降反增。当生猪价格下降时，生猪需求者屠宰加工企业会对下

游猪肉市场产生利空的市场预期，为了避免遭受损失，屠宰加工企业会减少生猪需求量，从而导致生猪价格下降时当期生猪需求量不增反降。

通过对生猪供给侧和需求侧的分析可以发现，由于市场预期的作用，生猪价格上涨时，当期生猪供给量减少，需求量增多，滞后一期的生猪供给量增加，需求量减少；反之，生猪价格下降时，当期生猪供给量增加，需求量减少，滞后一期的生猪供给量减少，需求量增加。这种由于市场预期引起的时滞效应使生猪价格高时会继续升高，生猪价格低时会进一步下降，最终形成生猪价格超常波动。

4.4.3　基于结构性要素的生猪价格超常波动的启示

本研究基于 2008 年 1 月至 2015 年 10 月我国生猪出栏量、屠宰加工量、生猪价格以及相关变量的月度数据，运用联立方程组模型，从供求关系角度实证分析我国生猪价格波动的特点，得到以下结论。

结论一：生产供给是影响生猪价格波动的主要原因。生猪生产的周期长、灵活性强，生猪生产者应对价格波动的空间大，生猪价格波动周期与生产波动周期高度吻合，生猪供给依然是影响生猪价格波动的重要因素，稳定生猪生产、平抑生猪价格仍然要以供给侧为重点。

结论二：消费需求对生猪价格的影响越发重要。虽然猪肉仍然是我国肉类消费的主要来源，但近年来猪肉消费在肉类消费中的占比已有下降趋势，随着消费者收入水平的不断提高，肉类消费结构更加多元化，对猪肉的消费也更加注重质量，消费者需求对生猪生产和价格的影响越来越大。

结论三：市场预期成为形成生猪价格超常波动的关键因素。生猪供给主体和需求主体对市场利好和利空的预期差异会扩大供给与需求的不平衡，加剧生猪价格波动，单纯依赖市场机制的调节作用非但对价格波动起不到平抑作用，而且会使波动加剧。

1985 年以后，我国猪肉市场进入市场经济体系之中，市场经济条件下的生猪产业必然受到市场经济发展规律的影响和制约。在供求与价格机制作用下，生猪价格波动是长期存在的。但是，随着生猪价格波动研究的不断发展，人们对生猪价格波动认识也越来越深入，如此一来，更加有利于生猪产业的调整优化。现阶段我国正大力推进农业供给侧结构性改革，作为国家宏观调控主体，政府在我国生猪产业发展过程中扮演着重要的角色。现结合本研究结论，为政府各部门在农业供给侧结构性改革的大环境下如何有效平抑生猪价格波动、促进生猪产业转型升级提出以下 3 点建议。

（1）提高产业集中度，稳定生产供给。我国生猪产业仍以农户散养和小规模养殖为主，按照年出栏 500 头以上为规模化猪场的标准，我国散户养殖占比高达 50%。而在规模化猪场中，上市公司不到 50 家，占比不到 10%。① 规模化养殖集团与散户比例相差悬殊。以散户养殖为主的产业极易形成"一哄而上"和"一哄而散"的生产特征，生产十分不稳定，对价格稳定造成严重冲击。应适度提高养殖规模和行业标准，逐步淘汰产能落后的散户养殖，提高养殖主体抗风险能力；鼓励发展以龙头企业为核心的产业发展集聚区，借助龙头企业的带动和辐射作用，引导散户和小规模养殖与龙头企业形成合作网络，提升产业集中度和抗风险能力，稳定生猪供给，平抑价格波动。

（2）合理引导消费理念，促进供需双侧协同。农业供给侧结构性改革首要是调整农产品供给结构以适应需求结构的变化。我国在农产品供给方面存在质量和安全性不高等问题，造成消费者对国内产品缺乏信心，过度依赖国外产品。仅仅依靠供给侧结构性改革无法从根本上解决我国农产品供给与需求严重的错位与缺位，减小供给与需求不平衡差距既需要优化供给结构，也需要引导合理的消费理念，促进消费结构优化升级，以需求"倒逼"供给，促进供需双侧协同。除此之外，在以供给侧为重心的农业产业改革过程中，宣传部门要加大对国内生猪及猪肉产品尤其是具有地方特色产品的宣传力度，增强消费者对国内产品的信心，引导消费者合理消费，减少消费的盲目性和对国外产品的盲目推崇。

（3）补齐质量短板，透明市场信息，稳定市场预期。农业供给侧结构性改革的重点就在于解决农产品供给的质量问题，生猪产业链环节多、链条长，生猪及猪肉产品极易发生质量安全问题，猪肉质量管理需要农业、食品、卫生、医药等多部门之间高效协同。我国当前的猪肉质量安全追溯体系主要表现为"部门追溯"和"环节追溯"，各部门之间信息共享的及时性与有效性难以保证，质量监督效果有待提升。为此，各部门应该在现有质量追溯体系的基础上建立统一的质量追溯数据信息系统，实现信息实时共享，促进各部门耦合联动，确保各环节、各部门质量追溯信息无缝对接，实现质量追溯体系全产业链覆盖。当出现产品质量问题时，可迅速锁定问题产品去向并及时召回，以此为补齐农产品供给中的质量短板奠定基础。同时，市场监管部门应及时、准确、全面地发布市场信息，为生猪生产主体掌握市场行情作出生产决策提供充分依据，减少生产者和消费者的盲目性，稳定市场预期，减少预期波动对市场价格造成冲击。

---

① 数据来源：每日经济新闻，《中国如何走出猪周期怪圈：养殖散户占比成关键》，http：//finance. sina. com. cn/roll/2016 - 04 - 22/doc - ifxrpvqz6336337. shtml。

4.5　中国生猪价格区域协动性——基于同步系数法的分析

任何一个经济系统都是以市场为导向的，而价格信号是市场导向的外在表现，它影响着生产、消费以及市场决策。所以，分析价格波动是了解市场内部运行状况的有效手段。我国幅员辽阔，大多数商品市场尤其是农产品市场存在一定的区域差异。在农产品中，生猪市场的区域差异性较为显著，从生猪价格的区域分布特征来看，不同区域的生猪价格间存在一定差异（武拉平，2000；郭国强，2010）。分析各个区域生猪价格的波动关系，能够更好地了解中国生猪市场的市场状况，能够更加针对性地调控中国生猪市场价格的波动。本节研究中国各个区域生猪价格的相对变化以及长期关系，并由此得出生猪价格区域性传导的路径。

本节的结构安排如下：首先，对相关的文献进行梳理分析；其次，介绍研究所涉及的数据来源以及所运用的方法；再次，运用同步系数法计算区域间生猪价格的同步系数，并对数据结果进行解释分析；最后，得出结论，并提出针对性的政策建议。

生猪价格波动历来都是国内外学者重点关注的对象，国外对生猪价格波动的研究主要侧重于生猪价格周期。Ezekiel（1938）的蛛网模型理论是分析农产品价格波动的重要理论基础，Harlow（1960）首次将蛛网模型理论引入生猪价格波动的分析，并指出生猪价格波动周期为 4 年左右。从此，蛛网模型理论便成为分析生猪价格波动的理论基础，开启了生猪价格波动研究的大门。1985年我国放开生猪购销价格后，生猪价格趋于市场化，并开始出现大幅度频繁波动。价格波动的原因引起了学者们的关注，殷传麟等（1997）认为，生产社会化、科技水平低是价格波动的重要原因；辛贤等（1999）从需求和供给 2 个角度分析了各影响因素的弹性。我国生猪价格波动具有较强的周期性，吕杰等（2007）在分析我国生猪价格周期时发现，我国生猪价格的周期性波动主要受内部冲击与外部冲击 2 个方面的因素影响；毛学峰等（2009）运用时间序列分解法研究我国生猪价格波动时发现，自 1995 年以来我国生猪价格存在 5 个完整的周期。

我国生猪价格的波动不但呈现出周期性，也呈现出区域性。我国有关农产价格区域性的研究开始于 20 世纪 90 年代，学者们关注我国粮食市场的整合度，黄季焜（1998）对我国省级大米价格数据进行分析时，指出中国粮食市场整合度在不断提高，但仍未形成全国统一的格局。武拉平（1999）分别研究了小麦、玉米收购市场以及生猪市场的整合关系，结果显示，小麦、玉米收购市场的整合关系较强，但生猪市场的整合关系较弱。韩胜飞（2007）认为，生猪市场整合度低的原因是当时地区间生猪流通限制较多、交通基础设施落后、市场价格信号传递不完全等。随着市场经济体制的改革，生猪市场的整合度得到了改善，田晓超等（2010）在研究中发现，生猪市场整合情况较好，价格传导方向主要以产区向销区传导为主。四川、湖南、河南对生猪长期价格的形成有较为显著的影响，四川、湖南生猪价格的上升具有负向影响，河南生猪价格的上升有正向影响（陈永福，2011）。

通过对已有文献的梳理，不难发现：对生猪价格波动的分析，多集中于波动原因、波动周期的分析；对生猪区域价格传导的分析，多集中于市场整合度的分析。值得一提的是，近期关于生猪价格区域之间传导的研究相对较少。本节试图结合以上两方面的研究，分析中国生猪价格波动的区域协动性，探究各个区域生猪价格波动的关系以及区域间生猪价格波动的传导路径。

4.5.1　数据来源及方法介绍

（1）数据来源。本节根据《全国生猪发展规划（2016—2020年）》选取了23个目标省份，研究它们之间的生猪价格波动协动关系。本节采用的数据为2008年3月至2016年3月待宰活猪的月度价格，数据来源于EPS数据平台以及布瑞克数据库。

（2）方法介绍。本节采用岳冬冬（2011）提出的同步系数法来测算全国各地区生猪价格的同步系数，用以研究全国生猪价格的区域协动性。同步系数法对数据序列是否包含趋势以及是否单整等特征没有要求，可以直接对原始数据进行同步性测度，使用中不存在波动信息遗漏；另外，该方法计算是以数列相邻数据之间的变化规律为基础，完全反映了数据序列之间同步变动的规律特征。

同步系数能够测定2组数据序列之间对应的相邻数据变化方向的一致性。如果一组数据序列的某一个相邻数据的变动方向为上升（下降），而另一组数据序列对应的相邻数据的变动方向也为上升（下降），则2组数据序列为同步；反之，则视为不同步。同步系数的计算公式为

$$rr = \frac{M}{n-1} \qquad (4.22)$$

其中，rr表示2个比较数据序列的同步系数，M表示数据序列同步程度之和，n表示数据序列的长度，$n-1$表示方向比较的总得数量。

$$M = \sum_{r=1}^{n-1} m_r \qquad (4.23)$$

其中，m_r有2种取值，当2个序列变化同向时，$m_r=1$；当2个序列变化反向时，$m_r=0$。根据以上公式可知，rr的取值范围为[0，1]，rr越趋近于

1，序列之间的同步性越强。当 $rr=1$ 时，表明 2 个序列完全同步；当 $rr=0$ 时，表明 2 个序列无任何同步性。

4.5.2　数据结果及分析

4.5.2.1　省级生猪价格同步系数测定

生猪价格波动具有传导效应，一省份生猪价格发生波动时，必然会引起其他省份的价格波动，本研究测算生猪主产区价格波动时与其他省份的同步性，选取四川、河南、山东、湖南、广东 5 个生猪养殖大省进行同步系数测定。

（1）四川。以四川的生猪价格波动方向为基准，计算其他省份与四川的同步系数，计算结果如表 4.10 所示。

表 4.10　各省份与四川生猪价格的同步系数

省份	同步系数	排名	省份	同步系数	排名
重庆	0.927 08	1	浙江	0.791 67	12
湖南	0.895 83	2	安徽	0.791 67	13
广西	0.875 00	3	河南	0.770 83	14
江西	0.864 58	4	福建	0.760 42	15
湖北	0.864 58	5	辽宁	0.739 58	16
贵州	0.864 58	6	河北	0.739 58	17
云南	0.822 91	7	山东	0.729 17	18
江苏	0.802 08	8	北京	0.718 75	19
海南	0.802 08	9	天津	0.656 25	20
上海	0.791 67	10	黑龙江	0.531 25	21
广东	0.791 67	11	吉林	0.489 58	22

根据表 4.10 的同步系数，可以发现重庆与四川的价格同步程度最高，同步系数为 0.927 08，即在确定四川生猪价格波动方向的情况下，可以 92.71% 的概率确定重庆生猪价格的波动方向。重庆、湖南、广西、江西、湖北、贵州、云南 7 个省份与四川的同步系数都相对较高，而这些省份与四川一级层接壤或二级层接壤。因此，四川生猪价格波动对周边省份的辐射作用较强，周边各省份生猪价格会以一个较高的概率与四川生猪价格同方向波动。同时也可以看出，一些生猪主销区与四川的同步系数排名较靠后，这说明四川虽然是生猪出栏第一大省，但是其市场程度不够高，形成了一个闭环的辐射圈，具有稳定区域价格的作用。

（2）河南。以河南的生猪价格波动方向为基准，计算其他省份与河南的同步系数，计算结果如表 4.11 所示。

表 4.11　各省份与河南生猪价格的同步系数

省份	同步系数	排名	省份	同步系数	排名
天津	0.906 25	1	湖南	0.854 17	12
辽宁	0.895 83	2	广西	0.854 17	13
山东	0.895 83	3	广东	0.843 75	14
上海	0.885 42	4	江苏	0.843 75	15
安徽	0.875 00	5	海南	0.843 75	16
北京	0.864 58	6	湖北	0.843 75	17
黑龙江	0.864 58	7	江西	0.833 33	18
吉林	0.864 58	8	重庆	0.770 83	19
河北	0.864 58	9	四川	0.770 83	20
浙江	0.864 58	10	云南	0.687 50	21
福建	0.854 17	11	贵州	0.666 67	22

根据表 4.11 的计算结果，天津的生猪价格与河南生猪价格同步系数最高，达 0.906 25，即在确定河南的生猪价格波动方向后，可以 90.63％的概率确定天津生猪价格波动方向。天津与河南的生猪市场联系较为密切，其中原因就是天津的生猪养殖逐渐退出，天津已成为生猪主销区，而河南是离天津较近的生猪主产区，二者构成了一个供需关系。因此，二者的生猪价格同步性较强。北京、上海也是生猪主销区，所以它们与河南的同步系数也较高。值得注意的是，东北三省与河南的同步系数也较高，东北地区是新兴的生猪主产区，在此，河南应该处于一个市场引领者的角色。

（3）山东。以山东的生猪价格波动方向为基准，计算其他省份与山东的同步系数，计算结果如表 4.12 所示。

表 4.12　各省份与山东生猪价格的同步系数

省份	同步系数	排名	省份	同步系数	排名
天津	0.906 25	1	湖北	0.812 50	12
河南	0.895 83	2	福建	0.802 08	13
安徽	0.875 00	3	海南	0.802 08	14
辽宁	0.875 00	4	广东	0.791 67	15
河北	0.854 17	5	江西	0.791 67	16
上海	0.854 17	6	湖南	0.791 67	17
江苏	0.843 75	7	广西	0.791 67	18
黑龙江	0.843 75	8	重庆	0.770 83	19
吉林	0.843 75	9	四川	0.729 17	20
北京	0.822 92	10	云南	0.666 67	21
浙江	0.822 91	11	贵州	0.645 83	22

从表4.12可以看出，天津与山东的同步系数最高，高达0.906 25，即在90.63%的概率下，天津与山东的生猪价格同方向波动，此处原因与河南类似。河南与山东的同步程度排名第二，二者是接壤的生猪产出大省，共同形成了一个更大的生猪供给市场。所以，二者同步性较强。辽宁和山东隔海相望，距离较近，但是此处是山东影响辽宁。其余排名较靠前的省份多数位于华东地区，可以看出山东的生猪市场地位在整个华东地区具有举足轻重的地位。

（4）湖南。以湖南的生猪价格波动方向为基准，计算其他省份与湖南的同步系数，计算结果如表4.13所示。

表4.13　各省份与湖南生猪价格的同步系数

省份	同步系数	排名	省份	同步系数	排名
广西	0.937 50	1	河南	0.854 17	12
江西	0.916 67	2	河北	0.843 75	13
湖北	0.906 25	3	江苏	0.843 75	14
重庆	0.906 25	4	上海	0.843 75	15
广东	0.895 83	5	云南	0.812 50	16
安徽	0.895 83	6	天津	0.812 50	17
四川	0.895 83	7	辽宁	0.812 50	18
浙江	0.885 42	8	黑龙江	0.802 08	19
海南	0.885 42	9	山东	0.791 67	20
福建	0.864 58	10	吉林	0.791 67	21
北京	0.864 58	11	贵州	0.770 83	22

从表4.13中可以看到，广西、江西、湖北、重庆4个省份与湖南的同步系数均在0.9以上，即当确定湖南的生猪价格波动方向后，4个省份均以不低于90%的概率与湖南同方向波动。同时，广西、江西、湖北、重庆4个省份均与湖南接壤，这说明湖南生猪价格波动对周边地区的影响较大。另外，湖南与全国其他省份的同步系数也处于较高水平，这说明湖南的生猪市场开放程度较高。

（5）广东。以广东的生猪价格波动方向为基准，计算其他省份与广东的同步系数，计算结果如表4.14所示。

表4.14　各省份与广东生猪价格的同步系数

省份	同步系数	排名	省份	同步系数	排名
浙江	0.906 25	1	福建	0.885 42	4
湖南	0.895 83	2	海南	0.885 42	5
广西	0.895 83	3	江西	0.875 00	6

（续）

省份	同步系数	排名	省份	同步系数	排名
上海	0.864 58	7	吉林	0.833 33	15
北京	0.854 17	8	江苏	0.822 92	16
辽宁	0.854 17	9	重庆	0.822 92	17
河北	0.843 75	10	天津	0.802 08	18
河南	0.843 75	11	山东	0.791 67	19
湖北	0.843 75	12	四川	0.791 67	20
黑龙江	0.843 75	13	云南	0.729 17	21
安徽	0.833 33	14	贵州	0.718 75	22

从表 4.14 可以看出，浙江与广东生猪价格同步程度最高，达 0.906 25，这反映出广东、浙江两地生猪市场具有较为密切的关系。广东正逐渐成为浙江的生猪"代生产区"，所以二者的价格同步程度较高。另外，湖南、广西、福建、江西均与广东接壤，海南位于广东南部，距离较近。广东作为较大的生猪产出省，其生猪价格波动会辐射到周边地区。

通过分析 5 个生猪主产区与其他各省份的生猪价格同步系数，可以发现，大部分生猪主产区对周边地区起到辐射作用，影响周边省份的生猪价格波动。5 个省份对全国各省份同步系数的平均值为：湖南（0.856 06）、河南（0.838 541）、广东（0.838 069）、山东（0.810 606）、四川（0.773 673）。从平均值中可以看出，湖南省的平均同步系数最高，说明其价格走向能够以很高的概率反映全国的价格变化，其生猪市场较为开放，与全国各省份联系都较为密切。从表 4.10 至表 4.14 可以看出，云南、四川、贵州与其他省份的同步程度较低，再一次证明了本研究的观点，即在西南地区形成了以四川为核心的"价格圈"。

4.5.2.2 区域层面的生猪价格同步系数测定

利用所获得的数据测算各省份与其对应区域生猪价格的同步系数，测算结果如表 4.15 所示。

表 4.15 各省份与其对应地区生猪价格的同步系数

地区	省份	同步系数	省份	同步系数	省份	同步系数	省份	同步系数
华北	河北	0.968 75	北京	0.947 92	天津	0.906 25		
东北	黑龙江	0.947 92	吉林	0.968 75	辽宁	0.958 33		
华东	浙江	0.989 58	上海	0.947 92	江苏	0.906 25		
华中	河南	0.927 08	湖北	0.916 67	湖南	0.895 80		
华南	广西	0.947 92	广东	0.924 72				
西南	重庆	0.968 75	四川	0.947 92	云南	0.854 17	西藏	0.869 58

对于华北地区，本研究只选择了 3 个省份，该地区的同步系数平均值为 0.940 97，其中河北的同步系数最大（0.968 75），即当河北生猪价格发生波动后，能够以 96.88％ 的概率引起华北地区生猪价格的波动。河北也是生猪产出大省，因此对于华北地区的生猪价格来说，供给因素占主导地位。

东北地区的生猪价格同步系数平均值为 0.958 33，值得注意的是，东北三省的生猪价格同步系数相差很小，说明其生猪市场联系比较密切，可以把东北地区看作一个大的生猪市场，该市场是新兴的生猪供给市场。

华东地区的生猪价格同步系数平均值为 0.947 92，浙江、上海、江苏与该区域的同步系数位居前三名，而这 3 个省份是主要的生猪消费区。因此可以得知，在华东地区影响生猪价格波动的主要因素来自需求方面，山东作为华东地区的生猪主产区，有着重要的地位，但是较低的同步系数，也说明了来自该地区的供给因素对价格的影响较弱。

华中地区的生猪价格同步系数平均值为 0.913 18，华中地区的 3 个省份都是我国的生猪养殖大省，河南与该地区生猪价格的同步性最高，同步系数为 0.927 08，河南对整个华中地区的生猪价格影响最大。河南、湖北、湖南 3 个省组成了一个较大的生猪供给区域。

华南地区的生猪价格同步系数平均值为 0.930 557，其中广西的同步系数为 0.947 92，对该区域生猪价格的影响最大，当广西生猪价格发生波动后，华南地区有 94.79％ 的概率发生价格波动。其次是广东，广东是华南地区的生猪产出大省，其价格波动，自然会在很大程度上影响整个地区。

西南地区的生猪价格同步系数平均值为 0.923 61，其中重庆的同步系数最大，为 0.968 75，几乎能够完全反映西南地区的生猪价格波动情况。重庆可以说是西南地区的生猪需求区，而四川是供给区，在供需两方面作用下，共同影响整个地区的价格。

通过计算各省份与所对应区域的生猪价格同步系数，得到了每个区域的生猪价格平均同步系数：东北（0.958 33）、华北（0.940 97）、华南（0.930 557）、华中（0.913 18）、华东（0.947 92）、西南（0.923 61）。东北地区的同步系数最高，这表明该地区内一省价格发生波动便能引起整个地区价格的波动，即东北地区的生猪价格最不稳定。华中地区的同步系数最低，说明该地区的价格较稳定，不会因为一省份价格的波动而引起整个地区的大幅度波动。

用同步系数测定各个区域间生猪价格波动的同步性，可以发现区域之间生猪价格方面的一些发展变化规律。利用所得数据计算各区域间的生猪价格同步系数，结果如表 4.16 所示。

表 4.16　各地区同步系数

地区	华北	东北	华东	华中	华南	西南
华北	1.000 00					
东北	0.875 00	1.000 00				
华东	0.812 5	0.885 42	1.000 00			
华中	0.895 83	0.875 00	0.895 83	1.000 00		
华南	0.854 17	0.853 75	0.875 00	0.875 00	1.000 00	
西南	0.750 00	0.718 75	0.812 50	0.833 33	0.843 75	1.000 00

从表 4.16 可以看出，同步系数最高的 2 组区域是华北地区与华中地区、华东地区与华中地区，2 组同步系数均为 0.895 83。华中地区是最大的生猪供给区，华东地区是最大的生猪需求区，2 个区域形成了一种供需关系。所以，它们的同步系数较高。华北地区和华中地区各个省份的生猪价格交叉影响较大，2 个区域的价格同步性较高。同步系数最低的是东北地区与西南地区，最主要的原因是二者的地理间隔太远，价格同步程度低；再者就是西南地区是一个较为稳定的地区，对其他地区的价格影响较小。

已经大致了解各省份生猪价格波动引起的区域价格波动情况，那么某一区域的生猪价格发生波动后又会使全国生猪价格发生怎样的变化呢？需要测算各个区域与全国的同步系数，探究区域价格与全国价格的波动关系。根据已有数据测算区域与全国的生猪价格同步系数，结果如表 4.17 所示。

表 4.17　各地区与全国之间同步系数

项目	华中	华东	华南	东北	华北	西南
同步系数	0.947 92	0.937 50	0.885 42	0.875 00	0.875 00	0.843 75

从表 4.17 可以看出，华中地区与全国的生猪价格同步系数最高，达 0.947 92。也就是说，当华中地区发生价格波动时，会以 94.79％的概率引起全国生猪价格同方向波动。其次是华东地区，与全国的同步系数为 0.937 50，即该地区会以 93.75％的概率引起全国生猪价格的波动。华中地区是全国生猪供给大区，所以其波动必然会以较高的概率引起全国范围的波动。华东地区是我国主要的生猪消费区，该地区的生猪价格波动也必然会引起全国生猪价格的波动。西南地区与全国的生猪价格同步系数最低，这表明该地区价格与全国生猪价格的同步性较弱，同时也从侧面反映出该地区的价格相对稳定。

4.5.2.3　生猪价格波动的传导路径

通过前面的分析，已经大致了解生猪价格波动的传导过程，主要有 2 种：一是各省份的生猪价格发生波动直接传导至全国；二是各省份生猪价格发生波动引起周边地区价格波动，再由区域价格波动传至全国。为了更加清晰地看出生猪价格在省份、区域、全国 3 个层次的传导过程，绘制出生猪价格空间传导路径图（图 4.5）。

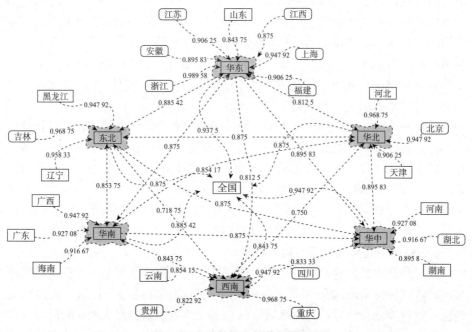

图 4.5　生猪价格空间传导路径图

根据图 4.5 可以看出，生猪价格波动空间传导的主要传导路径主要为以下6 条。

（1）华中地区传导路径。当某一种冲击引起华中区域内某一省份生猪价格波动时，这种价格波动会以平均 0.913 18 的概率传导给整个区域。此时华中地区的这种波动会传导给其他区域，以 0.875 的概率引起东北地区的同方向波动，以 0.895 83 的概率引起华东地区的同方向波动，以 0.895 83 的概率引起华北地区的同方向波动，以 0.875 的概率引起华南地区的同方向波动，以 0.833 33 的概率引起西南地区的同方向波动。最终华中地区的价格波动会以 0.947 92 的概率引起全国价格的同方向波动。

（2）华东地区传导路径。当某一种冲击引起华东区域内某一省份生猪价格波动时，这种价格波动会以平均 0.947 92 的概率传导给整个区域。此时华东地区的这种波动会传导给其他区域，以 0.885 42 的概率引起东北地区的同方向波动，以 0.812 5 的概率引起华北地区的同方向波动，以 0.895 83 的概率引起华中地区的同方向波动，以 0.875 的概率引起华南地区的同方向波动，以

0.812 5 的概率引起西南地区的同方向波动。最终华东地区的价格波动会以 0.937 5 的概率引起全国价格的同方向波动。

（3）华南地区传导路径。当某一种冲击引起华南区域内某一省份生猪价格波动时，这种价格波动会以平均 0.930 557 的概率传导给整个区域。此时华南地区的这种波动会传导给其他区域，以 0.853 75 的概率引起东北地区的同方向波动，以 0.875 的概率引起华东地区的同方向波动，以 0.875 的概率引起华中地区的同方向波动，以 0.854 17 的概率引起华北地区的同方向波动，以 0.843 75 的概率引起西南地区的同方向波动。最终华南地区的价格波动会以 0.885 42 的概率引起全国价格的同方向波动。

（4）东北地区传导路径。当某一种冲击引起东北区域内某一省份生猪价格波动时，这种价格波动会以平均 0.958 33 的概率传导给整个区域。此时东北地区的这种波动会传导给其他区域，以 0.875 的概率引起华北地区的同方向波动，以 0.885 42 的概率引起华东地区的同方向波动，以 0.875 的概率引起华中地区的同方向波动，以 0.853 75 的概率引起华南地区的同方向波动，以 0.718 75 的概率引起西南地区的同方向波动。最终东北地区的价格波动会以 0.875 的概率引起全国价格的同方向波动。

（5）华北地区传导路径。当某一种冲击引起华北地区内某一省份生猪价格波动时，这种价格波动会以平均 0.940 97 的概率传导给整个区域。此时华北地区的这种波动会传导给其他区域，以 0.875 的概率引起东北地区的同方向波动，以 0.812 5 的概率引起华东地区的同方向波动，以 0.895 83 的概率引起华中地区的同方向波动，以 0.854 17 的概率引起华南地区的同方向波动，以 0.750 的概率引起西南地区的同方向波动。最终华北地区的价格波动会以 0.875 的概率引起全国价格的同方向波动。

（6）西南地区传导路径。当某一种冲击引起西南地区内某一省份生猪价格波动时，这种价格波动会以平均 0.923 61 的概率传导给整个区域。此时西南地区的这种波动会传导给其他区域，以 0.718 75 的概率引起东北地区的同方向波动，以 0.812 5 的概率引起华东地区的同方向波动，以 0.833 33 的概率引起华中地区的同方向波动，以 0.843 75 的概率引起华南地区的同方向波动，以 0.750 的概率引起华北地区的同方向波动。最终西南地区的价格波动会以 0.843 75 的概率引起全国价格的同方向波动。

4.5.3 结论及政策启示

4.5.3.1 结论

本节利用同步系数法分别测算了我国生猪价格在省份层面、区域层面、全国层面的同步系数，根据同步系数探究我国生猪价格的波动特征以及生猪价格的传导路径。根据数据结果，得到以下结论。

（1）3 个层面的同步系数较高，生猪价格波动剧烈。同步系数是用来测定 2 个序列波动的同步程度的，生猪价格同步系数较高，说明我国生猪价格区域间的同步程度较高。区域间价格的同步程度越高，说明生猪价格波动越剧烈，一个地区波动便会大概率引起其他区域波动。

（2）各区域与全国同步程度较高是引起生猪价格剧烈波动的直接原因。各个区域的市场份额在全国市场中都占有较大的比重，这就有可能导致一区域生猪价格的波动引起全国范围的波动。华中地区和华东地区与全国生猪价格的同步系数均在 0.9 以上，即这 2 个区域生猪价格发生波动时，全国生猪价格均以不低于 90% 的概率发生同方向波动。

（3）各区域之间同步性较强是引起生猪价格剧烈波动的间接原因。从地理位置上看，各区域之间虽然有远近之分，但是由于各种原因这些区域的生猪市场存在复杂的关系，这就增强了各区域的同步性。形成这些关系的因素有生猪生产有主产区和主销区之分、附近区域疫病传播形成的影响、消费习惯的趋同性。这些因素就是区域间价格"链动"的"纽带"。华中地区与华东地区、华中地区与华北地区的同步性相对较高，这会进一步加剧生猪价格的波动。

（4）各省份之间的同步系数较高是导致我国生猪价格波动剧烈的微观因素。虽然各省份的生猪市场相对于全国来说比较小，但是全国范围的价格波动往往就是一个省份价格波动引起的。各省份同步系数较高，当某一省份价格发生波动时，会引起相应区域以及其他省份以较高的概率水平发生同方向的波动，最后将波动传至全国。湖南（0.856 06）、河南（0.838 541）与全国各省份的平均同步系数居前两位，其发生价格波动时，便会以不低于 83% 的概率引起全国各省份价格发生同方向波动。

4.5.3.2　政策建议

（1）加强市场信息服务，加大重点区域监控，完善生猪市场价格系统。生猪价格的短期波动是一种正常现象，生猪需求弹性小，供给弹性较大，这就更导致了生猪价格的频繁波动，但这是符合市场价格规律的。问题的关键在于防止生猪价格的剧烈波动。我国幅员辽阔，生猪市场庞大，但是多以中小规模养殖主体为主，他们决策的盲目性、自发性非常容易引起价格的剧烈波动。因此，为生猪养殖主体提供及时、有效的市场信息，能够较好地缓解生猪价格的波动。我国生猪市场价格监测体系，倾向于关注国家层面的价格信息。有些区域对全国生猪价格影响比较大，因此应该加大对重点区域的监控。例如，在省级层面，要加强对湖南、河南生猪价格波动的监控；在区域层面，要加强对华中地区、华北地区、华东地区的监控。当重点监控区域价格发生剧烈波动时，为防止其以较高概率水平引起全国范围的剧烈波动，政府部门应采取相应的政策措施稳定该区域的价格波动。

（2）开拓新型产区，开展"北猪南调""西猪东供"。猪粮结构是我国农业生产的重要特征，传统的粮食主产区大多是生猪优势产区，我国的生猪养殖多集中在长江流域和中原、两广地区，这些区域是生猪的供给方。北京、天津等经济发达区生猪产业并没有受到重视，它们多数是生猪需求方。如此一来，就形成了固定的供需关系，区域间价格的同步性就变得相对较高，价格波动也较剧烈。近年来，受多种因素的影响，传统生猪优势区的养殖压力越来越大，政府部门应适时开拓新的养殖区，如西部地区、东北地区。西部地区、东北地区地域广阔，但是生猪养殖密度极低，大量的养殖资源未被开发，尤其东北地区是我国的粮食优势区，非常适合发展生猪产业。这2个地区生猪产业未发展起来的原因主要是环境限制，西部地区缺水，东北地区低温。这就需要政府采取扶持措施，帮助养殖企业克服环境障碍，共建具有特色的生猪养殖基地。如此一来，不但可以缓解传统产区的压力，还可以使供需关系多元化，进而起到平抑生猪价格剧烈波动的作用。

（3）加快生猪期货的上市，统一生猪交易市场。我国地理面积较大，生猪市场区域性分割严重，致使我国生猪价格频繁出现区域性剧烈波动的现象。众所周知，生猪期货是对冲生猪价格波动的重要方式，生猪期货可以将生猪交易市场统一化，有效地避免生猪价格出现区域性传导的问题。生猪期货的推出，可以帮助养殖户、屠宰加工企业、投资者更好地应对价格波动，同时还可以推进市场整合。但由于生猪期货交割的复杂性，生猪期货始终未出现在我国生猪市场。我国具有推出生猪期货的现实需求，现货市场规模扩大，企业参与增多，越来越多的主体有了避险需求。我国猪肉年产量高达 5 500 万吨，折算生猪大概 6 700 万吨，如果按 2016 年前 9 个月的生猪均价计算，产值达 1.2 万亿元。由此可见我国生猪现货市场之大，生猪期货将会拥有巨大的市场空间。因此，生猪期货的有效推出既可以有效地平抑生猪价格的剧烈波动，又可以获得可观的投资利润。

第5章　生猪产业链健康的外部冲击约束

　　在贸易全球化与一体化的背景下，市场内外均衡受到外部冲击的影响越来越大。价格作为市场供求关系和预期的体现，是市场运行的重要表征。其中，农产品价格是变化最多样、关系最复杂、溢出效应最明显的部分（卢凤君等，2008；王刚毅，2010）。生猪因关系国计民生，成为最受关注的农产品之一。生猪产业链条较长，涉及环节复杂，不仅受到自然突发事件和公共卫生突发事件的影响（潘方卉，2016），也受到食品安全事件和政策调整的影响（张利庠等，2011），甚至新闻舆论也会对其造成显著的影响（Thompson，2008），使生猪产业链环节产品价格发生短期波动，市场预期随之改变，宏观调控难度加大，波动进一步加剧。

　　自1985年生猪产业开放以来，生猪价格波动就成为常态。2000年11月至2016年猪肉价格发生过25次明显波动，平均5.6个月发生一次。其中，6次显著波动，2次剧烈波动（农业部，2016）。在市场经济条件下，生产和价格在一定范围内的正常波动符合市场经济运行规律，也有助于产业结构调整（陈甜等，2014）。随着我国生猪产业发展面临的外部因素更加多样化和复杂化，生猪价格波动也变得更加剧烈：2003年、2004年突然暴发的禽流感疫情引发猪肉消费需求大幅上升，原有的供需平衡被打破，猪肉价格暴涨；2006年中期暴发猪蓝耳病疫情，大量养殖散户退出养殖，规模养殖户减少或停止补栏并缩减养殖规模，母猪存栏量和生猪出栏量明显下降，导致猪肉价格急剧上涨；2007年，国家为了鼓励地方生猪发展积极性，加大补贴力度；2008年年中猪价攀升至高位，受国家政策刺激，存栏快速增长，供求关系失衡，加上"瘦肉精事件"诱导，猪价进入下跌趋势，其间虽然经历季节性反弹，但全球宏观经济走弱，南方省份大批出口型企业停产，工人失业，需求端走弱，生猪价格在2009年初持续走弱；2009年春节后，猪价持续下跌，养殖利润进入亏损阶段；2009年6月为稳住猪价，启动收储冻肉，尽管数量仅12万吨，但对生猪后市市场信心起到积极作用。其后在玉米价格上涨、气候剧烈变化、进口冻肉、环保政策、取消玉米临时收储等外部冲击的影响下，生猪价格暴涨暴跌情况时有发生，价格超常波动给养殖主体造成巨大风险。认识"猪周期"的波动规律并有效地控制外部冲击对生猪价格波动的影响，可以在一定程度上避免价格的大起大落，避免给生猪产业健康和宏观经济稳定带来较大冲击。本研究的问题是识别外部冲击对"猪周期"有何影响？外部冲击影响"猪周期"的趋势作用点和环节作用点又是什么？生猪产业链上承受外部冲击最薄弱的环节在哪里？本研究选择仔猪、生猪和猪肉3个主要产业链环节产品为研究对象，分析上述问题，以期在外部冲击的维度对"生猪价格超常波动"（黄建辉，1990；卢凤君等，2010；单福彬，2011）的概念进行再定义。

5.1 生猪产业链外部冲击研究现状

外部冲击是经济波动的重要来源（Izquierdo，2007；SOSA，2008），中国宏观经济波动主要来自外部冲击（孙工声，2009）。外部冲击具有突发性、不可预测性，且不为一国政府或者一个经济体所控制（鞠国华，2009）。外部冲击对经济波动周期的影响不仅仅体现在宏观经济层面，而且存在于各个产业。由于农业自身的弱质性，外部冲击对农产品价格及其波动周期有很大影响（王玉华等，2012）。影响农产品价格波动的外部冲击主要包括贸易冲突、能源危机、粮食危机以及利率和汇率波动、金融危机等经济方面的因素（Trostle，2008；丁守海，2009）。毛学峰等（2008）指出，生猪价格周期往往受到外部冲击的影响，外部冲击加剧了供需矛盾，对生猪价格波动起到了推波助澜的作用。周海文等（2014）指出，就农业生产来说，自然灾害、疫病才是最关键的外部冲击。疫病暴发除了会引起短期内供给大幅下降之外，还会因为其引发的食品安全问题影响到消费端。就生猪产业而言，2006年暴发的蓝耳病、2009年暴发的猪流感等大规模疫情都对生猪价格产生巨大影响（潘方卉等，2015）。张喜才等（2012）指出，近年来，生猪产业链价格体系受到疫病、政府调控等外部冲击的影响，生猪价格波动频繁。王明利等（2010）通过时间序列分解技术定量分析了外部冲击对我国猪肉和生猪价格的影响，结果表明，生猪和猪肉价格的长期波动中有90%源于外部冲击，并且外部冲击对价格波动有正向影响，也有负向影响。复杂的外部冲击将扰乱价格周期性波动规律，引发价格超常波动，也叫异常波动。价格异常波动，一般是指商品或服务的价格在非常规情况下发生的较大范围或较长时间偏离正常价格的波动行为（常伟，2011）。生猪价格超常波动具有以下主要特征：价格波动幅度明显高于正常水平，价格波动周期明显缩短，对生猪产业稳定、健康、持续发展造成很大危害（卢凤君等，2011），使生猪养殖风险增大、收益不稳定，同时还影响养殖主体养殖决策的理性（单福彬，2011）。谢杰等（2015）研究表明，动物疫病、金融危机等外部冲击引发猪价大幅波动。自2015年4月以来生猪价格持续上涨，至2016年4月，全国多地区达到最高点,涨幅约 53.68%。2016 年上半年,我国猪市价格总体水平异常波动较频繁(康艺之等,2016)。研究外部冲击对价格波动周期影响的方法主要有 H-P 滤波法(胡向东等,2013)、趋势周期分解技术(王明利等,2010)、X-12-ARIMA 模型(宋长鸣等,2014)等。上述方法的主要思路是对价格时间序列进行趋势分解,得到价格波动的不同趋势成分。其中,分解得到的随机因子就代表外部冲击因素。对随机趋势的度量刻画则主要采用 Cochrane(1988)提出的方差比统计量来刻画(石自忠等,2015)。

生猪价格波动显然是农经界关注的热点问题,1955—2016 年,以中国生猪价格为研究对象的各类文献累计达到 18 504 篇,仅 2016 年前 10 个月就有 1 220 篇之多。[①] 其中,聚焦到外部冲击影响的文献仅有 18 篇,同时关注外部冲击对生猪产业链上各环节价格造成影响及波动传导的文献仅有 3 篇,均为研究某一种外部冲击的影响。由于缺乏统一的外部冲击研究框架,并没有证明外部冲击对生猪产业链的影响机制,如对哪些环节有影响、对哪些环节没有影响、外部冲击对各个环节的影响又存在怎样的差异等。另外,已有的生猪产业链价格形成机制的研究多以成本利润的方法来计算价格形成,缺乏对于不同产业链环节受到外部冲击影响的对比研究。本研究对生猪产业中的猪肉价格、生猪价格、仔猪价格进行时间序列分解,得到价格波动的各种波动成分,分析不同波动成分的波动规律。利用方差比统计量来对比、刻画和度量外部冲击对生猪产业链不同环节的影响,是在已有研究基础上的进一步推进。

5.2　基于外部冲击框架的猪价格超常波动实证

5.2.1　研究方法和数据来源

本研究使用的生猪产业链环节产品价格包括猪肉(zr)、生猪(sz)和仔猪(zz)的月度价格数据,均来自 Wind 数据库,样本周期为 2000 年 1 月至 2016 年 6 月。考虑到价格时间序列受到经济增长的影响,本研究对原始价格序列进行 CPI 平减,将名义价格转化为实际价格。本研究以 2000 年 1 月为 100,对猪肉价格、生猪价格、仔猪价格进行定基平减,原始价格序列和经过平减后的价格序列分别如图 5.1 所示。

由图 5.1 可以看出,3 种生猪产业链环节产品价格序列经过 CPI 平减之后并未改变其波动规律和长期增长趋势。其中,仔猪价格波动最大,标准差为

---

① 数据来自中国知网文献检索平台,采集时间截至 2016 年 10 月 20 日。

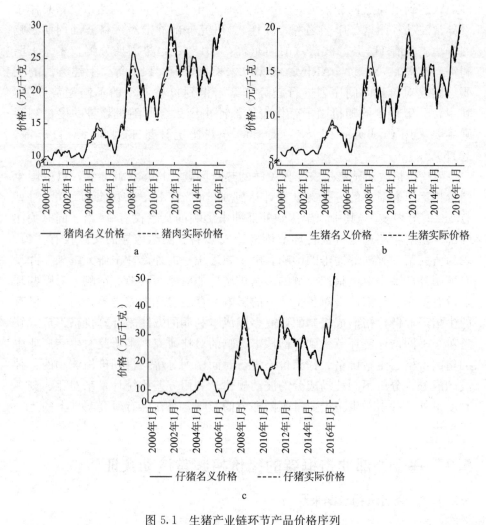

图 5.1　生猪产业链环节产品价格序列
a. 猪肉价格　b. 生猪价格　c. 仔猪价格

9.37 单位；生猪价格波动最小，标准差为 3.99 单位。

利用 X-12 加法调整模型将猪肉价格、生猪价格和仔猪价格分解为随机性波动（IR）、季节性波动（SF）和趋势性波动（TF）3 个部分，然后借助 H-P滤波法把分解得到的趋势性波动分解为长期趋势（LT）和周期性波动（CF）。最终把 3 种生猪产业链环节产品价格时间序列分解为长期趋势、季节性波动、周期性波动、随机性波动 4 种波动成分。据此，测算各波动成分对生猪产业链环节产品价格波动的贡献率。

$$P = SF + IR + TF \tag{5.1}$$

$$TF = LT + CF \qquad\qquad (5.2)$$
$$P = SF + CF + IR + LT \qquad\qquad (5.3)$$

5.2.2　生猪产业链环节产品价格时间序列分解

5.2.2.1　猪肉、生猪和仔猪价格波动的长期趋势

分解得到的猪肉、生猪和仔猪价格波动的长期趋势如图 5.2 所示。利用 H－P 滤波法，对 2000 年 1 月至 2016 年 1 月中国猪肉、生猪和仔猪价格波动的长期趋势进行分析。

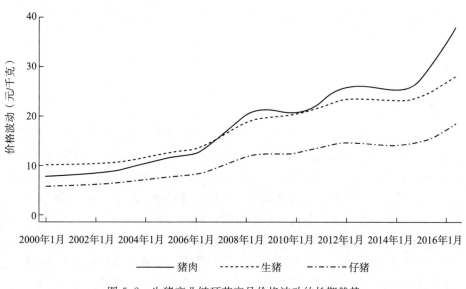

图 5.2　生猪产业链环节产品价格波动的长期趋势

利用 H－P 滤波法分析，可将猪肉、生猪和仔猪价格的长期趋势分别划分为若干波动周期：①猪肉价格的长期趋势可划分为 5 个波动周期，依次为 2000 年 1 月至 2002 年 9 月、2002 年 9 月至 2006 年 4 月、2006 年 4 月至 2010 年 3 月、2010 年 3 月至 2014 年 9 月以及 2014 年 9 月至 2016 年 1 月；②生猪价格的长期趋势可划分为 5 个波动周期，依次为 2000 年 1 月至 2002 年 9 月、2002 年 9 月至 2006 年 3 月、2006 年 3 月至 2010 年 2 月、2010 年 2 月至 2014 年 9 月以及 2014 年 9 月至 2016 年 1 月，猪肉与生猪价格的长期趋势波动周期近乎一致；③仔猪价格的长期趋势可划分为 4 个波动周期，依次为 2000 年 1 月至 2004 年 5 月、2004 年 5 月至 2008 年 2 月、2008 年 2 月至 2012 年 1 月、2012 年 1 月至 2016 年 1 月（表 5.1）。

表 5.1 2000—2016 年中国生猪产业链环节产品价格波动周期

项目		第一周期	第二周期	第三周期	第四周期	第五周期
猪肉	周期	2000 年 1 月至 2002 年 9 月	2002 年 9 月至 2006 年 4 月	2006 年 4 月至 2010 年 3 月	2010 年 3 月至 2014 年 9 月	2014 年 9 月至 2016 年 1 月
	波长	20 个月	43 个月	47 个月	54 个月	16 个月
	波峰位置	2000 年 11 月	2004 年 4 月	2008 年 4 月	2012 年 3 月	2015 年 4 月
生猪	周期	2000 年 1 月至 2002 年 9 月	2002 年 9 月至 2006 年 3 月	2006 年 3 月至 2010 年 2 月	2010 年 2 月至 2014 年 9 月	2014 年 9 月至 2016 年 1 月
	波长	20 个月	42 个月	47 个月	55 个月	16 个月
	波峰位置	2000 年 11 月	2004 年 5 月	2008 年 3 月	2012 年 2 月	2015 年 3 月
仔猪	周期	2000 年 1 月至 2004 年 5 月	2004 年 5 月至 2008 年 2 月	2008 年 2 月至 2012 年 1 月	2012 年 1 月至 2016 年 1 月	
	波长	52 个月	45 个月	47 个月	48 个月	
	波谷位置	2002 年 9 月	2006 年 6 月	2010 年 2 月	2014 年 8 月	

综合来看，在整个样本区间内，生猪产业链环节产品价格长期增长幅度大小依次为仔猪（50 个月）、生猪（41 个月）、猪肉（41 个月），即生猪产业上游环节产品价格的长期波动幅度大于下游环节产品价格长期波动幅度。由图 5.2 还可以看出，2007 年之前猪肉价格的长期增长速度较生猪价格偏慢，2007 年之后猪肉价格的长期增长速度快于生猪价格。

5.2.2.2 猪肉、生猪和仔猪价格的季节性波动

产品价格季节性波动主要指由于季节因素而产生的供给与需求不平衡所造成的波动。生猪产业链环节产品具有明显的季节性特征，以猪肉为例，每年春节前是需求旺季，此时价格往往会上涨，春节过后则进入需求淡季，价格通常下降。由此引起其上游生猪价格和仔猪价格的季节性波动。利用 Eviews 8.0 分解得到的 3 种生猪产业链环节产品价格波动的季节性因子如表 5.2 所示。

表 5.2 生猪产业链环节产品价格波动的季节性因子

项目	1 月	2 月	3 月	4 月	5 月	6 月	7 月	8 月	9 月	10 月	11 月	12 月
猪肉	0.764 6	0.498 7	−0.324 3	−1.010 9	−1.162 8	−0.868 0	−0.243 4	0.525 0	0.803 6	0.468 5	0.175 3	0.373 7
生猪	0.568 6	0.163 4	−0.379 2	−0.791 8	−0.797 1	−0.500 6	0.005 1	0.429 3	0.578 4	0.260 7	0.135 9	0.327 2
仔猪	−0.590 7	−0.572 4	−0.076 1	−0.756 6	−0.252 0	0.138 0	0.722 5	1.423 0	1.493 3	0.332 1	−0.676 9	−1.184 2

由表 5.2 可知：①季节特征明显并存在差异，猪肉、生猪和仔猪价格季节性因子波动区间分别为 ［−1.162 8，0.803 6］、［−0.797 1，0.578 4］、［−0.755 6，1.493 3］，其中生猪价格季节性因子波动区间最小，即季节因素

对生猪价格波动的影响较小；②季节因素有拉抬仔猪价格的作用，波动方向上，仔猪价格季节性因子有 5 个月为正、7 个月为负，季节性因子为正时的价格波动幅度较大；③季节因素有抑制生猪价格的作用，生猪价格季节性因子有 8 个月为正、4 个月为负，季节性因子为正时的价格波动幅度较小。同样，猪肉价格季节性因子有 7 个月为正、5 个月为负，季节性因子为负时的价格波动幅度较大，即季节因素有抑制猪肉价格的趋势。

若仅考虑季节因素对生猪产业链环节产品价格波动的影响，季节因素引起仔猪价格、生猪价格、猪肉价格上升的最高点都出现在每年的 9 月，季节性因子分别为 1.493 3、0.578 4、0.803 6；季节因素引起仔猪价格下降的最低点出现在每年的 4 月，季节性因子为 −0.755 6；引起猪肉价格和生猪价格下降的最低点出现在每年的 5 月，季节性因子分别为 −1.162 8 和 −0.797 1。这与我国生猪产业链环节产品供应趋势相一致。

我国生猪和猪肉价格的季节性波动趋势基本一致。综合来看，生猪和猪肉价格的季节性波动有 2 个方面原因：一是供给的季节性波动，冬季母猪繁育水平和仔猪存活率都相对较低，考虑 6 个月的繁育期，全年最低活猪供给量在夏季出现；二是冬季我国主要节假日开始增多，尤其是春节的到来，极大地增加了肉类需求。因此，供求两方面的综合原因造成了我国猪肉季节性波动明显。由于从生猪出栏到猪肉上市之间的滞后期通常较短，我国生猪价格和猪肉价格的季节性波动具有很强的同步性。

5.2.2.3　猪肉、生猪和仔猪价格的周期性波动

农产品价格周期性波动是指在长期内反复出现并同时包含一个价格波峰和一个价格波谷的价格趋势（赵安平等，2014）。通过周期趋势分解得到的生猪产业链环节产品价格周期性波动序列（图 5.3）。

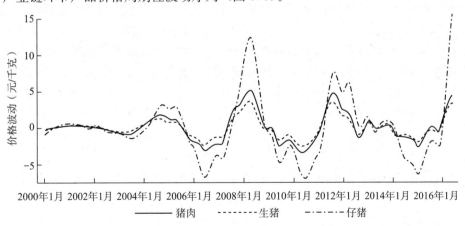

图 5.3　生猪产业链环节产品价格周期性波动序列

由图 5.3 可以看出，猪肉、生猪和仔猪价格均存在周期性波动。对周期的划分可以是"波谷-波谷""波峰-波峰"，本研究按照包含一次波峰与波谷的"零值-零值"的划分方法对生猪价格进行周期划分。

(1) 猪肉价格大致可以划分为 5 次大的周期性波动，分别是 2000 年 7 月至 2003 年 11 月、2003 年 11 月至 2007 年 6 月、2007 年 6 月至 2011 年 2 月、2011 年 2 月至 2012 年 12 月、2012 年 12 月至 2016 年 1 月。周期长度分别为 40 个月、43 个月、44 个月、22 个月、37 个月。5 个周期峰谷落差分别为 1.258 8 个单位、4.964 个单位、8.622 2 个单位、6.208 6 个单位、3.698 7 个单位。

(2) 生猪价格大致可以划分为 5 次大的周期性波动。分别是 2000 年 5 月至 2003 年 11 月、2003 年 11 月至 2007 年 5 月、2007 年 5 月至 2011 年 2 月、2011 年 2 月至 2012 年 12 月、2012 年 12 月至 2016 年 1 月。周期长度分别为 42 个月、42 个月、45 个月、22 个月、37 个月。5 个周期峰谷落差分别为 0.893 2 个单位、3.759 1 个单位、6.208 1 个单位、4.537 个单位、2.481 8 个单位。可见，生猪价格周期性波动的幅度呈现先增大再减小的趋势。而且，同仔猪价格周期性波动类似，2008 年之后的大周期性波动中带有明显的小周期波动。

(3) 仔猪价格大致可以划分为 4 次大的周期性波动。分别是 2000 年 3 月至 2004 年 2 月、2004 年 2 月至 2007 年 7 月、2007 年 7 月至 2011 年 4 月、2011 年 4 月至 2016 年 1 月。仔猪周期性波动有两大特点：其一，仔猪波动的前三个周期长度相差不大，分别为 47 个月、41 个月和 45 个月，第四个波动周期明显加长，为 57 个月；其二，4 个周期的峰谷落差分别为 1.912 7 个单位、10.131 6 个单位、19.289 9 个单位和 12.638 9 个单位，第一个周期波动幅度最小，第三个周期波动幅度最大，且第三个和第四个大周期中带有明显的小周期波动。

总体上看，我国生猪价格和猪肉价格周期性波动规律非常接近，仔猪价格周期性波动幅度较大。以生猪价格波动周期为例，情况如下。

第一个周期（2000 年 5 月至 2003 年 11 月）。长度 42 个月，整个周期内，生猪市场供求相对平稳，价格波动幅度相对较小（峰谷落差 0.893 2 个单位）。

第二个周期（2003 年 11 月至 2007 年 5 月）。长度 42 个月。此轮"猪周期"由于受 2003 年上半年"非典"疫情影响，供求相对平衡局面被打破，生猪价格波动幅度开始明显增大（峰谷落差为 3.759 1 个单位）。疫情防控期间补栏大幅减少，大量母猪被宰杀，同时地区间的生猪流通严重受阻，生猪供求不平衡问题严重，生猪价格从 2003 年底开始出现明显反弹，此次反弹持续到 2005 年 5 月左右，随后价格开始下降，直到 2006 年末，价格始终低位运行，生猪产销开始新一轮下降阶段，2006 年下半年发生的蓝耳病疫情更是加剧了这一轮"猪周期"。

第三个周期（2007 年 5 月至 2011 年 2 月）。持续了 45 个月，是 5 个"猪周期"中最长的一个，也是波动最剧烈（峰谷落差为 6.208 1 个单位）的一个。该"猪周期"所面临的影响因素更为复杂，经历了 2007 年下半年生猪价格历史性的高涨，2008 年汶川地震、冰冻灾害等自然灾害的影响，以及 2008 年全球性经济衰退。与前面几个周期相比，该"猪周期"波动幅度最大。

第四个周期（2011 年 2 月至 2012 年 12 月）。持续时间为 22 个月，在 5 个周期中持续时间最短。该"猪周期"主要受疫情和养殖成本上涨的影响，2011 年中国生猪出栏出现结构性不足。2010 年 10 月至 2011 年 3 月，天气异常，忽冷忽热，生猪患病率高，仔猪存活率较低。2011 年春节前后，仔猪发生了严重腹泻，大批死亡，造成 5 月、6 月仔猪供应紧缺的局面，进而导致生猪存栏量锐减，猪价大幅上升。同时，2011 年饲料行业呈增长势态，全年商品饲料总产量达到 1.69 亿吨，同比增长 4%。其中，猪饲料产量达 6 210 万吨，同比上升 4%。但作为主要原料的玉米，价格同比大幅上扬，迫使饲料企业提高成品饲料的售价，引起生猪养殖成本高涨，从而抬高生猪价格。经过几个月的生产恢复期，生猪价格从 2011 年 10 月开始下降，2012 年全年生猪价格相对平稳。

第五个周期（2012 年 12 月至 2016 年 1 月）。持续时间为 37 个月。该"猪周期"的前期延续上一周期的价格下降调整，一直持续到了 2015 年初。2015 年上半年，生猪价格波动大致可以分成 2 个阶段：第一阶段为 1—3 月春节期间，元旦过后，生猪价格持续下跌，生猪存栏与能繁母猪存栏量持续下降，肉类市场需求疲软。同时，春节前期国内生猪出栏同比增加，屠宰场需求有限，农业供给侧结构性改革政策引导下的去库存策略，使得部分屠宰场为去库存，小幅下调生猪收购价格，生猪价格再次小幅下跌。春节期间猪价未见上涨，养殖户利好预期瓦解，生猪大量集中出栏，进一步打压国内生猪价格。猪价下跌至年内最低点。第二阶段为 4—6 月国内生猪存栏量以及能繁母猪存栏量持续下降，3 月末国内能繁母猪存栏量约为 4 040 万头，跌破农业部规定 4 800 万头的警戒线，养殖业整体去产能情况异常严重，市场猪源大幅减少，供应趋紧，屠宰场收购压力大增，生猪价格不断回升。进入 6 月，端午节市场消费对国内猪价形成一定支撑，同时夏季高温多雨，猪疫病高发，生猪流通难度增加，国内生猪价格稳定上行，端午节后北方生猪价格大幅上涨，继续拉高国内生猪价格。由于之前价格持续低迷，存栏量大幅减少，产能供不应求导致价格反弹；与此同时，各地提高环保门槛，10 个省份启动生猪禁养区的划定，许多养殖户不达标或退出市场。"禁养""限养"政策影响又赶上"猪周期”，加大了去产能力度。深度去产能导致生猪市场后续供给乏力，生猪价格持续上涨，2016年6月中旬达到了历史最高点22.40元/千克。持续一年多的“金猪”行情吸引养殖户大量补栏，市场供给开始恢复，生猪价格处于下降调整阶段。

综合来看，仔猪价格周期性波动相对于生猪与猪肉价格周期性波动具有一定提前期，这主要是由于从仔猪到出栏生猪需要5个月左右的育肥过程，从而在价格上会产生一定的滞后期，再加上猪疫病、市场预期等因素的共同作用，仔猪与生猪和猪肉价格的周期性波动并不像生猪与猪肉价格周期性波动那样吻合。生猪养殖的灵活性使生猪价格自身对价格波动有一定缓冲作用，而猪肉不具备此特点。因此，相对于生猪而言，猪肉价格更容易产生波动，这也导致了猪肉价格与生猪价格的周期性波动虽然非常接近，但猪肉价格波动幅度要大于生猪价格的波动幅度。

5.2.2.4 猪肉、生猪和仔猪价格的超常波动

超常波动是指外部冲击所导致的价格短期随机性波动，具有无序性、无规律性、超涨或超跌的特点。通过分解得到的生猪价格随机波动趋势，如图5.4所示。

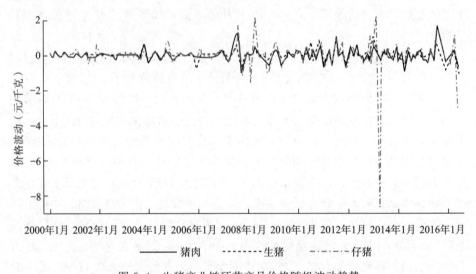

图5.4 生猪产业链环节产品价格随机波动趋势

剧烈的价格短期波动往往是由猪疫病、食品安全事件、公共卫生事件和重大政策调整等不规则因素冲击扰动下的供需失衡造成的（于少东，2012）。由图5.4来看，2004年之前生猪产业链环节产品价格不规则波动相对平缓，2004年受禽流感疫情影响，生猪产业链环节产品价格不规则波动明显加剧。特别是2007年之后，外部冲击对生猪产业链环节产品价格波动的影响尤为明

显。其中，2007 年下半年至 2008 年受金融危机的冲击，生猪产业链环节产品价格中的不规则因素达到 2000—2015 年的峰值。2011 年受高热病疫情和南方大雪等因素的冲击，生猪产业链环节产品价格中的不规则波动也很剧烈。2013 年"黄浦江死猪"事件引起消费者对猪肉产品质量与食品安全的担忧，对猪肉与生猪价格造成严重冲击，随后政府开始制定一系列政策对生猪养殖业进行治理。2015 年随着新《环境保护法》的实施，养猪行业环保监管更加严格。浙江、福建等 10 个省份相继出台"禁养""限养"政策。农业部数据显示，2015 年全国约有 500 万养殖户退出市场。2015 年农业供给侧结构性改革提出的去库存、去产能也是造成生猪产业链环节产品价格不规则波动的重要原因。

生猪产业链上承受外部冲击最薄弱的环节在哪里？为了回答这个问题，需要基于以上分析结果，进一步讨论季节性、周期性和随机性波动在生猪产业链环节产品价格波动中的贡献，尤其是引致超常波动的随机性因子对猪肉、生猪和仔猪的波动周期与波动程度的影响。

5.2.3　不同波动成分对生猪产业链环节产品价格波动的贡献率

首先，对分解得到的生猪产业链环节产品价格中的季节性、周期性和随机性时间序列进行绝对值化处理，原始分解数值的正负号仅代表影响的方向，而对程度不产生影响，然后对 3 种波动进行归一化处理，测算出每种波动所占比例，这个比例就是每种波动成分对生猪产业链环节产品价格的贡献率。

生猪产业链环节产品价格波动的各因素中季节性因子和随机性因子贡献率具有明显的同向关系，与周期性因子贡献率存在明显的反向关系，即当季节性因子贡献率增加时，随机性因子贡献率增加，周期性因子贡献率减少。可以推断季节性因子和随机性因子对价格波动的周期性具有干扰效应，是干扰价格波动规律、造成价格超常波动的主要原因，但节假日与气候等较为固定的季节因素，市场主体可以通过调整养殖策略来应对，从而规避很大一部分季节因素的影响。因此，随机性因素成为生猪价格超常波动的最大驱动。

对归一化处理之后的 3 种波动成分贡献率取平均值，得到季节性波动、周期性波动、随机性波动对生猪产业链环节产品价格的平均贡献率，如表 5.3 所示。

表 5.3　3 种波动因子对生猪产业链环节产品价格的平均贡献率

单位：%

项目	季节性因子	周期性因子	随机性因子
仔猪	22.39	66.26	11.35
生猪	32.48	57.34	10.18
猪肉	33.93	55.69	10.39

表 5.3 显示，在月度生猪产业链环节产品价格变化中，周期性波动对价格波动影响的平均贡献率最大，是影响生猪产业链环节产品价格波动最主要因素；其次是季节性波动，平均贡献率超过 20%；最后是随机性波动。虽然从贡献率来看，随机性因子对生猪价格波动的贡献率最小，但由于外部冲击具有突发性和随机性，在短期内会对生猪市场造成巨大冲击。

猪肉、生猪和仔猪价格波动中的随机性因子贡献率均超过 10%。其中，仔猪价格受随机性因子的影响最大。2 个原因使然。

（1）仔猪免疫力偏低，极易受到疫病冲击。一方面，二元母猪受疫病冲击，影响产仔率；另一方面，仔猪本身会受到特有疫病冲击，影响仔猪存活率。

（2）养殖主体的养殖决策非理性。我国仍然有 50% 为散户养殖，其进入和退出市场门槛较低，且具有追求短期利润的特点。当生猪市场行情好时，仔猪育肥能够在短期内获得利润，散户容易退出母猪养殖与仔猪繁育环节，从而进入仔猪育肥环节；当生猪市场行情不好时，对仔猪的需求量会减少，散户为了规避风险也容易放弃对仔猪的繁育，由此饲养母猪和仔猪繁育成为整个生猪产业链中最为薄弱的环节，抗风险能力差，更容易受到外部冲击的影响。

为了从外部冲击维度界定超常波动的内涵，需要进一步分析随机因素对 3 类生猪产品价格超常波动的关键性影响，即度量外部冲击对猪肉、生猪和仔猪价格的持续性影响。

5.2.4 外部冲击对生猪价格波动的持续性影响

通过以上分析，发现外部冲击是引起生猪价格超常波动的关键原因。那么，如何度量外部冲击对价格的持续性影响，是本部分要解决的问题。在上述时间序列分解的基础上，进一步用方差比检验来测定外部冲击对波动的影响。方差比检验由 Cochrane（1988）提出，其原理是通过定义方差比统计量来度量随机冲击对波动和周期产生的影响。方差比统计量定义为

$$R_k = \frac{k^{-1}V_k}{V_1} \tag{5.4}$$

令 k 趋于无穷大，则有

$$R = \lim_{k \to \infty} R_k \tag{5.5}$$

其中，V_1 表示时间序列 y_t 的向前一阶差分的方差，V_k 表示 y_t 的向前 k 阶差分的方差，即 $V_k = var(y_{t+k} - y_t)$，随着 k 趋于无穷大，度量时间序列 y_t 的长期波动。R 所度量的是随机冲击对时间序列增长率波动的影响。Cochrane 认为，尽管随机冲击对经济产生持久性影响，但当期的随机冲击对未来 k 期波动的影响会逐渐减弱。通过计算得到的猪肉、生猪和仔猪价格波动受外部冲击

的长期影响如图 5.5 所示。

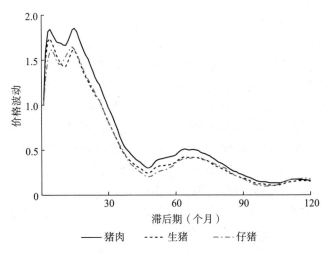

图 5.5   外部冲击对生猪产业链环节产品价格的长期影响

图 5.5 中纵轴表示 R_k 的值,横轴表示滞后期 k。由图 5.5 可以看到,外部冲击对生猪产业链环节产品价格的冲击是巨大的,在当期发生一个外部冲击时,外部冲击对生猪产业链环节产品价格的影响快速扩大,在滞后 5 个月时达到一个峰值;随后开始减弱,在滞后 10 个月时达到一个波谷;接着再上升,外部冲击对猪肉价格的影响在滞后 15 个月时达到最大值 1.85,对生猪和仔猪价格的影响在滞后 14 个月时达到最大值,分别为 1.74 和 1.64;随后快速下降,长期收敛于 0.17 左右。说明外部冲击对价格波动的影响具有长期性,且影响较大的持续期为一年半左右。并且,由于外部环境的复杂性,各种外部冲击交错叠加导致外部冲击对价格波动的影响也具有一定波动性。

5.2.5　外部冲击框架下的猪价格超常波动结论与启示

本研究利用季节调整和方差分解等方法实证研究了外部冲击对生猪产业链各环节产品价格波动的影响,尤其是随机因素和价格超常波动之间的关系,得到"母猪稳,猪业安""仔猪紊,猪价乱"的规律,主要的结论和启示如下。

(1)生猪产业链各环节产品价格具有相对稳定的长期增长趋势。生猪产业上游环节产品价格的长期波动幅度大于下游;2007 年作为分界点,猪肉价格与生猪价格的长期增长速度发生逆转,我国生猪产业链消费驱动型的属性越发明显,市场化水平显著提高;仔猪价格波动周期在 3 类产品中最长(50 个月),与散户极少涉足仔猪繁育环节的事实相符。

(2)季节特征明显并存在差异。季节因素引起仔猪价格、生猪价格、猪肉价格上升的最高点都出现在每年的 9 月，仔猪价格和生猪价格下降的最低点出现在每年的 4 月，猪肉价格下降的最低点出现在每年的 5 月，这与我国生猪产业链环节产品供应趋势相一致。冬季母猪繁育水平和仔猪存活率都相对较低，夏季活猪供给量出现最低点，节日较为集中的下半年猪肉季节性波动明显，从生猪出栏到猪肉上市之间的滞后期通常较短。因此，我国生猪价格和猪肉价格的季节性波动具有很强的同步性。

（3）猪肉价格和生猪价格的周期性波动同步，但生猪养殖可灵活缓冲价格波动。按照"零值-零值"的划分方法，样本期内猪肉价格和生猪价格经历了 5 个完整周期，平均周期长度为 37 个月，仔猪价格经历 4 个完整周期，平均周期长度为 47 个月。生猪养殖的灵活性使生猪价格自身对价格波动有一定缓冲作用，而猪肉不具备此特点。因此，相对于生猪而言，猪肉价格更容易产生波动。这也导致了猪肉价格与生猪价格的周期性波动虽然非常接近，但猪肉价格波动幅度要大于生猪价格的波动幅度。

（4）突发性的外部冲击是造成生猪价格超常波动的主要原因，仔猪价格超常波动最频繁剧烈，也是整条产业链的"软肋"。外部冲击与季节性波动和周期性波动之间具有明显的逆向波动情况，外部冲击对价格的影响具有长期性，在外部冲击发生的 15 个月左右后，外部冲击的影响达到最大，并长期收敛于 17%。生猪产业链上游的仔猪繁育环节受外部冲击影响最大，能繁母猪稳定、仔猪保育持续提高是生猪产业链健康的重要保障。

我国生猪市场容易遭受外部冲击影响的主要原因在于散户养殖占比较大。一方面，散户规模小，自身抗风险能力弱，当面临外部冲击时，容易集中进入或退出市场，增加市场不稳定因素；另一方面，散户养殖条件简单，养殖环境较差，容易引发疫情，疫情是生猪市场面临的最为棘手的外部冲击之一。相对于散户养殖而言，生猪规模化养殖的技术和信息获取能力更强，在应对市场波动和外部冲击等方面能力较强。除此之外，生猪规模化养殖对生产者投资要求较高，这就提高了其在面对外部冲击时退出市场的门槛。为降低风险，规模化养殖主体需要通过提高自身管理水平、技术水平等增强自身抵抗外部风险的能力，从而提高市场整体抗风险能力。需要注意的是，在鼓励规模化养殖的同时，需要根据资源要素的约束情况，发展适度规模，避免规模盲目扩大带来资源浪费等负面影响。

母猪养殖和仔猪繁育是生猪产业的薄弱环节，最容易受外部冲击影响，也是生猪产业链健康发展的关键环节。因此，政府部门在进行产业政策制定时应更加注重对母猪养殖与仔猪繁育环节的扶持。通过补贴、技术支持等手段提高母猪养殖和仔猪繁育环节的获利能力，弱化因养殖者追求短期利润行为而引发的价格超长波动。国家实施的一系列能繁母猪补贴政策应继续实施，需要注意

的是，政策本身也属于外部冲击范畴。因此，在政策制定过程中要注意政策的
渐进性与持续性，同时还要避免政策实施过程中的寻租行为。

5.3 差异化疫情冲击下生猪养殖主体短期供给反应研究

我国是猪肉生产和消费大国，据统计，2015 年生猪出栏量高达 70 825 万
头，猪肉年产量 5 487 万吨。猪肉历来就是我国居民肉类消费的首选，已经成
为大部分居民的生活必需品。由此可知，生猪产业的健康发展不仅关乎经济稳
定，更关乎居民的日常生活。由于生猪产业的自有属性，波动就成为生猪生产
的重要特征。引起生猪生产波动的因素有很多，谭莹（2011）认为，玉米、母
猪、仔猪及下游毛猪价格和存量会对猪肉的供给产生影响；另外，刘清泉等
（2011）认为，生产布局、生产方式、生产效率、疫病、货币供给等因素会对
生猪生产形成综合影响。本节将以疫病为研究视角，探究疫病对生猪生产的
影响。

生猪疫病一直是阻碍生猪生产健康运行的重要因素，纵观近年来生猪价格
的大幅度波动，都能看到疫病的身影：2003 年，"非典"疫情严重冲击了生猪
产业，消费者不敢吃猪肉，导致生猪需求急剧下降，生猪价格大幅度下跌；
2004 年，猪链球菌病疫情的暴发，使人们"谈猪色变"，生猪价格暴跌；2006
年，我国生猪主产区发生大范围的蓝耳病，造成仔猪大量死亡，母猪多数流
产，导致 2007 年生猪出栏量下降 7.68%，生猪供给短缺，价格急速上涨；
2009 年，甲型 H1N1 流感暴发后，猪肉类产品遭到大范围的"封杀"，导致全
国生猪市场低迷，价格下降。疫病对生猪产业的冲击，越来越受到政府和学术
界的重视，政府出台了一系列的政策法规，积极加强生猪疫病的防控。学者们
也从不同的角度分析疫病对生猪生产的影响。周海文等（2014）在分析疫病对
猪肉价格的影响的过程中得出，疫病严重程度和猪肉价格存在负相关关系。冷
继明（2009）在分析农户养殖行为的影响因素过程中得出，疫病对农户生猪养
殖行为影响极为显著。

无论是政府部门还是专家学者，都希望减弱生猪疫病对生猪生产的冲击。
但是，专家学者提出的一些建议和政府部门采取的相关措施并没有起到稳定生
猪生产的作用。最主要的原因就是各个养殖主体存在很大的差异，导致一些措
施的实施效果不理想。我国的生猪养殖主体主要以中小规模养殖为主，他们经
验有限，资源匮乏，在面对外部冲击的时候会产生各种不同的预期，并根据各
自的预期作出生产决策。价格预期对生猪的生产具有很大的影响，生产者会根
据其价格预期作出生产决策（郭亚军等，2012）。价格预期在农产品的生产过
程中有着重要的作用，谭砚文等（2005）将适应性预期模型和协整检验技术运

用到中美两国棉花生产者供给反应函数研究中，并取得了较好的研究成果。生猪属于农产品，也可以运用适应性预期模型研究其供给反应。孙秀玲等（2014）运用 Nerlove 模型研究了我国猪肉的供给反应，并得出了猪肉产量对价格短期反应较为迟钝、对长期反应相对敏感的结论。

通过分析以往的研究不难发现，在分析疫病对生猪产业的影响时，偏向于对价格波动进行研究，而预期理论在生猪产业的应用主要是预期价格对供给反应的影响。疫病是影响生猪价格波动的重要因素，大多数研究认为，疫病引起供需的变化，进而对价格产生影响，这些研究基本上都是定性分析而没有量化。本研究从生猪养殖主体对疫病预期的角度出发，探究疫病预期对养殖主体短期供给行为的影响。基于以上思路，本研究提出 3 条假设：①当受到小规模的常见疫病冲击时，养殖主体不会改变其短期供给反应；②当受到小规模的新型疫病冲击时，养殖主体会减少短期供给；③当受到大规模的常见疫病冲击时，养殖主体会减少短期供给。这 3 条假设只是本研究的预期观点，还要通过构建数理模型来证明其正确性。

5.3.1 理论分析与模型构建

5.3.1.1 基于生产理论的模型框架设定

农产品市场是接近于完全竞争市场的一种交易市场，生猪也属于农产品。因此，其交易也接近于完全竞争市场状态。本研究假设生猪交易市场是完全竞争市场，在此市场中，产品无差异，供给者和消费者都是价格接受者。生猪养殖主体在养殖过程中，会根据各种因素作出决策，使生产成本最小化。C - D 函数是比较重要的生产函数，也适于模拟农产品的生产活动，本研究选择该函数为生猪的生产函数。为了简化分析，本研究假设生猪生产只有 2 种投入要素：资本（K）和劳动（L），生产函数为

$$Y_t = AK_t^\alpha L_t^\beta e^{\mu_t^*} \tag{5.6}$$

其中，t 表示某一生产时期，Y_t 表示 t 时期净产量（千克/头），即生猪出栏重量减去仔猪重量，A 表示养殖者的疫病应对能力，α 表示资本产出弹性，β 表示劳动产出弹性，μ_t^* 表示生产者对疫病风险大小的预期。$\alpha+\beta$ 的值表示了生猪养殖的规模报酬：如果该值大于 1，则说明规模报酬递增；如果该值等于 1，则说明规模报酬不变；如果该值小于 1，则说明规模报酬递减。王明利等（2011）在对 2002—2009 年全国 15 个生猪主产区的技术效率进行测算的过程中，得出了各个投入要素对生猪生产的贡献率，但是各贡献率之和小于 1。梁剑宏等（2014）对我国生猪主产省份不同养殖规模结构的规模报酬和全要素生产率增长变动状况进行比较研究发现，我国生猪养殖整体上处于规模报酬递减阶段，即 $\alpha+\beta<1$。本研究基于以上研究结论进行模型构建，即生猪生产的

规模报酬递减，各个要素的产出弹性之和小于 1。养殖者在决定生产投入的过程中要受到成本约束，要接受既定的劳动价格 ω 和资本价格 r，那么养殖者的生产成本函数为

$$C(Q_t) = \omega_t L_t + r_t K_t \tag{5.7}$$

假设生猪生产量为 q_0，养殖主体要在约束条件下选择最佳的生产投入方式，最小化 K 和 L 的值，约束条件为

$$AK_t^{\alpha}L_t^{\beta}\mathrm{e}^{u_t^*} = q_0 \tag{5.8}$$

这是在约束条件下的最优化问题，可用拉格朗日乘数法计算解得，构造拉格朗日函数为

$$\Phi_t = \omega_t L_t + r_t K - \lambda(AK_t^{\alpha}L_t^{\beta}\mathrm{e}^{u_t^*} - q_0) \tag{5.9}$$

分别对 L、K 和 λ 求偏导，并令其等于 0，然后可求得最优化的 L 和 K 为

$$L_t = (\frac{\beta r_t}{\alpha \omega_t})^{\frac{\alpha}{\alpha+\beta}} \cdot (\frac{q_0}{\mathrm{e}^{u_t^*}A})^{\frac{1}{\alpha+\beta}} \tag{5.10}$$

$$K_t = (\frac{\alpha \omega_t}{\beta r_t})^{\frac{\beta}{\alpha+\beta}} \cdot (\frac{q_0}{\mathrm{e}^{u_t^*}A})^{\frac{1}{\alpha+\beta}} \tag{5.11}$$

公式（5.10）、公式（5.11）是产量为 q_0 时的最优化投入，将 q_0 换成任意产出 Q，便可以得出任意产出的最优投入组合，根据最优投入组合可以得出最优的成本函数为

$$C_t = \omega_t^{\frac{\beta}{\alpha+\beta}} \cdot r_t^{\frac{\alpha}{\alpha+\beta}} \cdot \left[\left(\frac{\alpha}{\beta}\right)^{\frac{\beta}{\alpha+\beta}} + \left(\frac{\alpha}{\beta}\right)^{-\frac{\alpha}{\alpha+\beta}}\right] \cdot \left(\frac{Q_t}{A\mathrm{e}^{u_t^*}}\right)^{\frac{1}{\alpha+\beta}} \tag{5.12}$$

5.3.1.2 基于利润最大化理论的供给模型设定

在前面的论述中，已经假设生猪市场是完全竞争市场，各个养殖主体都是市场价格的接受者，他们只能在既定的价格下选择其生产决策。根据微观经济学中利润最大化理论，当价格等于边际成本时，即 $P=MC$，生产者实现其利润最大化。在完全竞争市场中，生产者的短期供给曲线可以用短期边际成本曲线 SMC 的一部分表示，这部分曲线在平均变动成本曲线之上。这里研究在利润最大化条件下的生产者供给反应，所以不需要对 SMC 曲线做取舍，可以直接表示短期供给曲线。生猪生产的边际成本曲线为

$$MC_t = \omega_t^{\frac{\beta}{\alpha+\beta}} \cdot r_t^{\frac{\alpha}{\alpha+\beta}} \cdot \left[\left(\frac{\alpha}{\beta}\right)^{\frac{\beta}{\alpha+\beta}} + \left(\frac{\alpha}{\beta}\right)^{-\frac{\alpha}{\alpha+\beta}}\right] \cdot \left(\frac{1}{A\mathrm{e}^{u_t^*}}\right)^{\frac{1}{\alpha+\beta}} \cdot \frac{Q_t^{\frac{1-\alpha-\beta}{\alpha+\beta}}}{\alpha+\beta}$$

$$\tag{5.13}$$

根据以上条件，养殖者的供给反应函数为

$$P_t^* = \omega_t^{\frac{\beta}{\alpha+\beta}} \cdot r_t^{\frac{\alpha}{\alpha+\beta}} \cdot \left[\left(\frac{\alpha}{\beta}\right)^{\frac{\beta}{\alpha+\beta}} + \left(\frac{\alpha}{\beta}\right)^{-\frac{\alpha}{\alpha+\beta}}\right] \cdot \left(\frac{1}{A\mathrm{e}^{u_t^*}}\right)^{\frac{1}{\alpha+\beta}} \cdot \frac{Q_t^{\frac{1-\alpha-\beta}{\alpha+\beta}}}{\alpha+\beta}$$

$$\tag{5.14}$$

为了便于分析，简化公式（5.14），令 $\alpha + \beta = c$，得

$$\omega_t^{\frac{\beta}{c}} \cdot r_t^{\frac{\alpha}{c}} \cdot \left[\left(\frac{\alpha}{\beta} \right)^{\frac{\beta}{c}} + \left(\frac{\alpha}{\beta} \right)^{-\frac{\alpha}{c}} \right] = M \qquad (5.15)$$

由于对函数式求对数不会改变函数的性质，而且还会使函数趋于线性，因此对生猪供给反应函数求对数得

$$\ln Q_t = \frac{1}{1-c}(\ln A + \mu_t^* + c\ln c - c\ln M + c\ln P_t^*) \qquad (5.16)$$

5.3.1.3　基于预期理论的供给模型讨论

公式（5.16）的供给反应函数有疫病预期和价格预期。预期虽是一种心理现象，但影响着经济主体的行为。预期理论的发展经历了天真性预期、适应性预期、理性预期几个阶段。其中，Nerlove 提出的适应性预期，比较适合农产品的研究。适应性预期是指经济主体在生产过程中根据自己过去预期决策时所犯错误的程度不断修正以后的预期，即假定生产者可以根据过去的经验来调整对预期的判断。本研究对疫病风险的预期则采用适应性预期模型，其基本形式为

$$\mu_t^* = \mu_{t-1}^* + \eta(\mu_{t-1} - \mu_{t-1}^*) \qquad (5.17)$$

其中，μ_t^*、μ_{t-1}^* 分别表示 t 期、$t-1$ 期的疫病风险预期，η 为适应性调整系数。

对于预期价格，为了研究的需要，将其作为中介变量来连接供给量和疫病因子。价格的变化是由多种因素引起的，本研究除了疫病因素以外不考虑其他引起价格变化的因素，即在假设其他条件不变的情况下，研究疫病对预期价格的影响。疫病冲击对价格的影响是非常复杂的，很难明确指出由疫病导致的价格涨跌。为了分析的需要，只能选择一个视角来分析疫病对价格的影响，虽然该视角的选择不尽完善，但也能在一定程度上解释价格变化的原因。假设在 $t-1$ 期生猪市场处于均衡状态，养殖者在此期预测 t 期的价格，养殖者根据疫病对需求的影响来预期价格。当疫病处于小规模时，屠宰加工企业相信养殖者应对疫病的能力，另外由于信息不对称，消费者并不知道有疫病发生，因此生猪的需求量不会发生改变，价格也不会改变，$P_t^* = P_{t-1}$；当发生大规模疫病冲击时，屠宰加工企业会考虑疫病对消费者的影响，会适当减少生猪的需求量，消费者也能够获得关于疫病的信息，出于安全考虑，其会减少猪肉的消费，在供给不变的情况下，需求减少，价格下降，$P_t^* = P_{t-1}\mathrm{e}^{\mu_t^*}$，此处 μ_t^c 为负，随着疫病风险程度的增加，预期价格逐渐下降。综合以上分析，预期价格与疫病预期的关系可表示为

$$P_t^* = \begin{cases} P_{t-1} & \text{（当为小规模常见病或非常见病时）} \\ P_{t-1}\mathrm{e}^{\mu_t^*} & \text{（当为大规模常见病时）} \end{cases} \qquad (5.18)$$

此时，已求出了预期价格和预期疫病的关系式，将公式（5.18）带入公式（5.16）便可以得到不同范围疫病预期与供给量之间的关系，关系式为

$$\ln Q_t = \frac{1}{1-c}(\ln A + \mu_t^* + c\ln c - c\ln M + c\ln P_{t-1}) \quad (5.19)$$

$$\ln Q_t = \frac{1}{1-c}[\ln A + (c+1)\mu_t^* + c\ln c - c\ln M + c\ln P_{t-1}] \quad (5.20)$$

公式（5.19）是小规模常见病或小规模非常见病冲击时的供给反应函数，公式（5.20）是大规模常见病冲击时的供给反应函数。

5.3.2　算例仿真

前文只是构建了理论模型，但是模型中的各个参数还未赋值，无法对模型进行讨论分析。因此，无法证明本研究的假设。对参数赋值并不能完全反映现实经济，只能根据相关信息粗略地映射经济现象。首先要对资本（K）、劳动（L）的产出弹性进行赋值，即 α、β 的值。在前文中也有论述，我国生猪养殖整体上处于规模报酬递减阶段，即 $\alpha + \beta < 1$。我国生猪主产区 2008—2011 年各规模资本、劳动产出弹性如表 5.4 所示。

表 5.4　我国生猪主产区 2008—2011 年各规模资本、劳动产出弹性

产出弹性	散户	小规模	中规模	大规模
劳动产出弹性	0.07	0.19	0.03	−0.03
资本产出弹性	0.69	0.66	0.66	0.75

资料来源：刘清泉等，《我国生猪生产规模报酬与全要素生产率》。

本部分研究整个生猪产业的劳动、资本的产出弹性。因此，需要将各个规模的产出弹性加权平均。据不完全统计，我国生猪养殖散户、小规模养殖主体、中规模养殖主体、大规模养殖主体比例分别为 50%、30%、15%、5%（贾巧玲，2014）。根据各个养殖规模的权重，求得资本产出弹性 $\alpha = 0.68$、劳动产出弹性 $\beta = 0.1$。所以，$c = \alpha + \beta = 0.78$。

在竞争性市场上，劳动价格 ω 和资本价格 r 是给定的，可以直接得出。但是，生猪养殖投入不同于经济学中的劳动投入和资本投入。因此，需要重新定义生猪养殖过程中的劳动和资本投入。前文已经提到 Q 为净产量，即生猪出栏重量减去仔猪重量。所以，在资本投入中就不包括仔猪投入。在生猪养殖的过程中投入成本最大的就是精饲料投入，精饲料成本占生猪成本的 66%。如果不考虑仔猪费用，那么精饲料占比高达 92.5%。每头生猪从仔猪到出栏大约需要 302.93 千克精饲料，每千克精饲料约 3.1 元，所以令 $r = 3.1$。劳动投入指平均每头生猪家庭用工与雇工天数的加总（工作日/头），每个工作日为 8

小时。根据 2014 年《全国农产品成本收益资料汇编》，每头猪家庭用工 1.62 天，雇工用工 0.58 天，每头猪的劳动投入为 17.6 小时，每头猪的人工成本为 168.46 元，所以 $\omega=9.6$。根据 α、β、ω、r 的值可以求出 M，求得 $M=5.28$。

已经赋予 α、β、ω、r 具有实际意义的值，虽然这些数值不够精确，但足以刻画生猪市场的经济现象了。供给反应函数中各参数只剩下 A 的值未确定，A 是养殖者应对疫病的处理能力，无法对其进行量化，只能将 A 作为虚拟变量处理。为了便于计算，使 $\ln A$ 的值为整数，令 $A=e^i$（$i=1$、2、3、4）：当 $A=e^4$ 时，表示养殖者能够完全应对疫病风险；当 $A<e^4$ 时，表示养殖者应对疫病风险的相对能力下降，并且随着 i 的减小，应对疫病的能力逐渐下降。P_{t-1} 是 $t-1$ 期时的生猪出栏价格，也就是在疫病冲击发生之前的价格。前面的参数基本上是根据 2014 年的数据估算得到的，为了使算例更具有说服力，P_{t-1} 也应为 2014 年某一时间的生猪出栏价格。在 2014 年 2 月，重庆、四川、广西等省份发生了小范围的猪巴氏杆菌病，以此疫病为例，P_{t-1} 取 2014 年 1 月生猪出栏价，所以 $P_{t-1}=12.72$。各个参数确定后，便可以讨论供给反应与疫病预期的关系了，可以借助函数图像来分析各种情况下的结果。有必要说明的是，在引入 A 的虚拟值之后，该模型所求的产量 Q 和实际值将会有很大的差别。此时 Q 的数值并没有实际意义，只是用来反映生产者供给反应的变化，即本研究的侧重点并不在于 Q 的实际值，而在于 Q 的变化过程。

将各个参数的值代入供给反应函数，借助 Sigmaplot12.0 绘制出各种情况下的函数图像，如图 5.6 所示。

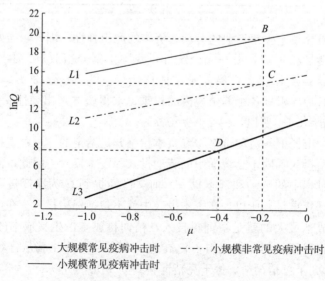

图 5.6 生猪供给反应曲线

图 5.6 中曲线 L1 代表受到小规模常见疫病冲击时的供给反应曲线，假设在 $t-1$ 期生猪市场处于出清状态，B 点为出清点。假设在 $t-1$ 期末受到了小规模的疫病冲击，该疫病冲击在养殖者的预期范围内。所以，并不影响养殖者对 t 期疫病风险的预期，即 $\mu_t^* = \mu_{t-1}^* + \eta(\mu_{t-1} - \mu_{t-1}^*)$，其中 $\mu_{t-1} = \mu_{t-1}^*$，$\mu_t^* = \mu_{t-1}^*$。因此，在受到小范围的常见疫病冲击时，养殖主体能够完全应对疫病，本研究取 $A = e^4$，生产者在此时不会改变预期生产决策。可以得出，在受到小规模常见疫病冲击时，养殖主体的供给不会发生变化，生猪市场仍然处于均衡状态，也就是 B 点。

图 5.6 中曲线 L2 代表受到小规模非常见疫病冲击时的供给反应曲线。假如在 $t-1$ 期末受到了小规模的疫病冲击，因为此次疫病冲击仍然属于小范围的，所以 t 期的疫病风险预期大小并没有发生变化，即 $\mu_t^* = \mu_{t-1}^*$。但是，此次疫病冲击是新型的疫病，养殖主体的知识有限，无法很好地应对该疫病。因此，养殖主体的疫病应对能力相对降低，即 A 的值变小了，令 $A = e^3$。在其他条件不变的情况下，A 的值减小，供给量也会随之发生变化，从均衡处的 B 点减少到 C 点。

图 5.7 中曲线 L3 代表受到大规模常见疫病冲击时的供给反应曲线。假如在 $t-1$ 期末受到了大规模的疫病冲击，该疫病冲击超出了养殖主体原有的疫病预期。因此，养殖主体会在原有的预期基础上，认为疫病在 t 期会加剧，也就是 μ_t^* 会变得更小。虽然养殖主体对常见病具有应对的能力，但是当常见病超过一定规模后，就超出了养殖主体的管理能力，随之其应对疫病的相对能力也会变小，即 A 的值变小，令 $A = e^2$。当发生大规模的疫病时，预期价格也会发生变化，也就是疫病预期与价格预期有一定的关系，这一观点在前文中已经论述。由于价格和疫病的关系，当受到大规模疫病冲击时，养殖主体的供给反应曲线的斜率也会发生变化。因此，在受到大规模常见疫病冲击时，养殖者的供给点从 B 点减少到 D 点。

5.3.3　结论及对策建议

5.3.3.1　研究结论

本节在开始提出了 3 条假设，本研究也是为了证明这 3 条假设而展开的。通过运用微观经济学中的生产理论、利润最大化理论、预期理论构建基于疫病预期的供给反应函数。模型构建完成后，通过查阅相关资料赋予各参数具有实际意义的数值，并且绘制出不同情况下的函数图，以此来证明本研究的观点。最后 3 条假设得证，即：①当受到小规模常见疫病冲击时，该疫病冲击没有超过养殖主体的应对能力，因此不会影响其供给反应；②当受到小规模新型疫病冲击时，养殖主体的疫病预期不会发生改变，但是其应对疫病的能力相对减弱，因此也会改变生产决策，使供给量减少；③当受到大规模常见疫病冲击时，养殖主体扩大其疫病预期，并且超出其疫病应对能力，生产者会改变其生产决策，导致生猪供给量减少。

5.3.3.2　对策建议

生猪养殖业是一个特殊的行业，也是一个非常重要的行业，充满波动性和不确定性。基于未来的不确定性，适时地进行预测有助于养殖者作出更加合理的决策，进而有效地规避风险。然而，预期存在一个重要的弊端：它是一种心理现象，具有很强的主观性。养殖者的养殖经历不同、把握风险的能力不同，仅凭个人预期作出决策，有可能使自己遭受重大的经济损失。基于此，本研究提出以下3点建议。

（1）提高防疫常识，合理预期。养殖者应尽量提高自己的防疫知识和技术，经常参加一些疫病防治培训，进而提高自己的疫病控制能力，使自己的预期更加准确。在发生疫病冲击时，要理性地分析疫情，根据自身的养殖经验作出合理的生产决策。

（2）发挥龙头企业的带动和辐射作用，建立"企-场"联动机制。生猪养殖龙头企业具有显著的产业竞争优势，疫病防治资源丰富，抗风险能力强，应由政府驱动、企业主导、中小养殖户参与，在龙头企业主导的"企业＋农户"契约模式下，针对猪场管理、设施配备、疫苗使用、冷链建设等方面创新"统一疫病防治"的"企-场"联动机制，尤其是在应对新型或大范围疫情冲击时，帮助中小规模养殖主体规避风险，优化中小养殖主体生产决策，充分发挥机制创新、契约创新和模式创新的效用，稳定市场供给，保障产业可持续发展。

（3）及时监控、发布疫病信息。畜牧部门应及时监控、发布疫病信息，这样更加有助于养殖者作出生产决策。畜牧部门具有监控、发布疫病信息的能力和责任，应该及时地向养殖主体提供准确有效的疫病信息，使疫情透明化。如此一来，生猪养殖主体可以根据畜牧部门发布的疫病信息作出更加准确的市场预期，同时也可以作出更加有效的生产决策。

第6章 生猪产业链健康的组织合作约束

Farrell（1957）曾提出以"非预设生产函数"推算效率值，并通过数学规划求出效率前缘线。随后大量学者通过 DEA 方法研究生产效率，张园园等（2014）、宁攸凉（2011）、梁剑宏等（2014）、廖翼等（2012b）等运用 DEA - Malmquist 指数法测算我国各产区生猪生产效率。迄今为止，多数研究仅测算生猪主产省份或大中城市等产区的生产效率，针对生产效率影响因素尤其是其作用强度的研究比较少见。本章通过 LMDI 模型研究东北生猪生产效率各影响因素的作用强度。LMDI 模型由 Ang 提出，大多应用于环境、能源方面，通过因素分解得出影响某能源指标的主要因素。

6.1 基于 M - L 模型的东北生猪供给侧规模结构波动效应研究

结合 Malmquist 指数法和 LMDI 模型，建立 M - L 模型对东北生猪生产效率影响因素的作用强度进行定量分析。首先利用 Malmquist 指数法测算东北地区不同规模生猪养殖主体的生产效率及其构成，再通过 LMDI 模型计算各要素的增长率，根据数值和增长率波动一致性判断影响生猪有效供给的主要因素，为东北地区农业产业结构调整、部门资源配置优化提供科学依据。

6.1.1 研究方法与数据来源

6.1.1.1 M - L 模型

Malmquist 指数法的表达式为

$$M_0(x_t, y^t; x^{t+1}, y^{t+1}) = \left[\frac{D_0^t(x^{t+1}, y^{t+1})}{D_0^{t+1}(x^{t+1}, y^{t+1})} \cdot \frac{D_0^t(x^t, y^t)}{D_0^{t+1}(x^t, y^t)} \right]^{\frac{1}{2}} \cdot$$

$$\left[\frac{D_0^{t+1}(x^{t+1}, y^{t+1})}{D_0^t(x^t, y^t)} \right] = \text{TECH} \cdot \text{TCH}$$

$$(6.1)$$

公式（6.1）表明生产效率即全要素生产率（total factor efficiency，TFP）可进一步分解为技术进步效率（efficiency of technological progress，TECH）和技术效率（technical efficiency，TCH）。

规模报酬可变时，技术效率可进一步分解为纯技术效率（pure technical efficiency，TE）和规模效率（scale efficiency，SE）。即生产效率的变化由 TECH、TE 和 SE 3 个部分构成：

$$TFP = TECH \cdot TCH = TECH \cdot TE \cdot SE \qquad (6.2)$$

LMDI 模型是研究某指标增长的内因以及作用强度的较为成熟的方法之一。结合公式（6.2）和 LMDI 模型构造 M-L 模型：

$$Q^i = P^i \cdot T^i \cdot S^i$$

其中，Q、P、T 和 S 分别表示东北地区生猪养殖主体的 TFP、TECH、TE 和 SE。i（$=1$，2，3）表示省份："1"表示黑龙江省，"2"表示吉林省，"3"表示辽宁省。且有：

$$\Delta Q^i_t = Q^i_t - Q^i_{t-1} = \Delta P^i + \Delta T^i + \Delta S^i \qquad (6.3)$$

其中，$\Delta P^i = L(Q^i_t, Q^i_{t-1})\ln(P^i_t/P^i_{t-1})$，$L(Q^i_t, Q^i_{t-1}) = Q^i_t - Q^i_{t-1}/(\ln Q^i_t - \ln Q^i_{t-1})$，且当 $Q^i_t - Q^i_{t-1} = 0$ 时，$L(Q^i_t, Q^i_{t-1}) = 0$，t 表示时间。ΔT^i、ΔS^i 的表达式同理可得。ΔQ^i、ΔP^i、ΔT^i 以及 ΔS^i 分别表示 i 省第 $t-1$ 期到 t 期 TFP 的增长率、TECH 的增长率、TE 的增长率以及 SE 的增长率。通过 M-L 模型测算 TFP 及其构成的增长率，对比 ΔQ^i 和 ΔP^i、ΔT^i、S^i 的变化趋势，得出影响东北生猪有效供给的主要因素。

6.1.1.2 数据来源

考虑到不同规模生猪养殖生产效率之间存在差异性，依据《全国农产品成本收益资料汇编》划分标准，将养殖规模分为散户、小规模、中规模和大规模 4 种（表 6.1）。

表 6.1 4 种规模的生猪年出栏量

单位：头

养殖主体	散户	小规模	中规模	大规模
生猪年出栏量	<30	30~100	100~1 000	>1 000

本章根据生猪生产投入和产出的特征，将产出分为主产品产值和副产品产值，投入分为直接费用、间接费用和人工成本（图 6.1）。本章使用数据来自

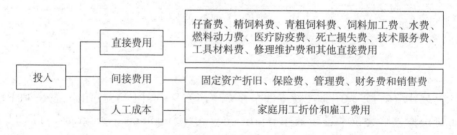

图 6.1 生猪养殖投入的具体分类

《全国农产品成本收益资料汇编》。

6.1.2　实证分析

通过 M－L 模型测算东北地区生猪养殖主体的生产效率及其构成和各要素的增长率,从数值和增长率波动趋势一致性 2 个方面判断影响东北地区生猪有效供给的主要因素。

6.1.2.1　散户生猪养殖生产效率及其影响因素的波动效应分析

由表 6.2 可知,黑龙江 TFP 增速为 3.71%,散户生产效率提高;数值上,TECH 增速为 3.65%,是生产效率提高的主要根源,TCH 增速仅为 0.01%;波动趋势上,TFP 变动的年份 TECH 和 TCH 都有变化,进一步分析 TFP 变动的原因,结果如图 6.2 所示。吉林 TFP 增速为 0.34%,大体上处于比较平稳的状态;数值上,技术进步的贡献为 0.32%,技术效率的贡献为 0.01%;波动趋势上,TFP 变化的年份 TECH 和 TCH 都有变化,进一步分析 TFP 变动的原因,结果如图 6.3 所示。辽宁 TFP 增速为 1.05%,生产效率提高;其中,TECH 的贡献为 1.05%,是散户生产效率增长的唯一来源。

表 6.2　2004—2014 年东北地区散户生猪养殖 TFP 及其构成

年度	TFP			TECH			TCH		
	黑龙江	吉林	辽宁	黑龙江	吉林	辽宁	黑龙江	吉林	辽宁
2013—2014	1.000 0	1.000 0	0.899 3	1.000 0	1.000 0	0.899 3	1.000 0	1.000 0	1.000 0
2012—2013	1.000 0	1.000 0	0.870 0	1.000 0	1.000 0	0.870 0	1.000 0	1.000 0	1.000 0
2011—2012	0.927 3	1.000 0	0.745 5	0.927 3	1.000 0	0.745 5	1.000 0	1.000 0	1.000 0
2010—2011	1.190 7	1.000 0	1.264 1	1.190 7	1.000 0	1.264 1	1.000 0	1.000 0	1.000 0
2009—2010	1.000 0	1.000 0	0.741 8	1.000 0	1.000 0	0.741 8	1.000 0	1.000 0	1.000 0
2008—2009	1.000 0	1.000 0	1.230 3	1.000 0	1.000 0	1.230 3	1.000 0	1.000 0	1.000 0
2007—2008	1.000 0	1.004 0	1.119 3	1.000 0	1.004 0	1.119 3	1.000 0	1.000 0	1.000 0
2006—2007	1.305 3	1.000 0	1.311 1	1.275 2	1.000 0	1.311 1	1.023 7	1.000 0	1.000 0
2005—2006	1.012 6	1.059 1	0.923 8	1.036 8	1.008 2	0.923 8	0.976 9	1.038 2	1.000 0
2004—2005	0.935 3	0.971 1	0.923 8	0.935 3	1.008 2	0.923 8	1.000 0	0.963 2	1.000 0
增速（%）	3.71	0.34	1.05	3.65	0.32	1.05	0.01	0.01	0.00

从图 6.2 中可以看出,黑龙江散户 TECH 与 TFP 增长率的变化趋势近乎一致。由此可知,技术进步是影响黑龙江散户生产效率提高的主要因素。图 6.3 中,吉林省 TFP 与其构成增长率的变动趋势接近一致,TFP 增长率上升时,SE 和 TE 的增长率的作用最强;TFP 增长率下降时,3 种因素的作用强度基本相同。由此可知,吉林散户 TFP 的变化是由技术效率和技术进步

共同作用产生。

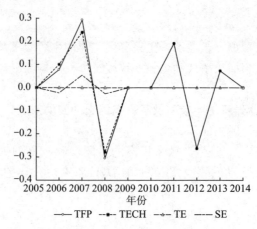

图 6.2　黑龙江散户 TFP 及其构成增长率的变化趋势

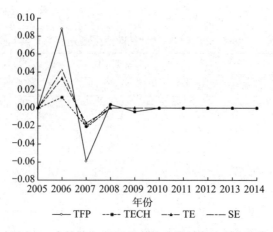

图 6.3　吉林散户 TFP 及其构成增长率的变化趋势

　　结论 1：对于散户来说，生猪生产效率的主要影响因素存在区域差异性，这是因为不同地区散户在对现有养殖技术的运用程度、管理经验等方面存在差异。因此，东北地区的散户需根据自身情况，通过改进养殖技术、改善投入结构等不同方式提高生产效率、降低成本，增加有效供给。

6.1.2.2　小规模生猪养殖生产效率及其影响因素的波动效应分析

　　从表 6.3 中可以看出，黑龙江小规模 TFP 增速为 2.11%，生产效率提高；数值上，技术进步的贡献为 2.11%，是黑龙江散户生产效率提高的主要来源；波动趋势上，TFP 变动的年份 TECH 也都有变化，TCH 较为平稳，故技术进步是影响黑龙江小规模生产效率的主要因素。吉林、辽宁小规模 TFP 增速分别为 5.47％、8.35％；数值上，技术进步的单独贡献分别为 5.45％、8.35％；波动趋势上，TFP 变化的年份 TECH 也都有变化，TCH 较为平稳，故技术进步是两省生产效率增长的主要来源。

表 6.3　2004—2014 年东北地区小规模生猪养殖 TFP 及其构成

年度	TFP			TECH			TCH		
	黑龙江	吉林	辽宁	黑龙江	吉林	辽宁	黑龙江	吉林	辽宁
2013—2014	1.000 0	0.982 0	1.189 4	1.000 0	0.982 0	1.189 4	1.000 0	1.000 0	1.000 0
2012—2013	1.000 0	0.964 2	1.083 4	1.000 0	0.964 2	1.083 4	1.000 0	1.000 0	1.000 0
2011—2012	0.919 0	1.000 0	1.023 7	0.919 0	1.000 0	1.023 7	1.000 0	1.000 0	1.000 0
2010—2011	1.154 7	1.222 2	1.230 5	1.154 7	1.222 2	1.230 5	1.000 0	1.000 0	1.000 0
2009—2010	0.986 0	0.962 2	1.041 3	0.986 0	0.962 2	1.041 3	1.000 0	1.000 0	1.000 0
2008—2009	0.952 2	1.068 9	1.000 0	0.952 2	1.039 4	1.000 0	1.000 0	1.028 4	1.000 0
2007—2008	1.030 4	0.983 0	1.000 0	1.010 4	1.013 0	1.000 0	1.030 2	0.972 0	1.000 0
2006—2007	1.263 7	1.313 3	1.340 8	1.263 7	1.313 3	1.340 8	0.970 7	1.000 0	1.000 0
2005—2006	1.050 8	1.000 0	1.000 0	1.050 8	1.000 0	1.000 0	1.000 0	1.000 0	1.000 0
2004—2005	0.935 1	1.000 0	0.926 0	0.935 1	1.000 0	0.926 0	1.000 0	1.000 0	1.000 0
增速（％）	2.11	5.47	8.35	2.11	5.45	8.35	0.01	0.01	0.00

结论 2：对于东北地区小规模生猪养殖主体来说，技术进步是影响其生产效率的主要因素。因此，东北地区的小规模生猪养殖主体可以通过改进自身养殖技术来增加生产效率，提高自身面对生猪市场变化的适应性。

6.1.2.3　中规模生猪养殖生产效率及其影响因素的波动效应分析

如表 6.4 所示，黑龙江、辽宁中规模 TFP 增速分别为 2.85％、2.91％，生产效率提高；数值上，技术进步的贡献分别为 2.85％、2.91％，是两省中规模养殖主体生产效率增长的唯一来源。吉林 TFP 增速为 4.70％；数值上，技术进步的单独贡献为 4.72％，技术效率的贡献为 0.03％；波动趋势上，TFP 变化的年份 TECH 和 TCH 也都有变化；吉林中规模养殖主体生产效率的提高小于技术进步和技术效率的总贡献，进一步分析吉林生产效率变动的原因，结果如图 6.4 所示。

表 6.4　2004—2014 年东北地区中规模生猪养殖 TFP 及其构成

年度	TFP			TECH			TCH		
	黑龙江	吉林	辽宁	黑龙江	吉林	辽宁	黑龙江	吉林	辽宁
2013—2014	1.000 0	1.000 0	1.043 6	1.000 0	1.000 0	1.043 6	1.000 0	1.000 0	1.000 0
2012—2013	1.000 0	1.000 0	1.016 1	1.000 0	1.000 0	1.016 1	1.000 0	1.000 0	1.000 0

（续）

年度	TFP			TECH			TCH		
	黑龙江	吉林	辽宁	黑龙江	吉林	辽宁	黑龙江	吉林	辽宁
2011—2012	0.921 6	0.980 3	1.027 6	0.921 6	0.980 3	1.027 6	1.000 0	1.000 0	1.000 0
2010—2011	1.167 5	1.209 0	1.212 5	1.167 5	1.209 0	1.212 5	1.000 0	1.000 0	1.000 0
2009—2010	1.002 0	1.000 0	1.047 8	1.002 0	1.000 0	1.047 8	1.000 0	1.000 0	1.000 0
2008—2009	1.001 2	0.863 9	1.000 0	1.000 0	0.854 4	1.000 0	1.001 2	1.038 9	1.000 0
2007—2008	0.998 8	1.053 2	1.000 0	1.000 0	1.064 9	1.000 0	0.998 8	1.012 7	1.000 0
2006—2007	1.196 0	1.290 3	1.000 0	1.196 0	1.290 3	1.000 0	1.000 0	0.950 4	1.000 0
2005—2006	1.061 6	1.046 6	1.000 0	1.061 6	1.046 6	1.000 0	1.000 0	1.033 3	1.000 0
2004—2005	0.936 1	1.026 8	0.943 0	0.936 1	1.026 8	0.943 0	1.000 0	0.967 8	1.000 0
增速（%）	2.85	4.70	2.91	2.85	4.72	2.91	0.00	0.03	0.00

如图 6.4 所示，TECH 的增长率与 TFP 增长率的变化趋势基本上处于一致的状态；与 TECH 相比，SE 的增长率虽然也在不断变化中，其作用强度显然要弱于 TECH，且 SE 仅在 2006 年之前与 TFP 增长率的变化一致，2006—2011 年两者的变化趋势相反，即规模效率抑制了技术效率的提高，减缓了生产效率的降低。由此可以得出，对于吉林中规模生猪养殖主体来说，技术进步对生产效率作用强度是最大的，技术效率对生产效率有轻微的逆向作用。

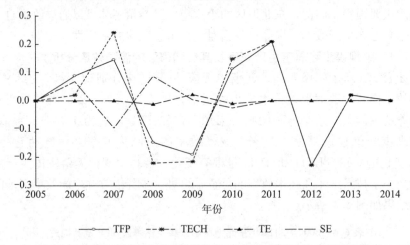

图 6.4　吉林中规模生猪养殖的 TFP 及其构成的增长率变化趋势

结论 3：对于东北地区中规模生猪养殖主体，技术进步对生产效率的作用强度最大。因此，东北地区中规模生猪养殖主体同样可以通过改进、创新养殖技术等方法提高自身面对生猪市场变动的适应性，增加生猪有效供给。

6.1.2.4　大规模生猪养殖生产效率及其影响因素的波动效应分析

如表 6.5 所示，黑龙江、吉林大规模 TFP 增速分别为 4.56%、1.48%，生产效率提高；数值上，技术进步的贡献分别为 4.22%、1.18%；波动趋势上，TFP 变动的年份 TECH 也都有变化，TCH 较为平稳，故技术进步是两省大规模养殖主体生产效率的主要影响因素。辽宁 TFP 增速为 14.75%，数值上，技术进步的单独贡献为 14.75%，是辽宁大规模生猪养殖主体生产效率的主要影响因素。

表 6.5　2004—2014 年东北地区大规模生猪养殖 TFP 及其构成

年度	TFP			TECH			TCH		
	黑龙江	吉林	辽宁	黑龙江	吉林	辽宁	黑龙江	吉林	辽宁
2013—2014	1.000 0	1.000 0	1.000 0	1.000 0	1.000 0	1.000 0	1.000 0	1.000 0	1.000 0
2012—2013	1.000 0	1.000 0	0.996 8	1.000 0	1.000 0	0.996 8	1.000 0	1.000 0	1.000 0
2011—2012	1.000 0	1.000 0	1.194 1	1.000 0	1.000 0	1.194 1	1.000 0	1.000 0	1.000 0
2010—2011	1.118 5	1.000 0	1.207 7	1.118 5	1.000 0	1.207 7	1.000 0	1.000 0	1.000 0
2009—2010	1.000 0	0.884 9	1.129 5	1.000 0	0.884 9	1.129 5	1.000 0	1.000 0	1.000 0
2008—2009	1.000 0	0.884 9	1.233 4	1.000 0	0.884 9	1.233 4	1.000 0	1.000 0	1.000 0
2007—2008	1.118 4	1.066 9	1.066 9	1.016 8	1.276 1	1.066 9	1.100 0	1.100 0	1.000 0
2006—2007	1.336 7	1.160 1	1.372 8	1.336 7	1.276 1	1.372 8	1.000 0	0.909 1	1.000 0
2005—2006	1.000 0	1.012 6	1.343 9	1.000 0	1.012 6	1.343 9	1.000 0	1.000 0	1.000 0
2004—2005	1.000 0	0.972 1	0.930 2	0.966 1	0.927 8	0.930 2	1.000 0	1.000 0	1.000 0
增速（%）	4.56	1.48	14.75	4.22	1.18	14.75	0.00	0.09	0.00

结论 4：技术进步对东北地区大规模生猪养殖生产效率作用强度最大。与中、小规模一样，东北地区大规模生猪养殖主体也可通过创新养殖技术、培养养殖技术人员等方式提高生产效率，增加生猪有效供给，改进生猪养殖投入结构，从生猪生产者的角度最大限度地增加市场上生猪的有效供给。

结论 5：综合结论 1 至结论 4 可知，对规模化生猪养殖主体来说，技术进步对生产效率的作用强度最大；对于散户来说，吉林与黑龙江、辽宁两省生产效率的首要影响因素不同。

6.1.3　东北地区各省不同规模生猪养殖的 TFP 均值比较

表 6.6 显示了 2004—2014 年东北地区各省不同规模生猪养殖主体 TFP 增速的分布情况。其中，黑龙江不同规模生猪养殖主体生产效率由大到小依次为大规模、散户、中规模和小规模；吉林生猪规模养殖主体的生产效率由大到小依次为小规模、中规模、大规模和散户；辽宁生猪规模养殖主体生产效率由大

到小依次为大规模、小规模、中规模和散户。

表 6.6　2004—2014 年东北地区各省不同规模生猪养殖 TFP 增速

单位:%

省份	散户	小规模	中规模	大规模
黑龙江	3.71	2.04	2.85	4.56
吉林	0.34	5.47	4.57	1.48
辽宁	1.05	8.35	2.91	14.75

从比较结果来看，东北地区规模化生猪养殖主体生产效率明显高于散户，东北地区已经具备生猪养殖规模化的条件。辽宁大规模、小规模养殖主体的生产效率最高，其后依次是吉林的小规模、中规模养殖主体和黑龙江的大规模养殖主体，这说明优势生猪养殖规模存在区域差异性。因此，东北三省应根据自身实际情况选择生猪养殖规模，选择生产效率较高的规模养殖，增加有效供给，创新生猪养殖技术，降低生猪养殖成本。

基于 M-L 模型探索影响东北地区生猪有效供给的主要因素，并通过比对东北地区生产效率平均值，得出东北地区生猪养殖发展的现状特征，给出增加东北生猪有效供给、补充生猪养殖短板的针对性建议。结果显示：①技术进步是影响东北规模化生猪养殖主体有效供给及其市场应变能力的主要因素；②东北三省散户的有效供给的主要影响因素不同；③从平均值看，东北地区规模化生猪养殖主体的生产效率高于散户，这意味着东北地区已经具备了生猪养殖规模化的条件；④东北三省的优势养殖规模存在差异，黑龙江可以采取大规模和散户互补的方式进行生猪养殖，吉林可通过小规模和中规模相结合的方式进行生猪养殖，辽宁可以采取大规模和小规模相结合的模式进行生猪养殖。

针对上述结论，给出相应建议：①鼓励生猪养殖科技创新，加强对生猪养殖人才的培养，移植创新国外先进的养殖技术与经验；②减免生猪养殖主体的税收，降低其养殖成本，释放生猪市场活力，散户生猪养殖主体还可通过制订适当的管理方案、合理安排要素投入比例等方法改进生产结构；③东北地区应推动生猪规模化养殖的进程，通过建立合作社、规模企业等方式加速生猪养殖的规模化；④因地制宜，结合当地环境承载力以及养殖条件等因素选择养殖规模，在争取经济稳定增长的同时，实现环境友好发展，努力发展农业绿色经济。

6.2　生猪供应链节点企业合作效用分析

随着世界经济的发展，全球经济一体化的步伐不断加快，企业面临的压力、风险以及竞争日益加剧。在如此激烈的市场环境中，企业纷纷选择与其他企业进行合作，以战略联盟等形式应对来自市场的压力；部分企业甚至通过打通产业链实现自身一体化，从而降低成本、提高企业竞争力，以减轻自身面临的压力和风险，如温氏集团以生猪养殖为主，并从事生猪饲料生产、生猪屠宰加工以及销售等各个环节的业务，而在不同地区仍与当地企业合作，提高自身效益。因此，衡量合作给企业带来的效益、研究企业合作效用具有非常重要的现实意义。

国内学者就企业合作以及合作效用进行了相关研究，张小庆（2012）等通过合作博弈对网格化虚拟资源提供者联盟的效用分配进行分析，发现网格资源联盟确实能够使任务的执行效率和资源整体收益得到提升。这种战略联盟效用的研究同样适用于企业合作效用的分析。赵骅等（2010）从社会资本角度出发，分析如何通过社会资本提高产业集群里企业的合作效用。结合序数效用理论，也可从利润角度探究企业合作效用。王良等（2005）以项目合作为前提，得出资源联盟成员的合作效用函数，并通过神经网络方法进行仿真求解。建立合作效用函数，往往需要通过实际情况来检测函数的精确性，故此可通过仿真来分析合作效用的变化。饶庆林等（2014）从企业产权主体出发，对各产权主体发生利益冲突时的企业效用进行研究。当节点企业合作时，其成本收益将发生变化，这样会造成合作效用的变化，需先对合作效用的构成进行分析。张颖南等（2009）通过协调的役使原理与合作的价值创造模型对企业的合作效用进行分析。企业合作效用函数的构建同样需要相应理论基础以及现实中效用的影响因素，从而得出最终的效用函数。王冬梅等（2010）从科学基金制度入手，发现其对推动科研合作的突出效用。企业合作效用的分析也需从不同方面入手，多角度探究企业效用的变化。齐亚伟等（2013）通过合作博弈对区域经济发展和环境治理联盟的合作效用分配进行了研究，得出联盟成立的充分必要条件。企业达成合作也需要相应条件，不同因素变化时企业合作效用会发生哪种变化，值得深究。张琼等（2006）基于劳动价值论和效用价值论对农地股份制的效用进行了分析。刘钢等（2012）从多利益相关者合作角度构建企业治污效用模型，分析了社会责任与合作治污对企业治污的影响。段一群等（2013）基于效用理论和 VNM 效用函数构建模型，对天气灾害小额保险与农村小额贷款的合作效用进行了分析。以上学者主要从不同角度对效用的变化进行了分析，较少涉及如何结合现实情况判断合作效用。

通过梳理文献发现，国内学者大多致力于分析战略联盟、机制效用等问题，对于合作效用尤其是具有上下游关系的节点企业合作效用的研究并不多见。那么，供应链上节点企业的合作效用该如何判断？哪些因素会对企业合作效用产生影响？在什么条件下，企业合作效用高于不合作时的效用？本节通过对以上问题的分析，探索企业在哪种环境下会倾向于与其他节点企业合作，为企业决策提供理论指导和科学依据。

6.2.1 节点企业合作效用分析模型讨论

分析企业效用前，先作出假设以使分析更具目的性：当满足一定条件时，上、下游企业的合作效用大于不合作的效用。即讨论从效用角度出发，企业应当在什么条件下选择与其他节点企业进行合作。

为证明该假设，需先了解企业的效用函数。效用作为消费者对于某一商品的满足感，对于不同个体必然存在差异，即面对相同的事物，不同企业的效用不同，故很难直接得到企业效用函数的具体形式。序数效用论（theory of original utility）认为，消费者并非比对商品的效用，而是对不同商品进行排序。对于企业来说，同样可以通过对不同的成本收益进行排序，从而使自己的满足感最大化。由此，设企业的效用函数为

$$U(\pi) = a\pi + b \qquad (6.1)$$

其中，π 表示企业的利润，即企业的效用是关于利润的函数，企业只需对利润进行排序便可使自身效用最大化；$a>0$，意味着企业的效用是关于利润的单调增函数，即随着利润的增加，企业的满足感也在增强，这与现实相符，即企业追求利润最大化。接下来，以供应链上节点企业为例，对企业的合作效用进行分析。

对上、下游企业效用函数的构成即成本收益进行分析：先令上游企业产品 A 产量为 Q_A、产品 A 市场价为 P_A，下游企业产品 B 产量为 Q_B、产品 B 市场价为 P_B。接下来，对节点企业合作前后的成本收益进行分析。

合作前，上游企业成本主要为生产成本 t_1，产品 A 的交易费用 w_1，收益为销售收入 R_1，其利润为 $\pi_1 = R_1 - t_1 - w_1$，此时上游企业效用为 $U_1 = U(\pi_1)$；下游企业成本主要为生产成本 t_2，产品 A 的交易费用 w_2，产品 B 的交易费用 w_3，收益为销售收入 R_2，其利润为 $\pi_2 = R_2 - t_2 - w_2 - w_3$，此时下游企业效用为 $U_2 = U(\pi_2)$。

合作后，上游企业获得来自下游企业的产品 A 的品质鼓励。因此，上游企业的成本除生产成本 t_1 外，还包括提高产品 A 品质的质量投入 h_1，令 $h_1 \geqslant w_1$（若 $h_1 < w_1$，那么上游企业合作后的成本必然小于不合作的成本，故其一定会选择合作）。并且，合作后上游企业直接与下游企业进行产品 A 的交易，交易费用仅包括运输费，故其成本中不包括交易费用，收益为与下游企业进行交易的生猪销售收入 R_3，其利润为 $\pi_3 = R_3 - t_1 - h_1$，即合作后的上游企业的效用为 $U_3 = U(\pi_3)$；下游企业成本主要为生产成本 t_2，产品 B 的交易费用 w_3，产品 A 交易费用变为产品 A 的运输费用 s_1，其产品 A 的品质鼓励系数记为 β_1，令 $\beta_1 P_A Q_A + s_1 \geqslant w_2$（若 $\beta_1 P_A Q_A + s_1 < w_2$，下游企业合作后的成本必

然小于不合作的成本，故其一定会选择合作），随着产品 A 品质提高，下游企业产品 B 的质量上升，市场会给予一定的品质鼓励，设该品质鼓励系数为 β_2，收益为销售收入 R_4，其利润为 $\pi_4 = R_4 - t_2 - w_3 - s_1 - \beta_1 P_A Q_A$，此时下游企业效用为 $U_4 = U(\pi_4)$。

根据以上分析，$U_1 = U(P_A Q_A - t_1 - w_1)$，$U_2 = U(P_B Q_B - t_2 - w_2 - w_3)$，$U_3 = U[(1+\beta_1) P_A Q_A - t_1 - h_1]$，$U_4 = U[(1+\beta_2) P_B Q_B - t_2 - s_1 - w_3 - \beta_1 P_A Q_A]$。

为证明上游企业和下游企业的合作效用大于不合作的效用，先证明：

$$\begin{cases} U_3 = U(\pi_3) \geqslant U_1 = U(\pi_1) \\ U_4 = U(\pi_4) \geqslant U_2 = U(\pi_2) \end{cases}$$

即证明

$$\begin{cases} U[(1+\beta_1) P_A Q_A - t_1 - h_1] \geqslant U(P_A Q_A - t_1 - w_1) \\ U[(1+\beta_2) P_B Q_B - t_2 - s_1 - w_3 - \beta_1 P_A Q_A] \geqslant U(P_B Q_B - t_2 - w_2 - w_3) \end{cases}$$

$$(6.2)$$

根据公式 (6.1)，设上游企业的效用函数 $U_上(\pi_上) = a_1 \pi_上 + b_1$，其中 $a_1(>0)$、b_1 均为常数；下游企业的效用函数为 $U_下(\pi_下) = a_2 \pi_下 + b_2$，其中 $a_2(>0)$、b_2 均为常数。为证明公式 (6.2)，只需证明：

$$\begin{cases} \pi_3 = (1+\beta_1) P_A Q_A - t_1 - h_1 \geqslant \pi_1 = P_A Q_A - t_1 - w_1 \\ \pi_4 = (1+\beta_2) P_B Q_B - t_1 - s_1 - w_3 - \beta_1 P_A Q_A \geqslant \pi_2 = P_B Q_B - t_2 - w_2 - w_3 \end{cases}$$

$$(6.3)$$

令 $\pi_5 = \pi_3 - \pi_1$，$\pi_6 = \pi_4 - \pi_2$，为证明公式 (6.3)，只需证明 $\pi_5 \geqslant 0$ 且 $\pi_6 \geqslant 0$。由公式 (6.3)，可得

$$\pi_5 = \beta_1 P_A Q_A + w_1 - h_1 \qquad (6.4)$$

对公式 (6.4) 求导，$\frac{\partial \pi_5}{\partial P_A} = \beta_1 Q_A > 0$，$\frac{\partial \pi_5}{\partial \beta_1} = P_A Q_A > 0$，说明 π_5 分别是关于 P_A、β_1 的单调递增函数，令 $\pi_5 = 0$，得 $P_A^* = \frac{h_1 - w_1}{\beta_1 Q_A} > 0$，$\beta_1^* = \frac{h_1 - w_1}{P_A Q_A} > 0$，此时上游企业合作的效用大于不合作的效用，即 $U_{合作} > U_{不合作}$。

由此可知：①当产品 A 品质鼓励系数等其他因素不变，产品 A 的市场价格 $P_A > P_A^* = \frac{h_1 - w_1}{\beta_1 Q_A}$ 时，合作效用大于不合作的效用，即 $U_{合作} > U_{不合作}$，此时上游企业应当选择与其下游企业进行合作；②当产品 A 的市场价格等其他因素不变，产品 A 品质鼓励系数 $\beta_1 > \beta_1^* = \frac{h_1 - w_1}{P_A Q_A}$ 时，合作效用大于不合作的效用，即 $U_{合作} > U_{不合作}$，上游企业应与其下游企业合作。

根据以上情况，当上游企业质量投入、产品 A 的交易费用及产品 A 的产

量均已知即为固定值时，P_A^* 是关于 β_1 的反函数，即随着产品 A 的品质鼓励系数 β_1 的增加，P_A^* 不断减小，越易出现产品 A 的市场价格 $P_A > P_A^*$，此时上游企业与其下游企业合作的可能性越大；即下游企业给予的上游企业产品品质鼓励系数越高，越能吸引上游企业与其合作，这与实际情况也相符。同理，β_1^* 是关于 P_A 的反函数，即随着产品 A 的市场价格 P_A 的增加，β_1^* 不断减小，越易出现产品 A 的品质鼓励系数 $\beta_1 > \beta_1^*$，此时上游企业倾向于与其下游企业合作。

结合公式（6.4），当 P_A、β_1 同时上升，π_5 增加，越易出现 $U_{合作} > U_{不合作}$，此时上游企业倾向于与下游企业合作；当 P_A、β_1 同时下降，π_5 减少，越易出现 $U_{合作} < U_{不合作}$，此时上游企业倾向不合作；当 P_A、β_1 出现不同步波动，需根据波动幅度对实际情况进行分析。

同理，对于下游企业：

$$\pi_6 = \beta_2 P_B Q_B + w_2 - s_1 - \beta_1 P_A Q_A \qquad (6.5)$$

对公式（6.5）求导，$\dfrac{\partial \pi_6}{\partial P_B} = \beta_2 Q_B > 0$，$\dfrac{\partial \pi_6}{\partial \beta_2} = P_B Q_B > 0$，说明 π_6 是关于 P_B、β_2 的单调递增函数，令 $\pi_6 = 0$，得 $P_B^* = \dfrac{\beta_1 P_A Q_A + s_1 - w_2}{\beta_2 Q_B} > 0$，$\beta_2^* = \dfrac{\beta_1 P_A Q_A + s_1 - w_2}{P_B Q_B} > 0$，此时下游企业 $U_{合作} = U_{不合作}$。

由此可知：①当产品 B 的品质鼓励系数等其他因素不变，产品 B 的市场价格 $P_B > P_B^* = \dfrac{\beta_1 P_A Q_A + s_1 - w_2}{\beta_2 Q_B}$ 时，合作效用大于不合作的效用，即 $U_{合作} > U_{不合作}$，此时下游企业应与其上游企业进行合作；②当产品 B 的市场价格等其他因素不变，产品 B 的品质鼓励系数 $\beta_2 > \beta_2^* = \dfrac{\beta_1 P_A Q_A + s_1 - w_2}{P_B Q_B}$ 时，合作效用大于不合作的效用，即 $U_{合作} > U_{不合作}$，下游企业应与其上游企业合作。

由此，当下游企业产品 A 的交易费用、产品 A 的收购成本、产品 B 的产量、产品 A 的市场价格及上游企业产品产量均已知即为固定值时，P_B^* 是关于 β_2 的反函数，即随着产品 B 的品质鼓励系数 β_2 的增加，P_B^* 不断减小，越易出现产品 B 的市场价格 $P_B > P_B^*$，此时下游企业与上游企业合作的可能性越大。同理，β_2^* 是关于 P_B 的反函数，即随着产品 B 的市场价格 P_B 的增加，β_2^* 不断减小，越易出现产品 B 的品质鼓励系数 $\beta_2 > \beta_2^*$，此时下游企业倾向于与上游企业合作。

结合公式（6.5），当 P_B、β_2 同时上升，π_6 增加，越易出现 $U_{合作} > U_{不合作}$，此时下游企业倾向于与上游企业合作；当 P_B、β_2 同时下降，π_6 减少，越易出现 $U_{合作} < U_{不合作}$，此时下游企业倾向于不合作；当 P_B、β_2 出现不同步波动，

需根据波动幅度对实际情况进行分析。

6.2.2　算例分析

　　为验证以上分析结果，以生猪供应链上具有上下游关系的养殖企业、屠宰加工企业为例，结合布瑞克、Wind 数据库和猪价格网，把各变量 2016 年的实际值设为初始值。同时，为方便计算，产品产量均设为单位产量，假设 $\beta_1 = 0.11$、$\beta_2 = 0.13$，在此基础上，对 2016—2050 年养殖企业和屠宰加工企业的效用进行仿真。

　　为避免结果的重复性，价格对于企业效用的影响以生猪价格对上游养殖企业效用变化的影响为例，产品品质鼓励系数以猪肉品质鼓励系数对下游屠宰加工企业效用变化的影响为例进行分析。当其他因素不变、生猪市场价格波动时，养殖企业效用仿真结果如图 6.5 所示。

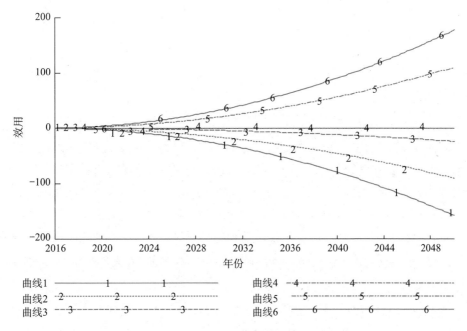

图 6.5　2016—2050 年养殖企业效用仿真结果

　　曲线 1、曲线 2、曲线 3、曲线 4、曲线 5、曲线 6 依次表示生猪价格 $P_A > P_A^*$、$P_A < P_A^*$ 和 $P_A = P_A^*$ 时养殖企业效用函数的分布情况，其中曲线 4 代表 $P_A = P_A^*$，意味着 $U_{合作} = U_{不合作}$，曲线 5、曲线 6 始终在曲线 4 的上方，此时 $U_{合作} > U_{不合作}$；曲线 1、曲线 2、曲线 3 位于曲线 4 的下方，此时 $U_{合作} < U_{不合作}$。这与上述分析结果一致，即当生猪价格 $P_A > P_A^*$ 时，$U_{合作} > U_{不合作}$；当生猪价格 $P_A < P_A^*$ 时，$U_{合作} < U_{不合作}$。当其他因素不变，猪肉品质鼓励系数

波动时，对屠宰加工企业效用进行仿真，结果如图 6.6 所示。

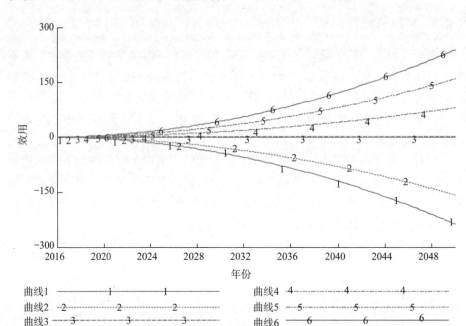

图 6.6　2016—2050 年屠宰加工企业效用仿真结果

曲线 1、曲线 2、曲线 3、曲线 4、曲线 5、曲线 6 依次表示猪肉品质鼓励系数 $\beta_2 < \beta_2^*$、$\beta_2 = \beta_2^*$ 和 $\beta_2 > \beta_2^*$ 时屠宰加工企业效用函数的分布情况，其中曲线 3 代表 $\beta_2 = \beta_2^*$，意味着 $U_{合作} = U_{不合作}$，曲线 5、曲线 6 始终在曲线 4 的上方，此时 $U_{合作} > U_{不合作}$；曲线 1、曲线 2、曲线 3 位于曲线 4 的下方，此时 $U_{合作} < U_{不合作}$。这与上述屠宰加工企业合作效用的分析结果一致，即当猪肉品质鼓励系数 $\beta_2 > \beta_2^*$ 时，$U_{合作} > U_{不合作}$；当生猪品质鼓励系数 $\beta_2 < \beta_2^*$ 时，$U_{合作} < U_{不合作}$。

6.2.3　结论与启示

本节在序数效用论的基础上分析农业供应链节点企业的合作效用，通过分析企业合作前后成本收益的变化以及企业效用与利润之间的关系，探索在哪种条件下企业合作之后的效用高于合作之前。研究表明：①当其他因素不变，企业产品的市场价格（或产品品质鼓励系数）超过某一阈值时，企业的合作效用高于不合作的效用，此时企业会选择与其上下游企业进行合作；②当其他因素不变，企业产品的市场价格和品质鼓励系数同时增加（减少），越容易出现企业合作效用较高（较低）的情况，此时企业倾向于选择合作（不合作）；③当企业产品的市场价格和品质鼓励系数出现不同步波动时，其合作效用出现不确定变化，企业需根据实际情况进行判断、决策。

根据以上分析，针对企业如何依据合作效用进行决策提出以下建议：①企业应加强对自身经营现状的了解，对于各部分成本收益情况进行分析，得出自身产品价格和品质鼓励系数的阈值，据此进行决策；②企业应当积极了解市场现状，加强对自身产品的市场价格的了解和分析，同时加强产品质量监控，提高产品竞争力，从而获得更高的产品品质鼓励。

6.3　养殖企业视角下的生猪产业链纵向联合稳定性及收益研究

我国是生猪养殖大国，近 10 年来平均年出栏量达 6 亿头，居世界第一。生猪龙头企业产能快速扩张与黏性散户共存是我国生猪养殖业的一大现状。其中，紧密结合型"公司＋农户"模式更加符合我国国情（许彪等，2015）。根据 2016 年 4 月对黑龙江颇具代表性的生猪调出大县的调研，得知相当数量的养殖企业为打通自身产业链、降低养殖成本，与种植户①、屠宰加工企业的合作意愿强烈；基于信用等问题，养殖企业与当地养殖户的合作意愿并不强烈。大多数相关研究探索"公司＋农户"模式即"养殖企业＋养殖户"的合作模式（胡凯等，2013），关于养殖企业与种植户或屠宰加工企业合作的研究比较少见，也未对三方主体的纵向联合进行分析。基于此，笔者以养殖企业为核心的生猪产业链纵向联合即"屠宰加工企业＋养殖企业＋种植户"模式为研究对象，对该模式的稳定性及收益进行仿真分析。

郭本海等（2012）利用演化博弈模型（即 EGT 模型）分析了区域高耗能产业的退出机制，并通过建立复制动态方程寻求演化稳定策略。演化博弈模型同样适用于生猪产业链纵向联合这一机制的稳定性分析。该模型是基于经典博弈的理论缺陷提出的有限理性条件下的演化博弈理论（黄凯南，2009）；与经典博弈论不同，演化博弈模型通过复制动态方程求解稳定策略，更具现实性、准确性。王珍珍等（2012）通过演化博弈模型研究制造企业与物流企业联动发展系统的稳定性，发现了该系统具有"路径依赖"特征。这进一步说明了通过演化博弈模型不仅可以寻求稳定策略，也能得到某些系统如纵向联合的稳定性。潘峰等（2014）基于演化博弈模型得到地方政府环境复制行为博弈的演化稳定策略。这种行为策略的研究有助于对生猪产业链纵向联合的三方主体博弈行为的分析。许民利等（2012）通过构建供应商与制造商食品质量投入的演化

---

① 玉米是生猪饲料的主要来源，本节的种植户一律指玉米种植户。

博弈模型发现，当双方质量投入产出变化时，会出现多种演化稳定均衡。生猪产业链纵向联合的稳定性同样是通过演化博弈模型对三方主体包括质量投入在内的投入及产出的变化进行分析，得出复制动态方程并构建 EGT – SD 模型进行仿真分析。基于系统动力学的原理，在演化博弈模型的基础上引用 SD 模型，对纵向联合的稳定性及其收益进行仿真模拟。王西琴等（2014）利用 SD 模型模拟了江苏省常州市水生态的承载力。这种对生态系统承载力的仿真分析也可用于纵向联合的稳定性和收益的研究。谭术魁等（2012）通过 SD 模型预测了湖北耕地面积、粮食产量等因素的波动趋势，并根据不同情境的设置模拟出湖北耕地压力指数的波动。根据不同策略的选择形成的不同模式，可以通过 SD 模型对这些模式的收益进行仿真。甘筱青等（2012）利用 SD 模型得出"公司＋农户"模式下生猪养殖户的成本低于独自散养时的成本，且收益和生猪质量都得到提高。这说明通过 SD 模型同样可以对传统模式与纵向联合的收益进行仿真，并对得到的结果进行比较。冷碧滨等（2014）利用 SD 演化博弈模型证明了在一定条件下，生猪养殖与沼气合作开发模式最终趋于稳定。以上学者对不同机制、系统等进行了稳定策略的分析，却很少涉及生猪产业链尤其是纵向联合的研究，生猪产业链作为一个系统，由不同机制构成，这些机制是维系生猪产业链稳定的关键。纵向联合作为一种创新机制，关于其运用和稳定性的理论较少，笔者通过 EGT – SD 模型对生猪产业链纵向联合的稳定性及其收益进行仿真分析，为生猪养殖企业的策略选择和促进生猪产业链纵向联合提供理论框架和科学依据。

本节从养殖企业角度出发，通过演化博弈模型对生猪产业链纵向联合的参与主体即种植户、养殖企业和屠宰加工企业进行策略分析，得出三方主体混合策略集下的复制动态方程，结合复制动态方程与流率基本入树模型构建生猪产业链纵向联合的系统动力学模型，并利用计算机仿真技术探究纵向联合的稳定性及其收益，并将该模式与"养殖＋工贸""养殖＋种植"、独自经营模式的收益进行对比，从收益角度得出养殖企业的最佳合作模式。

6.3.1 生猪产业链纵向联合下三方主体的演化博弈模型

根据演化博弈理论，在以养殖企业为核心的生猪产业链纵向联合模式（图 6.7）的三方参与主体中，种植户策略集 $S_1 =$（参与，不参与），养殖企业策略集 $S_2 =$（参与，不参与），屠宰加工企业策略集 $S_3 =$（参与，不参与）。

对于养殖企业来说，其最终参与的合作模式不仅取决于自身选择的策略，也与其他主体选择的策略有关。当 $\{S_1, S_2, S_3\} = \{$参与，参与，参与$\}$ 时，三方主体形成生猪产业链纵向联合；当 $\{S_1, S_2, S_3\} = \{$参与，参与，不参与$\}$ 时，养殖企业与农户形成"养殖＋种植"模式；当 $\{S_1, S_2, S_3\} =$

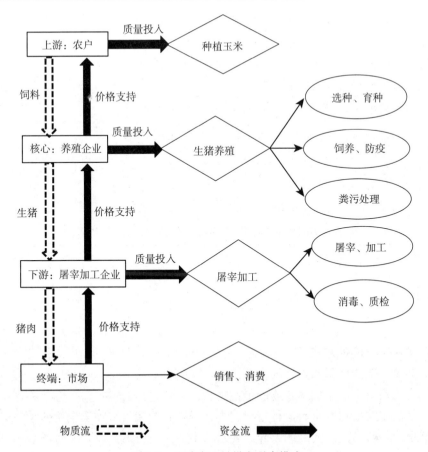

图 6.7　生猪产业链纵向联合模式

〔不参与，参与，参与〕时，养殖企业与屠宰加工企业形成"养殖＋工贸"模式；当三方主体中任意两者或仅有养殖企业选择"不参与"策略时，无法形成合作模式，此时三方主体表现为独自经营。[①]

如图 6.7 所示，与传统模式相比，生猪产业链纵向联合的成员包括三方主体，即种植户、养殖企业和屠宰加工企业。其中，养殖企业作为纵向联合的核心企业，是种植户与屠宰加工企业合作的中间枢纽，三者共同合作形成了生猪产业链纵向联合。生猪产业链纵向联合最大的特点在于通过生猪产业链上不同主体的贸易往来降低成本、增加彼此收益，建立不同主体之间的合作模式。

养殖企业通过与种植户、屠宰加工企业的贸易往来，最大限度地降低了玉米和生猪的交易费用，其向屠宰加工企业提供高质量的生猪产品获得价格支持。同时，种植户高质量的玉米使得生猪抵抗力提高，养殖企业的防疫成本降

---

① 为方便陈述，本节将"养殖＋工贸""养殖＋种植"、独自经营统称为传统模式。

低。种植户与养殖企业的贸易往来使得交易费用降至最低，并通过向养殖企业提供高质量的玉米获得价格支持。屠宰加工企业与养殖企业的贸易往来使得生猪交易费用减少，其生产的高质量猪肉获得市场的价格支持。

不同的策略选择意味着不同的得益，表 6.7、表 6.8 列出了不同策略选择下三方主体的得益情况。

表 6.7　屠宰加工企业选择"参与"策略时三方主体得益

项目	养殖户参与	养殖户不参与
种植户参与	a_1, b_1, c_1	a_2, b_2, c_2
种植户不参与	a_3, b_3, c_3	a_4, b_4, c_4

表 6.8　屠宰加工企业选择"不参与"策略时三方主体得益

项目	养殖企业参与	养殖企业不参与
种植户参与	a_5, b_5, c_5	a_6, b_6, c_6
种植户不参与	a_7, b_7, c_7	a_8, b_8, c_8

如表 6.7、表 6.8 所示，$\{a_1, a_2, a_3, a_4, a_5, a_6, a_7, a_8\}$ 表示种植户混合策略集下的得益集合，$\{b_1, b_2, b_3, b_4, b_5, b_6, b_7, b_8\}$ 表示混合策略集下养殖企业选择不同策略的得益集合，$\{c_1, c_2, c_3, c_4, c_5, c_6, c_7, c_8\}$ 表示混合策略集下屠宰加工企业的得益集合。

从成本收益角度来看，种植户、生猪养殖企业和屠宰加工企业的策略选择主要取决于参与前后的利润差异。若参与生猪产业链纵向联合所获得的利润高于参与前的利润，则选择"参与"策略；反之，则选择"不参与"策略。表 6.9 列出了不同策略下三方主体的成本收益构成。

表 6.9　不同策略下三方主体的成本收益构成

主体	策略	成本	收益
种植户	参与	种植成本 t_1、玉米质量投入 h_1	玉米销售收入、额外得益 e_1
	不参与	种植成本 t_1、玉米交易费用 w_1	玉米销售收入
养殖企业	参与	养殖成本 t_2、生猪质量投入 h_2、玉米收购成本 s_1	生猪销售收入、额外得益 e_2
	不参与	养殖成本 t_2、玉米交易费用 w_2、生猪交易费用 w_3	生猪销售收入
屠宰加工企业	参与	屠宰加工成本 t_3、生猪收购成本 s_3、质量投入 h_3	猪肉销售收入、额外得益 e_3
	不参与	屠宰加工成本 t_3、生猪交易费用 w_4	猪肉销售收入

如表 6.9 所示，种植户成本主要包括玉米种植成本，主要指物质与服务费用、人工成本 t_1、玉米质量投入 h_1（选择"参与"策略后产生的成本）和玉米交易费用 w_1。其中，玉米质量投入是指种植户选择"参与"策略后提高玉米质量所产生的费用（胡凯等，2013）。种植户收益为玉米销售收入和选择"参与"策略后从纵向联合中获得的额外得益 e_1（主要包括玉米的交易费用、养殖企业的技术服务等）。养殖企业成本主要包括养殖成本 t_2（主要指仔猪、饲料、兽药、人工成本、固定资产投入、物质与服务费用等）、生猪质量投入 h_2、玉米交易费用 w_2（养殖企业选择"参与"策略后交易费用减少，主要为玉米的收购成本 s_1，即运输费用）、生猪交易费用 w_3；收益为生猪销售收入和选择"参与"策略后从纵向联合中获得的额外得益 e_2（主要包括玉米和生猪的交易费用、因饲料质量上升而减少的兽药成本等）。屠宰加工企业成本主要包括屠宰加工成本 t_3、质量投入 h_3、生猪交易费用 w_4（屠宰加工企业选择"参与"策略后生猪交易费用为生猪的收购成本 s_3，主要指运输费用）；收益为猪肉销售收入和选择"参与"策略后从纵向联合中获得的额外得益 e_3（主要包括生猪的交易费用等）。

假设种植户玉米产量为 Q_m，玉米的市场价格为 P_m，养殖企业生猪出栏量为 Q_z，生猪市场价为 P_z；选择"参与"策略后，为鼓励种植户提高玉米质量，给予种植户一定的价格支持 β_m。屠宰加工企业生产的产品为猪肉，猪肉产量为 Q，猪肉市场价为 P；选择"参与"策略后，为鼓励养殖企业提高生猪质量，会给予其一定的价格支持 β_z；高质量的猪肉使得屠宰加工企业获得来自市场的价格支持 β。

由此可得，混合策略下，种植户的得益集合 $\{a_1,\ a_2,\ a_3,\ a_4,\ a_5,\ a_6,\ a_7,\ a_8\}$ 中：

$$a_1 = a_5 = P_m'Q_m - (t_1 + h_1) + e_1 \tag{6.6}$$

$$a_2 = a_3 = a_4 = a_6 = a_7 = a_8 = P_mQ_m - t_1 - w_1 \tag{6.7}$$

其中，$P_m' = (1+\beta_m)P_m$，为种植户选择"参与"策略后的玉米销售价格；且 $h_1 - e_1 > w_1$，若 $h_1 - e_1 < w_1$，即使没有养殖企业的玉米价格支持，种植户选择"参与"策略的成本明显小于选择"不参与"策略的成本，即使未获得养殖企业的价格支持，种植户仍选择"参与"策略。

在混合策略集下，养殖企业的得益集合 $\{b_1,\ b_2,\ b_3,\ b_4,\ b_5,\ b_6,\ b_7,\ b_8\}$ 中：

$$b_1 = P_z'Q_z - (t_2 + h_2 + s_1) + e_2 \tag{6.8}$$

$$b_2 = b_4 = b_6 = b_8 = P_zQ_z - (t_2 + w_2 + w_3) \tag{6.9}$$

$$b_3 = P_z'Q_z - (t_2 + h_2 + w_2) + e_2' \tag{6.10}$$

$$b_5 = P_zQ_z - (t_2 + s_1 + w_3) + e_2'' \tag{6.11}$$

$$b_7 = P_zQ_z - (t_2 + w_2 + w_3) \tag{6.12}$$

其中，$P'_z = (1+\beta_z)P_z$，为养殖企业选择"参与"策略后的生猪销售价格；同时，$h_2 + s_1 - e_2 > w_2 + w_3$ 且 $h_2 - e_2 > w_3 - e''_2$，若两者任一不满足，则养殖企业选择"参与"策略的成本小于选择"不参与"策略的成本，即使未获得屠宰加工企业的价格支持，养殖企业仍选择"参与"策略。

屠宰加工企业的得益集合 $\{c_1, c_2, c_3, c_4, c_5, c_6, c_7, c_8\}$ 中：

$$c_1 = c_3 = P'Q - (t_3 + h_3 + s_2) + e_3 \qquad (6.13)$$

$$c_2 = c_4 = c_5 = c_6 = c_7 = c_8 = PQ - (t_3 + w_4) \qquad (6.14)$$

其中，$P' = (1+\beta)P$，为屠宰加工企业选择"参与"策略后的猪肉的销售价格；且 $h_3 + s_2 - e_3 > w_4$，若 $h_3 + s_2 - e_3 < w_4$，则屠宰加工企业选择"参与"策略的成本小于选择"不参与"策略的成本，即使未获得市场的价格支持，屠宰加工企业仍选择"参与"策略。

在有限理性条件下，假设 x、y、z 分别为种植户、养殖企业和屠宰加工企业选择"参与"策略的概率，即三方主体选择"参与"策略的主体数量占各自整个群体数量的比例，根据演化博弈理论，可以得到：

种植户选择"参与"策略的期望收益 E_{x1}、选择"不参与"策略的期望收益 E_{x2}：

$$E_{x1} = a_1 yz + a_2(1-y)z + a_5 y(1-z) + a_6(1-y)(1-z) \qquad (6.15)$$

$$E_{x2} = a_3 yz + a_4(1-y)z + a_7 y(1-z) + a_8(1-y)(1-z) \qquad (6.16)$$

种植户的平均得益为

$$\overline{E}_x = xE_{x1} + (1-x)E_{x2} \qquad (6.17)$$

养殖企业选择"参与""不参与"策略的期望收益 E_{y1}、E_{y2} 分别为

$$E_{y1} = b_1 xz + b_3(1-x)z + b_5 x(1-z) + b_7(1-x)(1-z) \qquad (6.18)$$

$$E_{y2} = b_2 xz + b_4(1-x)z + b_6 x(1-z) + b_8(1-x)(1-z) \qquad (6.19)$$

养殖企业的平均得益为

$$\overline{E}_y = yE_{y1} + (1-y)E_{y2} \qquad (6.20)$$

屠宰加工企业选择"参与""不参与"策略的期望收益 E_{z1}、E_{z2} 分别为

$$E_{z1} = c_1 xy + c_2 x(1-y) + c_3(1-x)y + c_4(1-x)(1-y) \qquad (6.21)$$

$$E_{z2} = c_5 xy + c_6 x(1-y) + c_7(1-x)y + c_8(1-x)(1-y) \qquad (6.22)$$

屠宰加工企业的平均得益为

$$\overline{E}_z = zE_{z1} + (1-z)E_{z2} \tag{6.23}$$

由此，种植户中选择"参与"策略主体数量占种植户总数比例的复制动态方程为

$$F(x) = \frac{\partial x}{\partial t} = x(E_{x1} - \overline{E}_x) \tag{6.24}$$

将公式（6.6）、公式（6.7）、公式（6.15）至公式（6.17）代入公式（6.24）中，得

$$F(x) = xy(1-x)(\beta_m P_m Q_m + e_1 + w_1 - h_1) \tag{6.25}$$

同理，养殖企业中选择"参与"策略主体数量占养殖企业总数比例的复制动态方程为

$$F(y) = y(E_{y1} - \overline{E}_y) \tag{6.26}$$

将公式（6.8）至公式（6.12）、公式（6.18）至公式（6.20）代入公式（6.26）中，得

$$\begin{aligned} F(y) = y(1-y)\big[& xz(e_2 - e_2' - e_2'') + z(\beta_z P_z Q_z + e_2' - h_2) \\ & + x(e_2'' + w_2 + w_3 - s_1) \big] \end{aligned}$$

$$\tag{6.27}$$

其中，e_2' 表示当养殖企业选择"参与"策略后，种植户、屠宰加工企业分别选择"不参与"策略、"参与"策略时所获得的额外得益；e_2'' 表示当养殖企业选择"参与"策略后，种植户、屠宰加工企业分别选择"参与"策略、"不参与"策略时所获得的额外得益。

屠宰加工企业中选择"参与"策略主体数量占屠宰加工企业群体总数比例的复制动态方程为

$$F(z) = z(E_{z1} - \overline{E}_z) \tag{6.28}$$

将公式（6.13）、公式（6.14）、公式（6.21）至公式（6.23）代入公式（6.28）中，得

$$F(z) = yz(1-z)(\beta PQ + e_3 + w_4 - h_3 - s_2) \tag{6.29}$$

6.3.2 基于 EGT－SD 模型的生猪产业链纵向联合稳定性及收益仿真分析

6.3.2.1 生猪产业链纵向联合稳定性分析

为进一步分析生猪产业链纵向联合的稳定性，并对该模式与传统模式的收益进行比较，根据上述所得三方主体的复制动态方程并结合系统动力学原理，构建生猪产业链纵向联合的流率基本入树模型。$L_1(t)$、$R_1(t)$ 分别表示种植户中选择"参与"策略的主体数量占群体总数的比例 x 及其变化量 $F(x)$；$L_2(t)$、$R_2(t)$ 分别表示养殖企业中选择"参与"策略的主体数量占群体总数的比例 y 及其变化量 $F(y)$；$L_3(t)$、$R_3(t)$ 分别表示屠

宰加工企业中选择"参与"策略的主体数量占群体总数的比例 z 及其变化量 $F(z)$（图6.8）。

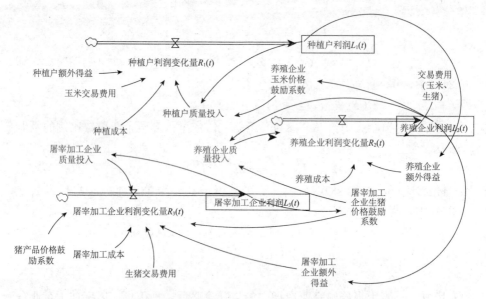

图6.8　生猪产业链纵向联合三方主体的流率基本入树模型

　　为更进一步地分析生猪产业链纵向联合的演化过程，根据种植户、养殖企业和屠宰加工企业三方主体复制动态方程中各变量的实际意义，设定初始值。

　　分别令 $\beta_m P_m Q_m + e_1 + w_1 - h_1 = \lambda_1$，$e_2 - e_2' - e_2'' = \lambda_{21}$，$\beta_z P_z Q_z + e_2' - h_2 = \lambda_{22}$，$e_2'' + w_2 + w_3 - s_1 = \lambda_{23}$，$\beta P Q + e_3 + w_4 - h_3 - s_2 = \lambda_3$，表示三方主体参与纵向联合前后的得益差值；在此假设 $\lambda_i > 0$，$\lambda_{2j} > 0$（$i=1$，3；$j=1$，2，3），为防止得益差值过大影响演化结果，取 $\lambda_1 = 0.11$，$\lambda_{21} = 0.12$，$\lambda_{22} = 0.13$，$\lambda_{23} = 0.15$，$\lambda_3 = 0.17$；生猪产业链纵向联合相较于其他传统模式普及度较小，各主体参与意愿不够强烈，故此假定三方主体选择"参与"策略的概率 x、y、z 分别取0.1、0.12、0.14。结合复制动态方程，利用软件 Vensim PLE 对生猪产业链纵向联合的稳定性进行仿真分析。

　　如图6.9所示，3条曲线分别表示种植户、养殖企业和屠宰加工企业的演化结果，均呈上升趋势，说明当三方主体存在一定的参与意愿时，生猪产业链纵向联合最终趋于稳定状态。

　　结合复制动态方程和演化结果来看，种植户策略选择的影响因素为 λ_1，主要包括玉米交易费用、玉米价格支持、额外得益以及质量投入；其中，玉米交易费用、玉米价格支持或额外得益增加，种植户倾向于选择"参与"策略；质

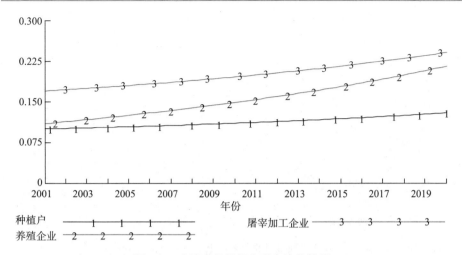

图 6.9　生猪产业链纵向联合演化结果

量投入上升，则倾向于选择"不参与"策略。养殖企业策略选择的影响因素为 λ_{21}、λ_{22} 和 λ_{23}，主要包括玉米交易费用、生猪交易费用、额外得益、生猪价格支持、玉米收购成本、质量投入；其中，玉米交易费用、额外得益或生猪价格支持增加都会促使养殖企业选择"参与"策略；玉米收购成本或质量投入上升，养殖企业倾向于选择"不参与"策略。屠宰加工企业策略选择的影响因素为 λ_3，主要包括猪肉价格支持、生猪交易费用、额外得益、质量投入、生猪收购成本；其中，生猪交易费用、猪肉价格支持或额外得益增加，屠宰加工企业倾向于选择"参与"策略；质量投入或生猪收购成本上升，屠宰加工企业倾向于选择"不参与"策略。

6.3.2.2　生猪产业链纵向联合与传统模式收益的仿真分析

以上分析得出生猪产业链纵向联合的稳定性，接下来继续对比纵向联合与传统模式的收益进一步说明纵向联合的优势（甘筱青等，2012）。根据 Wind 数据库，得到三方主体各自产品的平均价格作为初始值。其中，玉米价格 P_m 为 2.22 元/千克，玉米收购价格为 1.99 元/千克，生猪价格 P_z 为 14.52 元/千克，猪肉价格 P 为 23.35 元/千克；为方便运算，假定玉米产量 Q_m 为 1 千克，生猪出栏量 Q_z 为 1 头，猪肉产量为 1 千克；假设 β_m、β_z、β 分别为 0.1、0.11、0.13，通过 Vensim PLE 对三方主体混合策略集下的收益进行仿真分析。

如图 6.10 所示，2 条曲线分别表示种植户选择"参与""不参与"策略时的得益仿真结果。不难看出，种植户选择"参与"策略的得益始终高于选择"不参与"策略的得益，且这种差距越来越明显。由此可知，种植户更倾向于选择参与能够获得更高收益的生猪产业链纵向联合。

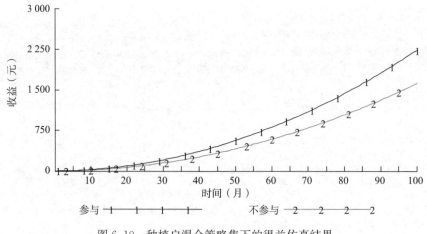

图 6.10　种植户混合策略集下的得益仿真结果

如图 6.11 所示，4 条曲线分别表示生猪产业链纵向联合、"养殖＋工贸"模式、"养殖＋种植"模式、独立经营 4 种模式得益的仿真结果；不难看出，以上 4 种模式的得益依次降低，且差距越来越明显。由此可得，养殖企业会倾向于参与能够获得更高收益的生猪产业链纵向联合。

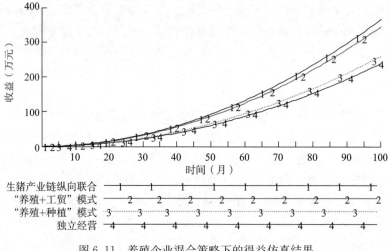

图 6.11　养殖企业混合策略下的得益仿真结果

如图 6.12 所示，2 条曲线分别表示屠宰加工企业选择"参与""不参与"策略时的得益仿真结果。不难看出，屠宰加工企业选择"参与"策略的得益始终高于选择"不参与"策略的得益，且这种差距越来越明显。由此可知，屠宰加工企业更倾向于选择参与可以带来更高收益的生猪产业链纵向联合。

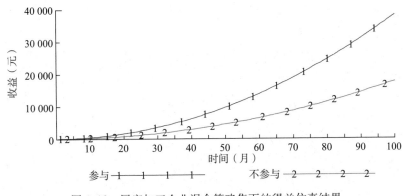

图 6.12　屠宰加工企业混合策略集下的得益仿真结果

6.3.3　结论与启示

本节通过 EGT-SD 模型对生猪产业链纵向联合的稳定性进行分析，并利用仿真技术对不同模式的收益进行比较，最终得出以下结论：①当种植户、养殖企业和屠宰加工企业均存在一定参与意愿时，生猪产业链纵向联合最终趋于稳定状态；②从收益角度来看，与传统模式相比，生猪产业链纵向联合的收益最高；③与"养殖＋工贸"模式、"养殖＋种植"模式以及独自经营相比，生猪产业链纵向联合在收益上具有相对优势，且这种优势越来越明显。

根据以上结论，针对养殖企业运营模式提出以下建议：①政府应当鼓励当地生猪产业链上的屠宰加工企业、养殖企业、种植户建立合作关系。②养殖企业应当坚持与上下游同时建立合作关系，这样不仅能够减少交易费用等成本，还能增加收益。生猪产业链纵向联合作为一种产业链合作运营模式，不仅具有稳定性，且与"养殖＋工贸""养殖＋种植"以及独自经营等模式相比，在收益上具有相对优势。但这种模式如何在生猪产业链上实施？对于契约和期权等合作方式，种植户与企业将会选择哪种方式进行合作？这些合作方式中，哪种能够使生猪产业链纵向联合上三方主体获得的收益最大？这些问题仍需进一步探索，此处限于篇幅无法进行详细描述，笔者将在之后的研究中对此类问题进行更深层次的探讨。

第7章 生猪产业链健康的品牌运营约束

随着我国区域经济一体化和农业经济体系的快速发展，畜牧业及相关企业的发展和竞争已经从以畜产品为中心转变为以消费者为中心，从以畜禽养殖环节为主向全链条客户服务延伸，品牌作为产品的质量、服务、技术、知名度等各方面的信息载体，已经成为现代企业提高自身竞争优势的关键。Verbeke 等（2005）对供应链品牌信号、客户信任和意愿之间的关系进行了系统的研究，张立胜（2010）在研究乳品品牌时探讨了品牌标识在乳品供应链上的重要作用，Robles 等（2011）研究了影响畜禽产品供应链品牌的关键因素及影响过程。根据文献梳理、资料收集和相关实践，可知提高我国畜产品供应链品牌体系发展的科学性和有效性，促进畜产品供应链品牌体系的价值增值、风险减损和成本节约，提高我国畜牧行业企业、产业和国家的竞争力，应从畜产品供应链品牌体系的创建、管理和经营过程入手，客观辨析中国畜产品市场规则不完善、畜牧行业分散经营、畜产品流通过程中环节协同度低、畜牧企业市场控制能力弱的实际问题，解决我国畜产品质量安全问题、保障消费者合理权益、提升畜牧行业竞争力和实现畜产品供应链企业可持续发展。

7.1 畜产品供应链品牌体系的系统认识

本章所研究的畜产品供应链是指围绕畜禽生产、加工和制造过程，由投入品生产、养殖、加工、制造、流通等各个产业环节部门基于链条状的物质、信息、资金和组织关联关系所构成的产品形态形成的物理过程、产品价值形成的经济过程、产品生产业务连接的管理过程，围绕核心畜产品加工企业，通过对信息流、物流和资金流的控制，从采购原材料开始，制成中间产品以及最终产品，最后由销售网络将产品送到用户手中，将供应商、制造商、分销商、零售商直到最终用户集成在一起形成物质链、信息链、资金链、组织链、增值链。畜产品供应链的核心是畜产品加工环节，是以提高畜产品附加值、满足人们对畜产品储存和消费等多元化需求为目的，根据畜产品的组织特性、化学成分和理化物质，采取不同的加工技术和方法，制成各种粗精加工成品与半成品的生产经营组织及业务集合。不同加工程度的畜产品在供应链上经过加工、包装、运输等，增加价值，实现相关供应链主体的收益分配与利益调节，详细结构如图 7.1 所示。

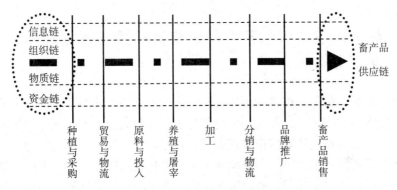

图 7.1　畜产品供应链的构成

畜产品供应链品牌本质上是与畜产品相关的名称、专有名词、标志、符号或设计的集成体,其以某一系列畜产品或相关企业品牌为核心、以市场信息为支撑,基于市场参照系建立起产品(服务)与消费者需求偏好之间的匹配关系,进而形成基于品牌的稳定契约关系,实现产品(服务)的市场差异性区分。

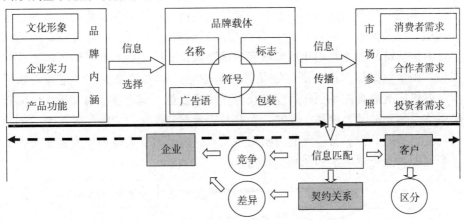

图 7.2　供应链品牌体系的结构模型
(图中"—→"表示信息的正向传递,"－－→"表示信息的逆向反馈)

基于上文分析及图 7.2 所示,本章所研究的畜产品供应链品牌体系是以畜产品供应链各环节品牌为基础,以品牌之间的关联、交互和作用关系为联结,所形成的特定品牌关联结构集合。本章在对畜产品供应链品牌体系创建与运营的系统认识的基础上,运用系统动力学原理、经济学分析方法,从动力、利益和协同角度出发构建畜产品供应链品牌体系创建与运营的机理模型;分析畜产品供应链品牌体系创建与运营的经济学原理,找出影响其目标实现的关键参数并对其进行深入解析,为畜产品供应链品牌体系创建与运营影响因素的提出、关键控制点的把握和常规流程的分析提供依据。

7.2 基于系统认识的畜产品供应链品牌体系创建与运营机理模型构建

畜产品供应链品牌体系的主体是相互之间存在战略联盟关系的各个环节品牌的所有者，这些主体的最终目标就是追求利益最大化，即实现品牌体系创建与运营的价值增益、风险减损和成本节约目标。假设这种主体之间的关系具有单一性，即不同环节主体之间的联合关系具有排他作用，一个环节的主体只能与另一环节的某一主体建立联盟关系，则畜产品供应链品牌体系创建与运营过程中各环节主体之间的运行机理介绍如下。

7.2.1 畜产品供应链参与主体的品牌经营动力机理模型

如图 7.3 所示，从动力的角度来看，畜产品供应链中的各个主体是否参与供应链品牌体系的创建并对品牌体系给予一定的投入，其关键在于品牌体系的创建是否能够获得更多的预期收益、降低风险概率和风险损失程度、节约企业经营成本以及提升企业自身所具有的品牌经营管理能力。在市场波动的情况下，若供应链品牌体系创建后能够有效地降低企业风险成本和风险可能造成的损失，则企业参与和投入供应链品牌体系创建的动力较高；在一定经营状况下，若供应链品牌体系创建后能够获得更多的收益，则企业参与和投入供应链品牌体系创建的动力更高。同时，企业是否参与和投入供应链品牌体系的创建还与其自身的品牌经营管理能力密切相关，品牌经营管理能力作为企业实力的一个侧面，受企业成本和利润的影响。

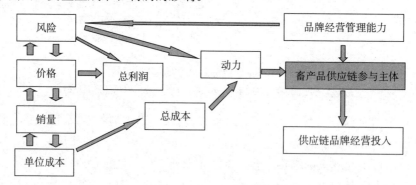

图 7.3 畜产品供应链参与主体的品牌经营动力机理模型

7.2.2 畜产品供应链品牌体系创建与经营的利益机理模型

如图 7.4 所示，从利益的角度来看，畜产品供应链品牌体系运营的过程中，不论是上游主体还是下游主体都有自己的一套内部收益函数。在各自独立的收益系统中，养殖成本影响畜产品市场价格，而根据市场供求关系，市场价格的变化又会对畜禽市场供应量产生影响，畜禽市场风险也会对主体总利润的大小造成冲击。同时，在畜产品供应链品牌体系创建的背景下，各环节主体都会对品牌体系进行一定的投入（受主体品牌体系投入动力与能力影响），基于品牌体系，畜产品市场销售过程形成客户吸引、成本节约、价格调节和风险防控，进而形成一系列闭环的利益传递反馈平衡关系。

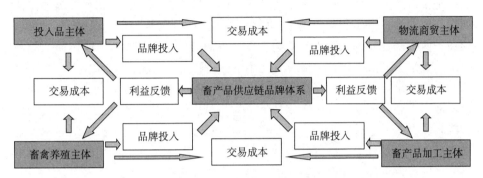

图 7.4　畜产品供应链品牌体系创建与经营的利益机理模型

7.2.3　畜产品供应链品牌体系创建与经营的协同机理模型

如图 7.5 所示，从协同的角度来看，上游主体与下游主体之间，由于其所具有的产业链上下游交易关系，上游原料价格是下游产品成本的重要组成部分，而下游产品销量的多少也会直接对上游原料的需求（供给）量产生关联效应。同时，畜产品供应链上下游企业之间的关系协同度和稳定性越高，主体之间交易成本就会相应降低，进一步促进各环节主体增益。

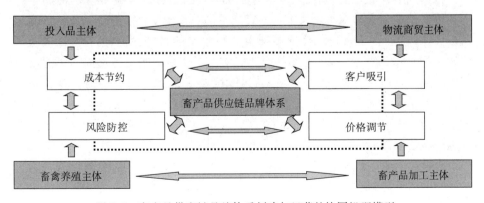

图 7.5　畜产品供应链品牌体系创建与经营的协同机理模型

7.3 畜产品供应链品牌体系创建与运营机理模型的经济分析

运用经济学中的需求函数和成本收益函数等基础模型，构建畜产品供应链中主体的收益函数，并借助品牌体系对畜产品供应链中主体收益的影响，依据博弈论中纳什均衡的方法，对经济学模型进行改进和分析。

基于畜产品供应链品牌体系各相关主体的经济人假设，可知影响品牌主体创建与运营的主要是利益问题，即建立科学合理的利益关系。根据分配理论，利益平衡机制建立的关键点主要包括2个方面：一是在产业链下游产品或服务输出的过程中通过品牌体系化获取合作的利润增益，即做大"蛋糕"；二是在利润增益的条件下对产业链中各环节企业按照品牌体系投入给予合理的利润分配，即实现利益公平。在一定条件下，参与品牌体系的主体存在2种行为选择可能，即投入或不投入，投入则品牌体系能够存续并运行，不投入则品牌体系消失（考虑到一旦退出品牌体系就不能再受到品牌体系资本价值的影响），主体的这种行为选择与利益增益和利益公平性直接相关。

引入成本收益函数，畜产品供应链中主体的收益函数可表示为

$$\pi = E(1-f) - C \tag{7.1}$$

其中，π 表示主体的利润，E 表示主体的总收入（$E = P \cdot Q$），f 表示自然风险、市场风险和经营风险的风险损失率，C 表示主体的生产经营成本。结合品牌的作用关系对模型进一步细化。

根据需求函数，产品销售价格与销量之间存在线性函数关系，即有 $Q = \alpha - \beta P$（销售价格增高时销量减少），在品牌的作用下，需求曲线向右上方偏移和旋转，需求函数变化为 $Q = g(\alpha - \beta P)$。其中，g 表示品牌吸引力。

根据成本管理理论，企业生产经营成本可以划分为3个部分，即固定成本、可变成本和交易成本。其中，固定成本的总量不变，随着产品数量的增加而被分摊，用 FC 表示；可变成本随着产品数量的增加而增加，用 VC 表示，$VC = AVC \cdot Q$，其中 AVC 为单位可变成本；而交易成本是指达成一笔交易所花费的成本，包括传播信息、广告、运输以及谈判、协商、签约、合约执行的监督等活动所花费的成本（科斯，1937），用 TC 来表示。那么，成本函数就是 $C = FC + VC + TC = FC + AVC \cdot Q + TC$。同时，品牌体系的投入作为企业生产经营成本的一部分，用 I 表示。

根据风险管理理论，畜产品供应链各环节主体所面临的风险可以划分为自然风险、市场风险和经营风险3类，风险对主体收益的影响主要体现为2个方面，即风险发生的概率和风险损失的程度。品牌在一定程度上能够帮助企业降

低风险损失的程度，同时降低风险发生的概率（如标准化生产、一体化供应、协商决策等），而供应链品牌体系的建立则有利于强化这种供应链各环节主体的抗风险能力，即品牌体系对风险存在一个调整系数 θ（$0 \leqslant \theta \leqslant 1$），品牌体系影响力越强、品牌调整系数越小，风险损失率就越小。

综上所述，畜产品供应链各环节主体的收益函数就变化为

$$\pi = P \cdot Q \cdot (1 - \theta f) - (FC + AVC \cdot Q + TC + I) \tag{7.2}$$

假设，畜产品供应链上有且只有分别从属于上游环节和下游环节的 2 个主体 A 和 B，二者拥有自有品牌且共同创建了供应链品牌体系时，上游主体 A 的原料单位成本为 C_A，原料单价为 P_A，原料供给量为 Q_A；主体 B 的产品单位成本为 C_B、产品单价为 P_B、原料供给量为 Q_B。由于品牌体系作用，品牌体系的吸引力为 g，此时，下游产品的需求函数变化为

$$Q_B = g(\alpha - \beta P_B) \tag{7.3}$$

整个供应链的成本函数为

$$C = TFC + VC \cdot Q + kTC + I \tag{7.4}$$

其中，TFC 表示供应链主体 A、B 的总固定成本，VC 表示整个供应链产品生产经营过程的可变成本（去除各环节主体加价后），k 为交易成本变动系数，I 为主体 A 和 B 在品牌体系上的总投资。

假设，原料与产品之间存在 1∶1 的数量关系，整个供应链的总利润为

$$\pi = Q \cdot P_B(1 - \theta f) - C = gP_B(\alpha - \beta P_B)(1 - \theta f) - \\ VC \cdot g(\alpha - \beta P_B) - kTC - I - TFC \tag{7.5}$$

求整个供应链的最大利润，令 $\dfrac{\partial \pi}{\partial P_B} = 0$，则有

$$P_B^* = \frac{\alpha(1 - \theta f) + \beta VC}{2\beta(1 - \theta f)} \tag{7.6}$$

将公式（7.4）和公式（7.3）联合求解，可得最大利润为

$$\pi^* = g \frac{(1 - \theta f)\alpha^2 - (1 + \theta f)\beta^2 VC^2}{4\beta} - kTC - I - TFC \tag{7.7}$$

引入品牌体系利润分配比例 s，则获得最大利润时应满足

$$\frac{\pi_A}{\pi_B} = \frac{I_A}{I_B} = \frac{s}{1 - s} \tag{7.8}$$

从纳什均衡条件下最大利润的计算公式可以得出结论：在畜产品供应链品牌体系创建与运营条件下，品牌体系的利润增值作用的影响参数主要有 3 个，即品牌吸引力 g、风险调控系数 θ 和交易成本变动系数 k；影响参数 I（品牌体系总投入）与前 3 个参数 g、θ、k 存在关联关系，投入多少与品牌体系利润增值之间的关系存在一定的复杂性。

同时，畜产品供应链品牌体系增值作用的大小还与所处行业特点、环节主

体的成本管理能力等因素相关。一般而言，在产品市场上，市场需求空间越大（α 越大）、消费者价格敏度越低（β 越小），品牌体系创建与运营后可能获得的利润增值就越高，且行业可变成本对品牌体系增值的影响高于固定成本。

7.4 畜产品供应链品牌体系创建与运营机理模型的关键参数讨论

结合经济学分析的结果，对影响畜产品供应链品牌体系创建与运营的关键参数进行解析。

7.4.1 品牌吸引力 g

品牌吸引力 g 主要是指消费者购买产品时受品牌的影响。品牌经济学认为，品牌是与目标顾客达成了一种长期利益均衡，从而降低其选择成本的排他性品类符号，品牌信用度（用 B 表示）就是指消费者对品牌作出承诺的程度；品牌品类度（用 b 表示）是指消费者在心理上，将某个现实品牌当作某个品类的心理认知程度，也就是一个品牌所代表单一利益点的程度。一般而言，在某品牌商品的销售价格及其他条件不变的情况下，该品牌的需求数量与品牌信用度呈正比，即品牌信用度越高，需求数量就越大；反之，则越小。这里品牌需求数量与品牌信用度的正比例关系就是品牌吸引力 g。也就是说，品牌信用度越高，品牌吸引力 g 就越大，品牌体系增值就越大。

借鉴品牌经济学以品牌信用度代表品牌价值的思路，同时根据曹琳等（2012）的研究，以两品牌联合后的信用函数 $B_\infty = \lambda \cdot f(B_l, B_h) = \lambda \sqrt{B_l \cdot B_h}$ 为基础，B_∞ 表示联合后的品牌信用度；B_l 表示低信用度的合伙品牌的品牌信用度；B_h 表示高信用度的合伙品牌的品牌信用度；λ 表示品类契合系数，以 $L = \{b_{l1}, b_{l2}, b_{l3}, \cdots, b_{ln}\}$ 表示联合前品牌 **L** 的利益点的集合，以 $H = \{b_{h1}, b_{h2}, b_{h3}, \cdots, b_{hm}\}$ 表示联合前品牌 **H** 的利益点的集合，$\lambda = \dfrac{\text{card }(L \bigcap H)}{\text{card }(L \bigcup H)}$（函数 card 表示计算集合内元素的个数）。2 个品牌完全类似时，card（L $\bigcap$ H）= card（L $\bigcup$ H），也就是说 $\lambda = 1$；2 个品牌完全不同时，card（L $\bigcap$ H）= 0，则 $\lambda = 0$；一般情况而言，$0 \leqslant \lambda \leqslant 1$。

畜产品供应链品牌体系的创建与运营，实质上就是多个子品牌联合的过程。因此，结合联合品牌的信用函数，可以得出以下结论。

在公式 $B_\infty = \lambda \sqrt{B_l \cdot B_h}$ 两端对 B_l 求偏导，可得 $\dfrac{\partial B_\infty}{\partial B_l} = \dfrac{\lambda \sqrt{B_h}}{\lambda \sqrt{B_l}} > 0$，$\dfrac{\partial B_\infty}{\partial B_h} =$

$\dfrac{\lambda\sqrt{B_1}}{\lambda\sqrt{B_h}}>0$，$B_1$、$B_h$ 中的任何一个越大，那么联合后的 B_∞ 就越大，即任何一个的品牌信用度增大，都会带来联合品牌信用度的增加。

结论1：畜产品供应链品牌体系吸引力的大小与构成品牌体系的子品牌吸引力呈正相关。

以品牌信用度代表品牌价值，以2个品牌的品牌体系建设为例，品牌体系创建与运营需要满足 $V_0=V_1+V_h$，$V_1=V_1\cdot V_h$，且 $V_0<V_1$，代入 $B_\infty=\lambda\sqrt{B_1\cdot B_h}$，整理后可得到不等式，$\lambda^2>\dfrac{B_h}{B_1}+\dfrac{B_1}{B_h}+2$。不等式中，品牌契合度 λ 以平方的形式出现。由此可见，品牌契合度对联合品牌价值的影响较大，超过了合作子品牌的价值影响。

结论2：畜产品供应链品牌体系创建后品牌吸引力的增加或减少与子品牌之间的品牌契合度呈正相关，品牌契合度对品牌体系吸引力的影响高于单一品牌吸引力的影响。

在2个品牌联合的特例模式中，根据公式 $B_\infty=\lambda\sqrt{B_1\cdot B_h}$，2个品牌联合后其品牌价值介于高信用度品牌价值与低信用度品牌价值之间。此时，初期需要满足 $B_\infty-B_1>B_h-B_\infty$ 且 $B_\infty-B_1>0$。也就是说，低信用度品牌联合后的价值增值大于高信用度品牌联合后的价值损失，这时品牌联合行为才有可能发生，运营一段时间后，要实现 $B_\infty>B_h$。

结论3：畜产品供应链品牌体系的创建对于供应链品牌薄弱环节具有较大的提升作用，但需供应链品牌优势环节承担一定的成本和风险。

根据品牌经济学，品牌信用度等于品牌品类度与品牌策略的乘积，即 $B=b\cdot s$。品牌品类度表达了品牌对目标顾客程度利益点或品类的精确度，而品牌策略则表达了品牌是如何精确地履行品类承诺的，若品类一定，但策略错误，品牌也会失去信用。

结论4：畜产品供应链品牌体系吸引力的大小受产品对消费者需求的匹配程度、品牌主体对相关利益点的品牌策略（品牌经营管理能力）的影响。

7.4.2　风险调控系数 θ

根据鲁棒控制原理，畜产品供应链品牌体系创建与运营后对供应链各环节风险的调控主要体现在2个方面：一是品牌体系创建与运营对整个供应链稳健性的提升，即降低风险发生的概率；二是品牌体系创建与运营后畜产品供应链风险应急处理，即风险发生后整个供应链体系能够迅速恢复，减少风险发生可能带来的损失。品牌体系风险调控系数 θ 正是供应链稳定能力和应急处理能力2个方面的综合体现（图7.6）。

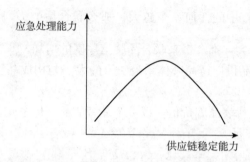

图 7.6　畜产品供应链品牌体系风险调控能力

品牌体系风险防控的这 2 个方面之间的关系不是简单的正相关或负相关，依据系统学原理，一般而言在初始阶段，供应链稳定性越高，其风险应急处理能力也越好；随着供应链稳定性的进一步上升，达到一定水平后，供应链稳定性与风险应急处理能力出现负相关的曲线关系。这主要是因为，供应链作为一个系统，其稳定性的高低主要是由供应链各环节的规模、质量稳定性、关系协同度、信息对称性等因素影响的，这种稳定性在品牌角度就体现为市场控制力（市场份额）、行业影响力、消费者吸引力和品牌体系的进入退出壁垒等方面，因此对风险的应急处理具有积极影响；但随着供应链稳定性的进一步提升，达到一定水平之后，由于系统的规模、构成及其之间的关系日益冗杂，在遇到风险时的反应力、决策力和应急措施实施等就会受到影响，导致风险应急处理能力降低。

结论 5：畜产品供应链品牌体系的风险调控能力受供应链终端产品的市场份额、质量、稳定供给能力、信息对称性、主体关系协同度、行业影响力、消费者忠诚度和依赖度以及品牌体系的进入退出壁垒等方面因素的影响。

7.4.3　交易成本变动系数 k

科斯在 1937 年出版的《企业的性质》一书中将交易成本解释为"利用价格机制的成本"，认为交易费用至少包括以下 3 个方面：发现相对价格的成本、谈判和签约的成本、其他以后需要解决的交易细节问题。而交易成本产生的原因主要是交易双方的信息不对称性、机会主义行为、资产专用性、环境的不确定性和人的有限理性。根据上述交易成本产生的原因，得出以下结论。

结论 6：畜产品供应链品牌体系创建与运营对交易成本节约的影响主要体现在品牌体系创建后各环节主体之间信用的累积与提高。

一般而言，交易双方信用度越高，交易过程中搜寻价格、谈判、监督等消耗的成本就越少，交易成本就会越低；反之亦然。畜产品供应链品牌体系的创建，使得供应链原本存在外部市场交易关系的主体变成了利益的共同体，将外部市场交易关系转变为系统内部交易关系，主体之间为了实现同一目标而努力。由于品牌体系的进入与退出壁垒，主体采取机会主义行为的沉没成本增加，降低了违约行为发生的可能性。同时，供应链品牌体系的形成也会在一定程度上提高整体应对环境不确定性的能力。

结论 7：品牌体系对交易成本的影响受到各环节主体的组织模式、供求关系、品牌体系信息对称性、品牌体系信用资本等因素的影响。

7.4.4　品牌体系利润分配比例 s

畜产品供应链品牌体系中的各个主体在利润分配比例上，主要受 3 个方面因素的影响：一是单一主体所有的品牌对畜产品供应链品牌体系增值的贡献度，二是单一主体对畜产品供应链品牌体系的投入质量，三是单一主体在畜产品供应链品牌体系创建与运营过程中的努力水平。利润分配比例 s 就是这 3 个因素的函数。同时，依据利益公平的分配原则，畜产品供应链品牌体系中的各个主体的利润分配比例往往需要与其品牌体系的投入成本所占比例相等，由此可得出以下结论。

结论 8：畜产品供应链品牌体系的利润分配关系主要受供应链品牌体系中各个主体的品牌竞争力、品牌经营管理能力、企业投入能力等因素的影响。

畜产品是我国农产品中品牌化最早也是最成功的，但从产品品牌到供应链品牌的进阶过程存在各类问题。本章结合对品牌、品牌体系、畜产品供应链等关键点的系统认识，界定了畜产品供应链品牌体系的内涵，即畜产品供应链品牌体系是以畜产品供应链各环节品牌为基础，以品牌之间的关联、交互和作用关系为连接，所形成的特定品牌关联结构集合；并通过文献资料梳理，从畜产品供应链品牌发展的现状出发，提出了畜产品供应链品牌发展面临的品牌载体稳定性差、品牌风险较大、品牌知名度高低不一、影响力偏低、品牌选择成本较低、依赖度和忠诚度难以形成、品牌的空间局限性大、覆盖范围有限等现实问题，明确了畜产品供应链品牌体系化在提升畜牧企业竞争力、保障消费者合理权益、保障畜产品安全供给和协同实现产业综合发展目标等方面所具有的现实意义。

7.5　畜产品供应链品牌体系创建与运营的问题分析

品牌文化、品牌信用、品牌体系结构、子品牌价值和品牌契合度等是影响畜产品供应链品牌体系创建与运营的主要因素。畜产品供应链品牌体系创建与运营受到内外部各种因素的综合作用，当这些因素处于最佳组合状态时，畜产品供应链品牌体系最易于创建与运营，且品牌体系创建运营后能够获得最大化利益。但在实际情况中，影响因素受到品牌体系所处环境条件、自身状况以及相互之间作用关系的影响，往往不能发挥对畜产品供应链品牌体系创建与运营的正向促进作用，导致品牌体系在创建与运营过程中存在一些亟待解决的关键性问题。本节结合我国涉农产业和供应链企业的现状与特色，针对畜产品供应链品牌体系创建与运营过程中普遍存在的关键性问题进行解析。

7.5.1 畜产品供应链品牌体系的风险隔离问题

质量安全是涉农产业的最基本要求，我国涉农产业质量安全问题及其所造成的全行业风险传播日益严重。2011年"3·15"特别节目《健美猪"真相"》报道称，河南孟州等地采用违禁动物用药"瘦肉精"饲养的有毒猪，流入了双汇集团下属的济源双汇。双汇集团在此次事件中损失惨重，销售额锐减，股票大跌，同时也失去了消费者的信任。诸如此类的食品安全事件层出不穷，畜产品供应链品牌体系的风险隔离问题成为每一个涉农产业相关企业所关注的重点，也是我国政府和消费者所关心的。从"健美猪"事件中可以看出，造成这类问题频繁发生、损害巨大且大范围波及的主要原因有以下3点。

（1）我国涉农产业信息对称性较低，质量信用环境较差。所谓质量信用环境，是指在整个宏观市场环境中，产品或服务按照承诺满足客户需求的程度和稳定性。社会质量信用环境与企业质量信用水平之间存在一定的关联，当社会质量信用环境较好时，单一企业若质量信用水平较低，在整个社会环境的作用下就会受到惩罚甚至被淘汰，单一企业也就倾向于采取积累正向信用的行为；当社会质量信用环境较差时，单一企业若质量信用水平较高，也会由于整个社会环境较差而造成损害，即无法获得该质量信用水平下应有的回报，从而影响了企业保持自身高质量信用的积极性。以食品安全事件为例，由于整个社会平均质量信用水平不高、行业信息对称性较低（信息后置性）、消费者对品牌产品的信任度不够等原因，高质量信用水平的企业及其所提供的产品或服务无法实现"优质优价"，企业在维持高质量信用水平的目标下难以获取利益。

（2）我国畜产品供应链上下游实力不均衡，各环节协同度不足。由于供应链上游原料生产环节多以分散式、小规模的生产模式为主导，生产过程可控程度较低；上游与下游之间主要采取稳定性较差的订单式连接模式，上下游之间利益关系不稳定、协同度较低。在这种供应链关系模式的作用下，畜产品供应链中各个环节的主体很难就质量安全问题达成一致目标，在信息和信用方面也难以实现对称和追溯，其所产出的最终产品或服务质量稳定性和信用度较低。即使在某一环节存在能够保持自身高质量信用水平的主体，也会由于其他环节的不协同，造成其质量优势和信用水平在整个供应链上的衰减。

（3）我国食品消费市场需求空间巨大，品牌影响力不足。我国人口众多、食品消费需求空间巨大，同时食品市场上产品同质性、可替代性较强，在这种市场消费特性的驱动下，食品供应商之间的竞争往往集中在规模和成本 2 个指标上，占据大范围的市场、实现最低的成本——追求规模经济成为竞争中制胜的关键。在不考虑企业质量管控水平的前提下，对规模经济的盲目追求导致企业风险加大，企业供应链稳定性进一步降低，从而削弱了企业应对风险的能力。同时，由于企业一味地关注品牌认知度和知名度，忽略了品牌满意度、美誉度和忠诚度的培育，食品市场上各个主体的品牌影响力处于较低水平，不足以帮助企业对抗风险，由此导致了畜产品供应链风险发生概率大、风险应对能力弱和风险波及范围较大。

7.5.2　畜产品供应链品牌体系的利益传递问题

畜产品供应链品牌体系并不是简单的供应链各环节品牌的叠加或背书，在品牌联合、关联背书的表现形式下，更多的是建立起供应链各个环节主体协调一致的稳定利益关系，实现各环节主体的利益和竞争目标，促进整个产业链的良性发展，满足政府和消费者的稳定供给及食品安全需求。但在实际供应链品牌体系运营的过程中，由于供应链各个环节企业均追求利益最大化，且畜产品供应链品牌体系所带来的增值集中在供应链下游所产出的产品或服务中，如何敦促畜产品供应链品牌体系下游主体以公平、积极的态度对上游主体进行利益的传递是要解决的一个重要问题。造成这一问题的原因主要有以下 2 点。

（1）畜产品供应链品牌体系各个环节主体的有限理性。有限理性的概念是由阿罗提出的，这种有限性主要来源于环境的复杂性、不确定性以及人对环境的计算能力和认识能力的有限性。根据这一理论，畜产品供应链品牌体系的各个主体在进行品牌体系合作的行为决策时，主体会根据自身对品牌体系合作后可能获取的利益多少来决定其行为选择。在决策过程中，这种利益的多少主要来源于当次交易中可能获取的利益（与不合作情况对比下利益的多少）、未来继续获取收益的可能性以及不合作可能造成的损失等多个方面。而主体的有限理性就造成其决策对信息对称性的依赖性增强，也使得其对现有和未来收益的计算受到个人认识水平、信息获取能力等方面因素的影响，时间越长，信息获取能力和个人认识水平越低，越会造成决策的不确定性（图 7.7）。

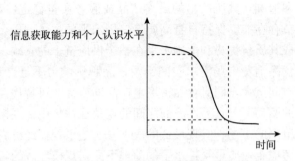

图 7.7　主体的有限理性

（2）畜产品供应链品牌体系各环节主体贡献度难以衡量。畜产品供应链品牌体系各个环节主体对品牌体系的贡献度与其自身的投入多少、投入质量、努力水平和与品牌体系的协同度等方面因素相关，由于品牌所具有的虚拟性、无形资产特性，这些因素无法量化，造成品牌体系相关主体贡献度难以衡量、利益公平难以实现的问题。而从结果的角度出发，各个环节的品牌价值也可以作为利益分配的标准，但品牌价值的评估也是一个专业性较高、复杂程度较高、成本较大的工作，且社会上不同的品牌价值评估机构由于所采取的评估模型和方法不同，评估结果存在很大差异，依靠品牌价值评估来进行品牌体系管理也是不实际的。

7.5.3　畜产品供应链品牌体系的协同增效问题

畜产品供应链品牌体系创建之后，畜产品供应链品牌体系内部各子品牌及主体之间的关系协同是实现品牌体系价值增益、风险减损和成本节约的关键。为了以最少的投入获取最大的收益，也为了实现品牌体系内部各个子品牌"1＋1＞2"的涌现效应，促进畜产品供应链品牌体系内部的协调统一是品牌体系经营和管理的重中之重。具体而言，畜产品供应链品牌体系内部品牌和主体关系的协同受以下 3 个方面的影响。

（1）畜产品供应链品牌体系单一主体品牌行为的非经济性。所谓非经济性，主要是指组织经营活动过程中获得一定数量和质量的产品和服务及其他成果时所耗费的资源不是最少的，即资源的投入和使用没有按照合理的方式进行。由于畜产品供应链品牌体系单一主体认识水平、资源调配能力、品牌经营能力、目标层级、环境条件分析等方面的局限性，其独立选择和实施的品牌行为存在很大程度的非经济性，这种非经济性具体可能表现为：其一，品牌体系投入的片面性，即主体对品牌体系的投入忽略了品牌体系的一些利益点，导致品牌体系的利益增加不完全；其二，不同主体品牌体系投入的重复性，不同主体都对品牌体系进行某一方面的投入，且投入的增加不会产生效益的增加，导致投入成本的浪费；其三，主体品牌体系投入不经济，即由于投入能力、方向或方式的限制，主体对品牌体系的投入未发挥出最大效应；其四，主体品牌体系投入的冲突性，即由于主体出发点不同，其对品牌体系的投入具有一定的矛盾冲突，致使产生消费者感知混乱等负面效果。

（2）畜产品供应链品牌体系市场与客户的多元性。畜产品供应链品牌体系面向多元化客户和市场，客户根据年龄、受教育程度、情感偏好、居住地点等不同形成差异化的消费群体，市场在地理位置、空间范围、发展水平等方面也具有差异，不同的市场和客户对品牌的诉求有所不同。一般而言，畜产品供应链品牌体系所面对的市场和客户种类越多、差异性越大，对品牌体系内部关系协同的要求就越高；若关系不协同，就会进一步放大单一主体品牌行为的非经济性，从而影响其品牌体系的创建与运营。

（3）畜产品供应链品牌体系内部关系的复杂性。已经进入畜产品供应链品牌体系内部的各子品牌及其所有者主体之间的关系具有复杂性，通常呈现出竞争合作关系，在竞争中共同发展进步、实现优胜劣汰，在合作中谋求更好的共存方式。由于主体之间这种竞争合作关系的存在，畜产品供应链品牌体系内部关系的协同难度大幅增加。一般而言，主体处于竞争状态时是难以实现关系协同的，其必须通过二者竞争点的分离或者共同利益点的强化，使这种直接竞争关系向合作关系转化，才能实现品牌体系协同目标。

7.5.4　结论与启示

（1）针对畜产品供应链品牌体系的风险隔离问题的对策。围绕自身所建立的优势供应链体系建立一个能够将自身与外部不利环境相隔离的"保护罩"，防止外部风险的波及，同时降低内部风险发生概率。

（2）针对畜产品供应链品牌体系的利益传递问题的对策。实现畜产品供应链品牌体系的利益公平、合理传递是促进品牌体系存续、运营和发展的关键，解决利益传递问题就要在品牌体系内部建立一个能够保证供应链各个环节主体之间信息对称完备、利益公平的机制。

（3）针对畜产品供应链品牌体系的协同增效问题的对策。畜产品供应链品牌体系关系协同问题的化解，需要通过市场细分、主体关系分析，对品牌体系内部主体进行明确的整体统筹和分工协作安排，整合主体的品牌行为，以主体关系的协同促进品牌体系三元核心目标的实现。

7.6　畜产品供应链品牌体系创建与运营的过程分析

品牌作为产品外延信息的集成载体，是顾客消费决策的重要依据，也是现代企业提升竞争优势的关键抓手。在畜产品供应链上，随着各类安全危机频发，相关主体对质量安全问题关注度大幅提升。畜产品供应链各个环节上，原本分散独立的企业和产品品牌已经不能满足消费者的需求，人们对大品牌的畜产品信赖度越来越高，但我国畜产品供应链相关主体规模普遍较小、供应链环节协同度较低、运营流程规范性较差，远远不能满足市场对质量与数量的需求，基于科学系统认识的品牌体系创建与运营势在必行，这项工作中的难点问题之一就是运营流程的梳理与标准的构建。

马士华等（2013）通过研究众多小型企业参与的食物供应链质量安全问题，认为供应链主体流程及其标准建立是规范食物供应链的重要途径。肖亮（2011）从绿色设计、绿色采购、绿色生产、绿色营销和绿色物流 5 个方面分析了农产品绿色供应链的运作流程。王刚毅等（2013）对畜产品供应链品牌体系的构建与运营进行了系统研究，提出以畜产品供应链环节一体化战略联盟为基础的品牌体系创建与运营势在必行。本节主要结合行业特点对畜产品供应链品牌体系创建与运营的关键影响因素、核心问题和重点策略展开研究。

畜产品供应链品牌体系的创建与运营以品牌体系价值的增益、减损作为核心目标，根据品牌价值链的相关理论，畜产品供应链品牌体系创建与运营过程是一个从价值来源、价值实现到价值增益、价值减损的价值活动过程（图 7.8）。

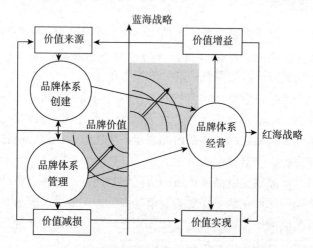

图 7.8　畜产品供应链品牌体系创建与运营的思路

7.6.1　畜产品供应链品牌体系创建的流程

畜产品供应链品牌体系的创建是初步构建供应链品牌体系的过程，根据品牌价值链理论，其主要任务在于明确和把握品牌体系的价值来源。结合品牌传播学的三元中心理论，品牌价值主要来源于社会对品牌的评价、企业自身对品牌的打造、消费者对品牌的认同。畜产品供应链品牌体系的价值主要来源于 3 个方面：一是畜产品供应链客户基于产品或服务的品牌需求，二是社会对品牌满足需求程度的评价，三是企业为了满足需求所做的努力。由此，畜产品供应链品牌体系的创建主要包括 3 个步骤。

（1）畜产品供应链品牌体系的需求目标分析。畜产品供应链品牌体系的客户主要包括市场消费者、品牌体系内部成员单位、品牌体系外部合作伙伴、品牌体系所涉及的产业或政府部门等。第一，对上述 4 类主体的需求进行分析，借助调查研究方法收集各主体的需求；第二，对已有需求进行梳理辨识，找出共性、关键性、核心的需求；第三，进行需求优化，分析需求之间的互促、互补、制约关系，明确需求结构；第四，将需求目标化，根据需求分析结果和需求结构确定畜产品供应链品牌体系的目标及结构。

（2）畜产品供应链品牌体系的文化内涵定位。以畜产品供应链品牌体系的需求分析为基础，围绕品牌体系创建的需求结构和目标，从品牌体系内部原有品牌文化梳理、品牌体系外部优秀品牌文化借鉴和品牌体系文化需求创新的角度出发，明确畜产品供应链品牌体系的文化内涵定位。在整个品牌体系文化内涵界定的过程中，运用蓝海战略的分离思想，对品牌体系文化内涵要素进行拆分、剔除、转化和创新，形成新的品牌体系文化内涵。

（3）畜产品供应链品牌体系的系统构建。畜产品供应链品牌体系的系统构建要以品牌体系的需求目标分析和文化内涵界定为基础及约束，主要分 3 个步骤：一是品牌体系主体选择，结合需求目标和文化内涵的要求，选择适合的品牌主体纳入品牌体系之中；二是品牌体系层次结构确定，对纳入品牌体系内部的各个品牌类型进行划分，明确不同品牌类型之间的支撑和连接层次结构；三是品牌体系关系确定，根据品牌体系的要求和下属品牌主体特点，针对品牌体系的单一品牌模式、母子品牌模式和主副品牌模式进行选择决策，并进一步明确品牌体系内部各子品牌之间的关系。

7.6.2　畜产品供应链品牌体系经营的流程

畜产品供应链品牌体系经营就是整合整个品牌体系的资源资本，关联、带动、组合其他资源和资本，获取最大经济效益和社会效益的一种经营活动和经营行为，其目标在于提高品牌体系运营的效益，结合品牌价值链思想，品牌体系经营实质上就是品牌体系的价值实现和价值增益过程。结合企业管理的相关理论方法，品牌体系经营主要包括 2 个层面的活动：一是根据企业的资源状况和所处的市场竞争环境对企业长期发展进行战略性规划和部署、制定企业的远景目标和方针的战略层次活动；二是为了实现某种特定目的，运用经营权所采取的基本活动，即策略层面的经营。由此，畜产品供应链品牌体系经营的流程如下。

（1）畜产品供应链品牌体系的环境条件分析。从畜产品供应链品牌体系的实际情况出发，以建立畜产品供应链品牌体系创建与运营的影响因素框架为基础，对畜产品供应链品牌体系经营所处的内部条件和外部环境进行分析。一是环境条件状况评价，即对畜产品供应链品牌体系运营环境条件的各个要素现状进行评价和分析；二是环境条件动态分析，即了解畜产品供应链品牌体系所处的环境条件正在发生或将要发生哪些变化，这些变化将会给品牌体系的发展带来何种影响，即带来哪些有利的影响或带来哪些不利的影响；三是环境条件 SWOT 分析，根据环境条件状况评价和动态分析，建立畜产品供应链品牌体系经营的 SWOT 分析框架，为品牌体系经营战略和策略的制定奠定基础。

（2）畜产品供应链品牌体系的经营战略谋划。畜产品供应链品牌体系的经营战略谋划主要包括 3 个方面的内容，即经营战略目标确定、经营战略模式选择和经营战略路径策划。从经营战略目标确定的角度来看，主要是依据需求目标和环境条件分析，明确畜产品供应链品牌体系未来发展的方向、愿景和具体目标；从经营战略模式选择的角度来看，主要是结合品牌体系的经营战略目标和整个供应链发展的整体战略思想，从成本最小化、差异化或蓝海战略以及稳定型、扩张型或紧缩型战略中进行选择；从经营战略路径策划的角度来看，重点在于依据经营战略模式选择进行战略的阶段部署，对阶段目标、任务和发展思路进行分析和设计。

（3）畜产品供应链品牌体系的经营策略制定。畜产品供应链品牌体系经营策略的制定主要分为 3 个步骤：一是策略目标确定，即围绕品牌体系经营战略目标和问题解决目标，确定策略所要实现的目标；二是策略方案设计，根据策略所要实现的目标，结合环境条件分析，找出解决问题、实现目标的可行策略方案集合；三是策略评价选择，根据策略方案的目标实现程度、可行性、整体协同性等方面的对比分析，选择最优的品牌体系经营策略组合。

7.6.3 畜产品供应链品牌体系管理的流程

畜产品供应链品牌体系管理的主要目的是提高品牌体系运营效率，根据品牌价值链理论，品牌体系管理的本质就是要实现价值减损，这种管理是对品牌体系创建与运营全过程的管理。由此，畜产品供应链品牌体系管理的流程如下。

（1）畜产品供应链品牌体系管理的组织载体设置。品牌本身就是一种权利的象征。因此，品牌体系的管理要从品牌的权利出发，就是要基于畜产品供应链品牌体系的权责关系分析设置相应的组织载体：第一，要明确品牌体系中各主体所拥有的品牌权利，这种权利包括品牌所有权、品牌经营权和依靠品牌获取利益的权利等；第二，根据不同主体所拥有的品牌权利的类型和等级的不同，确定相应主体在品牌体系创建与运营中需要承担的责任；第三，进行权责关系的优化，依据不同主体在品牌方面所具有意识、动力、能力等方面的差异，对权责关系结构进行调整；第四，根据权责关系设置组织机构、确定权责分配、理顺组织关系。

（2）畜产品供应链品牌体系管理的日常制度安排。畜产品供应链品牌体系的日常制度安排主要是指结合品牌体系的构成，对品牌体系各个要素进行日常管理。具体流程为：第一，分类梳理日常管理工作，一般而言，畜产品供应链品牌体系的日常管理工作主要包括品牌体系载体管理、品牌体系关系管理、品牌体系进入退出管理和品牌体系考核管理等方面；第二，确定日常管理工作流程，根据权责关系、组织机构设置和日常管理工作内容，厘清畜产品供应链品牌体系管理的日常工作流程；第三，使工作内容与流程制度化。

（3）畜产品供应链品牌体系管理的应急机制设计。畜产品供应链品牌体系可能面临的危机主要包括 3 个方面：第一，市场危机，即由于畜产品供应链所处产业或市场体系整体变动所带来的危机问题，如乳制品三聚氰胺事件；第二，经营危机，即由于品牌体系主体经营决策不当带来的危机；第三，体系内部危机，即由于品牌体系内部主体不协同、个别主体投机行为等原因造成的危机问题。对于上述 3 类危机问题的管理机制设计，要从危机事件的事前预防、事发应对、事中处置和善后管理 4 个角度出发，确定应急管理所涉及的执行、分析、监督和决策主体及其工作流程。

7.6.4　畜产品供应链品牌体系创建与运营的流程框架

结合上述畜产品供应链品牌体系创建、经营与管理的流程分析，可以构建出畜产品供应链品牌体系创建与运营的流程框架（图 7.9）。其中，畜产品供应链品牌体系创建是品牌体系管理和运营的基础；畜产品供应链品牌体系管理贯穿整个品牌体系创建与运营过程；畜产品供应链品牌体系经营是品牌体系价值实现和价值增益的途径，品牌体系的经营可能带来品牌体系需求、内涵和结构的调整演化，也会对品牌体系管理提出新的要求。

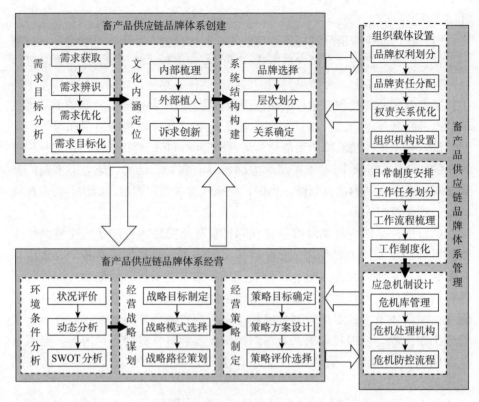

图 7.9 畜产品供应链品牌体系创建与运营的流程框架

7.6.5 畜产品供应链品牌体系创建与运营的流程标准体系建立

为了实现畜产品供应链品牌体系的"保护罩"功能，就必须建立一个能够明确什么样的品牌和主体可以进入品牌体系、什么样的品牌和主体必须退出品牌体系以及畜产品供应链品牌体系内部品牌和主体的合理化行为的标准体系。这一标准体系的建立，一方面能够有效提高畜产品供应链的整体竞争力和品牌影响力，另一方面能够隔离畜产品供应链所处行业和市场的外部风险、降低内部风险发生概率、提高风险防控能力。同时，畜产品供应链品牌体系其流程标准体系的建立还必须保证品牌体系是一个开放的、不断改进、持续优化的系统，以标准体系的科学性和适用性提高品牌体系的可持续竞争力（图 7.10）。

畜产品供应链品牌体系的标准体系是一系列彼此关联的标准集合，这些标准都围绕着品牌体系的创建与运营，并在逻辑上相互承接，在边界上小范围重合，也可以称之为"标准系统"，具有目标性、整体性、动态性和层级性等特点。依据标准化及标准体系构建的相关理论和方法，畜产品供应链品牌体系的标准体系构建需要关注：第一，标准体系的目标分解性，即标准体系的构建需

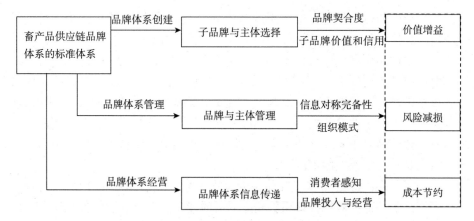

图 7.10　畜产品供应链品牌体系的标准体系作用原理

要从品牌体系的目标出发，通过对目标及其实现过程的分解，把握决策和控制的关键点；第二，标准体系的层次结构性，即标准体系要充分反映标准的上级与下级、共性与个性关系，从这一点来看，标准体系是一个树状结构；第三，标准体系的程序结构性，是指各标准按照过程的内在联系和顺序关系进行结合的形式，标准体系要覆盖对象活动的全过程，即涵盖畜产品供应链品牌体系的创建、管理和经营；第四，标准体系的环境适应性，这种适应性一方面要求标准体系的构建能够考虑到对象所处环境和发展阶段的制约，另一方面要求标准体系能够随着环境的变化进行改造升级等动态调整。因此，畜产品供应链品牌体系的标准体系建立的具体措施有以下 3 点。

（1）畜产品供应链品牌体系的目标分解与指标提出。根据畜产品供应链品牌体系创建与运营的机理分析和影响因素分析（王刚毅等，2013），围绕畜产品供应链品牌体系的创建与运营，其目标主要包括品牌体系的价值增益、风险减损和成本节约 3 个方面[①]，目标实现的影响因素涵盖品牌文化、品牌信用、品牌体系结构、品牌价值、品牌契合度、产品质量、市场份额、稳定供给能力、消费者感知、品牌经营管理能力、主体关系协同度、品牌投入能力、信息对称完备性、组织模式、供求关系、质量信用环境、市场需求特性、企业实力18 项。其中，通过影响因素分析，可以作为品牌体系的评价标准的指标包括品牌文化、品牌信用、品牌价值、品牌契合度、产品质量、市场份额、稳定供给能力、消费者感知、品牌经营管理能力、主体关系协同度、品牌投入能力、信息对称完备性、组织模式、企业实力 14 项。

---

　　① 　相关机理与指标的研究已由笔者完成并发表在《中国畜牧杂志》《商业研究》上，详见参考文献，本研究仅引用相关指标和部分研究结论。

（2）指标的体系化与标准体系的结构划分。上述的 14 项指标中，畜产品供应链品牌体系创建与运营过程所要求的共性指标有品牌信用、品牌价值、品牌契合度、产品质量、稳定供给能力、主体关系协同度、信息对称完备性等，而针对供应链不同环节和不同类型的子品牌具有差异性要求的指标有品牌文化、市场份额、消费者感知、品牌投入能力、品牌经营管理能力、组织模式、企业实力等。对于共性的指标，其标准等级的划分与要求对于整个畜产品供应链具有一致性；对于差异性的指标，其标准等级的要求结合其所处环节和产品等的特点具有一定程度的不同。

（3）畜产品供应链品牌标准体系的动态调整。结合戴明的 PDCA 管理模式，畜产品供应链品牌标准体系的建立要同时建立一个能够促使标准体系不断优化、改进、完善的动态调整机制，以保持标准体系的有效性、科学性和适用性，具体流程为：P（plan），进行畜产品供应链品牌标准体系的策划与建立；D（do），在畜产品供应链品牌体系创建与运营过程中实施标准体系；C（check），总结畜产品供应链品牌标准体系实施的结果，包括实施的积极效用和实施过程中存在的问题；A（action），对总结检查的结果进行处理，成功的经验加以肯定并适当推广、标准化，失败的教训加以总结和改进，以避免重复出现，未解决的问题放到下一个 PDCA 循环。

7.6.6　结论与启示

畜产品供应链品牌体系的创建与运营，代表着畜产品供应链各个环节的主体存在稳定、协同的品牌合作关系，品牌的集中发展有利于提高畜产品安全稳定供给能力。同时，提高行业整体的竞争实力。针对畜产品供应链品牌体系的创建、管理和经营，从价值链活动的角度出发，围绕价值来源、价值实现、价值增益、价值减损过程，构建畜产品供应链品牌体系创建与运营的常规流程。其中，畜产品供应链品牌体系的创建需要经过品牌体系的需求目标分析、文化内涵定位和系统构建等步骤，明确和把握品牌体系的价值来源；畜产品供应链品牌体系的经营则需要通过品牌体系环境条件分析、经营战略谋划和经营策略制定等环节，促进品牌体系的价值实现和价值增益；畜产品供应链品牌体系的管理需要完成组织机构设置、日常制度安排和应急机制设计等流程，实现品牌体系的价值减损。

7.7　畜产品供应链品牌体系创建与运营的信用管理机制与策略研究

品牌作为产品外延信息的集成载体，是顾客消费决策的重要依据，也是现代企业提升竞争优势的关键抓手。在畜产品供应链中，随着各类安全危机频发，相关主体对质量安全问题关注度大幅提升。畜产品供应链各个环节上，原本分散独立的企业和产品品牌已经不能满足质量安全和稳定供给的需求，人们对畜产品生产、运输和销售等环节上确保质量安全的大品牌信赖度越来越高，但我国畜产品消费市场空间巨大、相关主体规模偏小、供应链环节协同度较低的实际情况远远不能满足消费者的质量与数量需求。基于此，以畜产品供应链环节一体化战略联盟为基础，基于科学系统认识的品牌体系创建与运营势在必行。

严广全等（2008）分析了供应链系统协同决策和非价格竞争因素的建设对供应链系统收益的积极作用，郑光财（2012）提出畜产品供应链集群品牌建设对促进农业发展和满足消费需求有着重大作用，但我国畜产品供应链集群品牌建设还存在着认识、规划、政策、机制和标准等障碍，严重影响我国农业规模化和品牌化发展，难以扩大内需，必须采取积极的政策和有力的措施加以解决。本节主要结合行业特点对畜产品供应链品牌体系创建与运营的关键影响因素、核心问题和重点策略展开研究。

7.7.1　畜产品供应链品牌体系信用管理机制的作用机理

为了克服畜产品供应链品牌体系创建与运营过程中主体行为选择的有限理性和主体贡献度难以衡量等问题，提高品牌体系内部主体基于品牌价值的利益传递有效性，实现畜产品供应链品牌体系发展目标，必须建立一套行之有效、能够保证供应链各个环节主体之间信息对称完备、利益公平的管理机制。根据品牌的相关理论研究，信用作为品牌的核心，是品牌价值最直接的表现形式。由此，解决畜产品供应链品牌体系利益公平问题的关键就是建立品牌体系的信用管理机制（图 7.11）。畜产品供应链品牌体系信用管理机制的建立：从信息揭示的角度，有利于避免体系内部主体投机行为的产生、维护体系整体的利益；从品牌考核管理的角度，也有利于品牌体系运营效率和效益的提高。

信用管理就是授信者对信用交易进行科学管理以控制信用风险的专门技术，品牌信用涉及企业信用能力、企业家信用、公众信用、媒体信用、银行信用、资本信用、政府信用等多个方面。畜产品供应链品牌体系的信用管理机制就是将品牌管理和信用管理相统一，将企业品牌所特有的内涵与企业的自身信用相结合，使消费者认同企业的信用形象、认可企业的品牌内涵与品牌价值。由此，依据信用管理的相关理论和方法，结合机制设计的目标机制、信息机制、决策机制和激励机制原理，畜产品供应链品牌体系信用管理机制的设计应关注以下 4 个方面问题：一是确定畜产品供应链品牌体系信用管理的目标，并

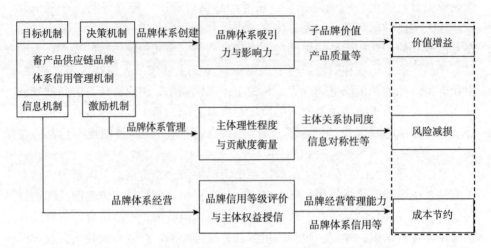

图 7.11　畜产品供应链品牌体系信用管理机制的作用机理

对信用管理的目标进行具体化拆分，建立品牌信用评价指标体系，明确评价标准；二是了解畜产品供应链品牌体系信用管理的相关信息，对信息进行搜集、标识、分类、处理；三是明确畜产品供应链品牌体系的授信等级，即确定信用评价结果不同的品牌及其主体所具有的品牌权益；四是建立激励约束相容的畜产品供应链品牌体系信用管理机制，明确不同信用评价结果所对应的奖励或惩罚。

7.7.2　畜产品供应链品牌体系评价指标体系建立与品牌权益授信

根据前文分析，畜产品供应链品牌体系信用管理的目标就在于科学衡量品牌体系内部主体贡献度、提高主体品牌行为决策信息可视度、稳定供应链品牌体系的利益关系，从这一目标出发，畜产品供应链品牌体系各个环节品牌和主体信用评价的指标体系包括 4 个维度：一是自有品牌信用积累，包括品牌产品的质量信用水平、市场份额、盈利能力、信贷能力等；二是品牌体系信用增加的努力程度，包括品牌体系的投入强度和自有品牌的认知度、知名度、满意度、美誉度、忠诚度等方面；三是品牌体系协同度方面，主要是指自有品牌与品牌体系的协同度和契合度；四是品牌风险防控情况，即是否有违约行为、是否造成品牌体系风险以及风险管理能力等。

运用决策分析的理论和方法，畜产品供应链品牌体系信用等级评价与授信工作主要包括：第一，评价指标权重判定，在建立信用评价指标体系的基础上，结合畜产品供应链对品牌体系的需求特点，利用 AHP 层次分析法的判断矩阵，对畜产品供应链品牌信用评价指标体系中各个指标的权重进行对比、计算和确定；第二，评价指标标准划分，选取农产品供应链品牌体系的目标状态作为品牌体系信用评价的参照系，根据不同主体自有品牌信用累积、品牌体系努力程度、品牌体系协同程度和品牌风险防控情况的差异，主要划分为 4 个等级；第三，基于品牌信用等级进行品牌权益授信，这里的品牌权益主要是指品牌体系的经营管理权，包括品牌符号使用权、品牌资产运营权、品牌处置权等内容，具体权益等级授信见表 7.1。

表 7.1　畜产品供应链品牌体系基于信用等级的品牌权益授信

信用等级	品牌权益类型	具体品牌权益内容
等级一	全部独立的品牌经营管理权	最高等级的品牌及其主体享有对畜产品供应链品牌体系的独立经营权，对品牌体系内部所有子品牌的出售、出让、重要授权、延伸、合资合作和对外输出等重大品牌事项的知情权和关联权益决策权
等级二	独立的品牌符号使用权，部分受限制、需申报审批的品牌资产运营权	这一等级的品牌及其主体享有完全的畜产品供应链品牌体系品牌符号使用权，在对其拥有所有权或委托代理权的供应链品牌体系内部子品牌进行出售、出让、重要授权、延伸、合资合作和对外输出等重大品牌事项时，需向最高等级的品牌主体通报或审批，不具有供应链品牌体系处置的权利
等级三	一定程度的品牌符号使用权	这一等级的品牌及其主体享有按照约定形式使用畜产品供应链品牌的权利（在产品、品牌和市场推广方面）
等级四	不享有供应链品牌体系权益	这一等级的品牌及其主体不享有畜产品供应链品牌体系的任何品牌权益，品牌体系内部主体必须针对问题限期整改，否则需要退出品牌体系

　　畜产品供应链品牌体系信用考核管理的目的就是实现品牌体系内部信息对称和品牌信用的维护，围绕这一目标，畜产品供应链品牌体系信用考核管理机制的具体措施主要有：一要建立一个自下而上、上下结合的信息机制，即在进行畜产品供应链品牌体系信用考核时，由畜产品供应链品牌体系下级企业向上级企业主动提交考核所需信息和材料，上级企业主要对其所提供信息的完备性、真实性进行审查；二要建立激励约束相容的奖惩机制，将供应链品牌体系中各个主体的利益与品牌体系整体利益相关联，在品牌体系所带来的价值增益、风险减损和成本节约的基础上，由最高等级的供应链品牌体系主导企业对下级企业有利于品牌体系发展的行为进行经济或品牌权益增加等激励，对出现违规行为或造成风险的企业进行品牌权益限制、取消甚至退出品牌体系等制裁；三要围绕品牌体系信用考核结果建立逆向品牌体系调整，对畜产品供应链品牌体系运营过程中成功的经验予以总结推广，对潜在的或表现出来的问题予以预防或解决。

7.7.3 畜产品供应链品牌体系的整合营销策略制定

为了以最少的投入获取最大的收益，实现品牌体系内部各个子品牌"1+1＞2"的溢出效应，解决畜产品供应链品牌体系协同增效的问题，供应链各个环节主体通过与品牌有关的各种营销工具和手段的系统化结合，根据环境进行即时性的动态修正，使所有主体在交互中实现价值溢出，即以整个畜产品供应链为载体制定整合营销策略。畜产品供应链品牌体系的整合营销策略的制定，一方面，从提高主体投入经济性和理顺主体关系的角度，促进供应链品牌体系中的各个主体在品牌行为选择上形成互补互促的良性合作关系，避免无效或重复投入，提高品牌体系经营效率；另一方面，从把握市场机遇的角度，针对不同的客户群体在品牌体系经营方面有所侧重和兼顾，挖掘品牌体系多元化的市场空间，提高畜产品供应链品牌体系经营的效益（图 7.12）。

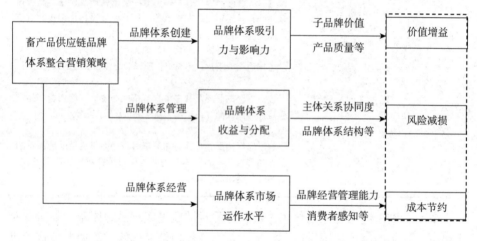

图 7.12 畜产品供应链品牌体系整合营销策略的作用原理

整合营销是以整合企业内外部所有资源为手段，重组、再造企业的生产行为与市场行为，充分调动一切积极因素，以实现企业目标的全面一致化营销。而畜产品供应链品牌体系的整合营销则更需要考虑供应链动态联盟组织模式和畜产品相关行业供应链品牌特点等方面存在的特殊性。根据菲利普·科特勒等人的 4P 营销理论和劳特朗的 4C 营销理论，畜产品供应链品牌体系的整合营销策略制定应当关注以下 4 个方面内容：第一，畜产品供应链品牌体系的"探查-细分-优先-定位"等营销战略整合，即通过对畜产品供应链品牌体系整体现有和潜在市场的分析，进行市场细分与客户群体选择，给予品牌体系整体统筹、分工协作的系统定位；第二，畜产品供应链品牌体系的"产品-价格-渠道-促销"等营销战术的整合，即要求畜产品供应链整体从产品功能、定价机制与水平、渠道网络建设和促销方式选择等方面进行协商和合作;第三,畜产品供应链品牌体系的"政治力量"和"公共关系"整合开发利用,即借助整个畜产品供应链获取政府支持、塑造公众形象;第四,畜产品供应链品牌体系的"客户-成本-便利-沟通"等客户服务策略整合,即从客户需求满足成本、购买便利性和客户双向沟通的角度提高客户群体的满意度和美誉度。综上所述,畜产品供应链品牌体系整合营销策略的具体措施包括:

(1)畜产品供应链品牌体系整体市场和客户细分与品牌定位。挖掘畜产品供应链品牌体系已有的和潜在的市场空间和消费群体,根据市场的范围(全球、全国、区域)、属性(大都市、城市、乡镇、农村)、开发状况(成熟、成长、新进市场)等特性的差别,以及消费群体的消费水平、受教育程度、年龄层次、需求偏好等群体特质的差异,对畜产品供应链市场和客户进行细分。结合畜产品供应链品牌体系中各个品牌的优势、特点和客户积累,确定不同品牌面对市场和客户的优先顺序,确定基于多元市场和客户的品牌分工,避免品牌体系的内部同质竞争,吸引更多类型的客户。同时,在市场和客户细分与品牌之间分工协作的基础上,逐步形成整体统筹、局部分工、协调合作的畜产品供应链品牌体系定位,提升畜产品供应链品牌体系市场竞争力和吸引力。

(2)畜产品供应链品牌体系营销策略的选择与组合。在畜产品供应链品牌体系整体市场分工协作和供应链上下游战略联盟合作的基础上,从畜产品供应链产品整合营销、价格整合营销、渠道整合营销和促销整合营销的角度,通过品牌及其主体之间的合作,提高产品吸引力、性价比,分摊渠道网络铺设和促销活动的成本。同时,还应考虑畜产品供应链品牌体系创建与运营后,其在获得政府支持的谈判力和公众关系影响力方面的提升,整体进行公众关系运作。

(3)畜产品供应链品牌体系整合营销策略的分工协作。针对畜产品供应链品牌体系内部各子品牌及其所有主体在不同市场、客户群体和合作伙伴等方面所具有的优势,对品牌体系营销策略进行分工协作。例如,在全国市场上选择供应链整体品牌进行营销,而在区域市场上则选择具体产品品牌进行营销;或者针对终端客户主要以供应链下游品牌为主导进行营销,而针对政府、科研机构等则更多利用供应链上游品牌来吸引合作和支持等。

7.7.4 结论与启示

本节针对畜产品供应链品牌体系的创建、管理和经营,从价值链活动的角度出发,围绕价值来源、价值实现、价值增益、价值减损过程,构建了畜产品供应链品牌体系创建与运营的常规流程。结合畜产品供应链特点,揭示畜产品供应链品牌体系创建与运营过程中面临的风险隔离、利益传递和协同增效等关键性问题,并对问题的表现、成因和解决思路进行了深入的分析。提出了建立畜产品供应链品牌标准体系是隔离畜产品供应链品牌体系风险、提升品牌体系整体竞争力和实现品牌体系可持续发展的重点策略。明确了构建畜产品供应链品牌体系信用管理机制是促进畜产品供应链品牌体系利益合理有效传递、稳定品牌体系内部利益共赢关系、提高品牌体系内部信息完备对称程度，进而提高畜产品供应链品牌体系运营效率的重要举措。确定了制定畜产品供应链品牌体系整合营销策略是协同畜产品供应链品牌体系内部关系、增加品牌体系运营效益、扩大和把握市场机遇的关键手段。

畜产品品牌是我国品牌化最早也是最成功的，但从产品品牌到供应链品牌的进阶过程存在各类问题。本节通过对品牌、品牌体系、畜产品供应链等关键点的系统认识，界定了畜产品供应链品牌体系的内涵，即畜产品供应链品牌体系是以畜产品供应链各环节品牌为基础，以品牌之间的关联、交互和作用关系为连接，所形成的特定品牌集合；并通过文献资料梳理，从畜产品供应链品牌发展的现状出发，提出了畜产品供应链品牌发展面临的品牌载体稳定性差、品牌风险较大、品牌知名度高低不一、品牌影响力偏低、品牌选择成本较低、依赖度和忠诚度难以形成、品牌的空间局限性大、覆盖范围有限等现实问题，明确了畜产品供应链品牌体系化在提升企业竞争力、保障消费者合理权益、促进畜产品安全供给和产业综合发展目标协同实现等方面所具有的现实意义。

第8章　生猪产业链健康的流通质量信用约束

生猪流通过程中质量的控制是农产品质量安全研究的重点，而流通上下游主体之间的质量信息壁垒是流通成本增加的重要因素之一。因此，从成本控制角度研究生猪的质量信用，进而保障流通质量安全有着重要的理论与实践意义。解决流通环节的生猪质量安全问题主要存在以下难点：①流通链条上各环节之间在收益分享和成本分摊方面存在着冲突与竞争；②流通链条上各环节间有效的目标协同难以实现，而生猪的生物特性在漫长的流通过程中快速衰减，必然造成质量安全问题；③流通链条上各相关主体间由于信息不对称所引致的逆向选择与道德风险是质量安全问题的直接原因；④各相关主体单向追求个体利益最大化的行为选择使长久稳定的合作关系难以形成。上述问题的形成根源均为多级流通链供需主体间的信息不对称和信用障碍。因此，质量信用是研究流通质量安全问题的关键。

中外学者对于质量控制中信用成本与收益问题及相关方法的研究主要有以下方面：卢凤君等（2010、2011）在研究生猪健康养殖产业链战略决策问题时，将生猪养殖主体、生猪工贸主体、生猪产品消费主体所构成的产业链的有序演化归结为3个相关主体之间的无限次博弈，提出基于信息关系演化的产业链主体收益分享、成本分摊和风险分担创新结论；孙世民（2006、2011）基于成本收益分析建立有限次博弈模型，分析了养殖主体与加工主体之间的激励行为所引致的猪肉生产模式的变化，提出定点屠宰的有效性评价结果；Cachon（2001）利用信号传递工具设计了供应链上下游之间的质量契约，提及了上游供应商承担集成成本获取下游自有信息的内容；Stock等（2005）研究了基于产品质量的供应链信号传递机制。本章在研究质量信用的基础上，构建了生猪流通中上游供给主体与下游需求主体的期望收益函数模型，在此基础上利用博弈分析方法进一步深入分析了当生猪质量隐患来源为上游供给主体时，在下游需求主体内部质量减损成本和外部质量减损成本2种情景下，相关主体的收益变化规律和优化策略选择，并在模型中引入了供需主体间为确保长期合作而采取的激励性价格折扣、相关主体间外部质量减损成本分摊，以及内部质量减损发生时的质量前向支付和外部质量减损发生时的质量后向担保支付4个参数，使本章的研究结论更加符合生猪流通中相关主体的实际情况。

8.1　研究范围设定与条件假设

本研究将生猪流通的上游供给主体简称为流通供给主体，将生猪流通的下游需求主体简称为流通需求主体。

（1）预期质量水平参数设置。本研究设流通供给主体的预期质量水平为 P_{Sj}，其中，$j \in \{L, H\}$，所谓的预期质量水平也就是流通中生猪质量水平达到合格标准的概率。通常，当流通供给主体的质量保障投入较高时，流通需求主体对流通供给主体的预期质量水平也较高，以 P_{SH} 表示；反之，较低的预期质量水平为 P_{SL}。根据假设可知，质量履约行为可显示，同时，质量违约行为也具有较高的显示性，因此可知，$P_{SL} < P_{SH}$。

（2）预期质量成本函数设置。流通供给主体的预期质量成本函数为 $C_S(P_{Sj}, \theta_S)$，其中，θ_S 为影响流通供给主体流通生猪质量水平的外生变量，且其分布满足 $\theta_S \sim N(\mu_S, \sigma_S^2)$，假设 $C_S'(P_{Sj}) > 0$ 且 $C_S''(P_{Sj}) > 0$，$C_S(0) = C_S'(0) = 0$，$C_S'(1) \to \infty$，综上可知，流通供给主体的预期质量成本函数 $C_S(P_{Sj}, \theta_S)$ 为凸函数，并且具有边际成本递增的函数性质。

（3）质量检验能力参数设置。流通需求主体的质量检验能力为 P_{Pj}，其中，$j \in \{L, H\}$。质量检验能力在本研究中以流通需求主体通过质量检验识别出流通上游流入的生猪质量存在问题的概率表示。需要注意的是，该指标衡量的前提是检验对象的确存在质量问题。

（4）质量检验成本函数设置。流通需求主体的质量检验成本函数为 $C_P(P_{Pj}, \theta_P)$，其中，θ_P 为影响流通需求主体流通生猪质量检验的外生变量，且其分布满足 $\theta_P \sim N(\mu_P, \sigma_P^2)$，假设 $C_P'(P_{Pj}) > 0$ 且 $C_P''(P_{Pj}) > 0$，$C_P(0) = C_P'(0) = 0$，$C_P'(1) \to \infty$。综上可知，流通需求主体的预期质量成本函数 $C_P(P_{Pj}, \theta_P)$ 为凸函数，并且具有边际成本递增的函数性质。

（5）质量保障水平参数设置。流通需求主体的生猪质量保障水平为 q_j，该参数用来表示流通需求主体在对上游流入的生猪进行质量检验后，进行直接消费或再次向其下游主体流通过程中，保障流通质量水平能力的大小。

（6）质量保障成本函数设置。与生猪质量保障水平 q_j 相对应的是流通需求主体的质量保障成本函数为 $C_q(q_j)$，同上述质量预期成本函数、质量检验成本函数一样，$C_q(q_j)$ 也是边际成本递增的凸函数。

（7）前向担保支付参数设置。为确保及时获得满足预期数量和预期质量的生猪，通常流通需求主体会预先向流通供给主体提供一定的担保金或订金，在本研究中称为流通前向担保支付，用 V_F 表示。

（8）质量担保参数设置。为规避流通过程中生猪质量问题引致的内、外部成本损失，流通供给主体会承担相应的减损担保，本研究将这一部分作为流通供给主体质量违约的损失内容之一，主要包括 2 个部分：流通需求主体发现质量问题时会采取拒收的惩罚手段，同时，自身也会蒙受损失，形成内部质量减损成本，则流通供给主体需为此承担内部质量减损担保，以 W'_{Rj} 表示；同样，流通需求主体在没有发现质量问题的情况下直接消费或进一步流出时，如前文假设所述，会引起外部质量减损成本，以 W_E 表示，流通供给主体需为此承担外部质量减损担保，以 W^E_{Rj} 表示。

（9）价格折扣和损失分摊参数设置。为弥补前文提及的流通需求主体因为质量问题引致的内部质量减损成本，流通供给主体会为其提供价格折扣，以 $\Delta\pi$ 表示。流通需求主体因为质量问题引致外部质量减损成本时，流通供给主体将进行损失分摊，分摊比例以 α 表示，显然 $\alpha\in[0,1]$。

以上述变量含义与参数设置为前提，可以评价基于质量水平的生猪流通上游供给主体的预期收益，即构建流通供给主体的预期收益函数 $E\Pi_{Sj}(P_{Sj},\Delta\pi)$：

$$E\Pi_{Sj} = V_F - (1-P_{Sj})P_{Pj}[W'_{Rj}+\Delta\pi+(1-q_j)\alpha W_E] - \\ (1-P_{Sj})(1-P_{Pj})(W^E_{Rj}+\alpha W_E)-P_{Sj}(1-q_j)\alpha W_E-C_S(P_{Sj},\theta_S)$$

$$(8.1)$$

其中，$j\in\{L,H\}$，同理，可构建流通需求主体的预期收益函数 $E\Pi_{Pj}(P_{Pj},\Delta\pi)$：

$$E\Pi_{Pj} = P_{Sj}q_j R_{P1}+(1-P_{Sj})P_{Pj}R_{P3}+(1-P_{Sj})(1-P_{Pj})q_j R_{P2}- \\ (1-P_{Sj})P_{Pj}[(W_I-\Delta\pi)+(1-q_j)(1-\alpha)W_E-W^l_{Rj}]- \\ P_{Sj}(1-q_j)(1-\alpha)W_E-(1-P_{Sj})(1-P_{Pj})[(1-\alpha)W_E-W^E_{Rj}]- \\ V_F-C_P(P_{Pj},\theta_P)-C_q(q_j)$$

$$(8.2)$$

其中，$j\in\{L,H\}$，公式（8.2）中的 W_I 为流通需求主体因为质量问题引致的内部质量减损成本；R_{P1} 为流通需求主体直接消费或进一步流通质量水平达标的生猪时的收益；当流通供给主体提供质量水平未达标的生猪，若流通需求主体没有发现而直接消费或进一步流通时，流通需求主体所得的收益为 R_{P2}，若流通需求主体及时发现并采取拒收或其他惩罚行动时，流通需求主体所得收益为 R_{P3}。

对预期收益函数 $E\Pi_{Sj}$ 和 $E\Pi_{Pj}$ 进行分析，可得出以下结论。

结论 1：流通需求主体质量检验的"取伪"错误为流通供给主体的投机行为提供了可乘之机。流通需求主体质量检验环节不可避免地会发生"取伪"的错误，显然可知，"取伪"错误发生的概率为 $(1-P_{Sj})(1-P_{Pj})$，即未能检验出有质量问题生猪的概率，而"取伪"错误为流通供给主体的投机行为提供了可能性。

结论 2：流通需求主体的声誉成本和机会成本构成的外部质量减损成本高于声誉恢复成本和市场机会搜寻成本构成的内部质量减损成本。流通需求主体的外部质量减损成本为 $R_{P1}-R_{P2}$，内部质量减损成本为 $R_{P1}-R_{P3}$。显然外部质量减损成本大于内部质量减损成本，即 $R_{P1}-R_{P2}>R_{P1}-R_{P3}$，由此可推得 $R_{P1}>R_{P3}>R_{P2}$。流通需求主体直接消费或进一步流通质量水平达标生猪时的收益高于其及时发现质量水平未达标时的收益，及时发现质量水平未达标生猪并采取拒收或其他惩罚行动时的收益高于没有发现而直接消费或进一步流通所得的收益。

结论 3：流通需求主体发生内部质量减损成本时，对流通供给主体的惩罚低于其内部质量减损成本，会有效激励流通需求主体进行质量安全检验。同样，流通需求主体发生外部质量减损成本时，对流通供给主体的惩罚应高于内部质量减损成本发生时对上游供给主体的惩罚，即 $W_I-\Delta\pi<R_{P1}-R_{P3}$ 与 $W_I-\Delta\pi<(1-\alpha)W_E$ 应成立；否则，流通下游将会失去对上游流入生猪进行质量检测的动力，造成拒收行为频发。

8.2　基于流通质量信息获取与传递的基础信用成本分析

在研究内部质量减损成本 W_I 和外部质量减损成本 W_E 的基础上，本节进一步讨论信息不对称情形下生猪流通上下游主体信用成本的问题，并基于信用成本的动态变化，对不同情景下的质量信息传递进行分析。

在前文的基础上，进一步作出以下假设。

假设 1：流通供给主体拥有关于生猪流通质量水平的自有信息。基于生猪流通供给主体预期质量水平的自主性、生猪生产过程和储运过程的投入水平，会影响生猪流通供给主体的预期质量水平 P_{Sj}，$j\in\{L, H\}$。因此，流通供给主体拥有关于生猪质量水平的自有信息。

假设 2：流通需求主体通过观察、推测和检验获得生猪流通质量信息和流通供给主体质量信用类型。在与流通供给主体合作的过程中，流通需求主体通过观察流通供给主体的投入水平，推测生猪质量控制水平，进而推测流通供给主体质量信用类型，并对从上游流入生猪的质量水平进行检验，检验的结果用来修正对流通供给主体质量信用类型的推测。

假设 3：根据前 2 个假设可知，流通上下游主体之间质量信息不对称，流通需求主体对生猪质量水平的源头控制大部分取决于流通供给主体的质量投入水平和质量保障能力。基于此，将流通供给主体设为代理人，将流通需求主体设为委托人。

本研究模型讨论涉及的相关参数及其内容具体如下。

(1) 设生猪流通供给主体的保留效用为 r_s，根据其主体理性约束假设可知，流通供给主体的保留效用应小于接受质量安全激励契约的收益额度；否则，流通供给主体就不会承认质量契约的约束，从而选择尽可能地保留自由信息，不会将自有的质量信息传递给流通需求主体，造成生猪流通中质量信息的严重不对称或不完备。

(2) 设生猪流通供给主体的期望收益为 $E\Pi_{Sj}(P_{Sj},\Delta\pi)$，生猪流通供给主体在质量激励契约的约束下，总是倾向于选择使个人期望收益最大化的质量投入方案。

基于假设，可以构建生猪下游流通需求主体的生猪质量安全决策控制模型：

$$\max_{P_{Pj},q_j,\alpha V_F} E\Pi_{Pj}(P_{Pj},q_j,\alpha) \tag{8.3}$$

$$\text{s. t. } (IR)E\Pi_{Sj}(P_{Sj},\Delta\pi)\geqslant r_s \tag{8.4}$$

$$(IC)\{P_{Sj}^{NE},\Delta\pi\}\in\arg\max_{0\leqslant P_{Sj}\leqslant 1,0<\Delta\pi<W_I} E\Pi_{Sj}(P_{Sj},\Delta\pi),j\in\{L,H\} \tag{8.5}$$

公式（8.4）即为上游供给主体的个人理性约束，公式（8.5）为上游供给主体质量安全激励约束下追求个人利益最大化的约束。进一步确定使上游供给主体预期收益最大化的下游需求主体质量安全检测水平 P_{Pj} 和质量安全保障水平 q_j，在公式（8.3）中对 P_{Pj} 求一阶偏导数并令其为 0，可得

$$\frac{\partial[E\Pi_{Pj}(P_{Pj},q_j,\alpha)]}{\partial P_{Pj}}=(1-P_{Sj})\{(R_{P3}-q_jR_{P2})+[q_j(1-\alpha)W_E$$
$$-(W_I-\Delta\pi)]-(W_{Rj}^E-W_{Rj}^I)\}-C_P'(P_{Pj},\theta_P)=0 \tag{8.6}$$

对公式（8.6）进一步推演，可得

$$(1-P_{Sj})\{(P_{P3}-q_jR_{P2})+[q_j(1-\alpha)W_E-(W_I-\Delta\pi)] \tag{8.7}$$
$$-(W_{Rj}^E-W_{Rj}^I)\}=C_P'(P_{Pj}^{NE},\theta_P)$$

在公式（8.7）中对 q_j 求一阶偏导数并令其为 0，可得

$$\frac{\partial[E\Pi_{Pj}(P_{Pj},q_j,\alpha)]}{\partial q_j}=P_{Sj}[R_{P1}+(1-\alpha)W_E+(1-P_{Sj})][(1-P_{Pj})R_{P2}$$
$$+P_{P1}(1-\alpha)W_E]-C_P'(q_j)=0 \tag{8.8}$$

对公式（8.8）进一步推演，可得

$$P_{Sj}[R_{P1}+(1-\alpha)W_E]+(1-P_{Sj})[(1-P_{Pj})R_{P2}+P_{Pj}(1-\alpha)W_E]=C_P'(q_j^{NE}) \tag{8.9}$$

公式（8.7）和公式（8.9）中的 P_{Pj}^{NE} 和 q_j^{NE} 分别为下游需求主体在追求个

体利益最大化时的质量安全检验水平和质量安全保障水平。在追求个体利益最大化的情景下，以及讨论清楚下游需求主体的质量安全检验水平和质量安全保障水平的基础上，本研究进一步提出下列质量安全信息传递的命题并进行科学证明。

命题1：如前文所述，主体质量安全投入水平能反映其生猪质量安全水平，则生猪上游供给主体的生猪养殖或储运过程中的质量安全投入水平类型$j \in \{L, H\}$为其自有信息。供给主体为了享受到最优的质量安全激励契约，可以将其生猪养殖或储运过程中的质量安全投入水平类型以质量安全信息的形式传递给下游需求主体，以获得质量安全层次的认可。此时，下游需求主体的质量检验水平P_{Pj}满足$0 \leqslant P_{PH} < P_{PL} \leqslant 1$；质量保障能力水平$q_j$满足$0 \leqslant q_L < q_H \leqslant 1$。

证明1：生猪上游供给主体拥有其生猪养殖或储运过程中的质量安全投入水平类型$j \in \{L, H\}$的自有信息，供给主体为了享受到最优的质量安全激励契约，可以将其预期质量安全水平P_{Pj}以质量安全信息的形式传递给下游需求主体。由命题1内容可知，当上游供给主体的养殖或储运水平为H时，显然P_{PH}大于养殖或储运水平为L的P_{PL}，即$0 \leqslant P_{SL} < P_{SH} \leqslant 1$，随着质量安全信息$P_{Pj}$向下游的传递，下游需求主体接收到后将根据公式（8.7）和公式（8.9）来提升质量检验水平P_{Pj}和质量保障能力水平q_j。

由公式（8.7）可得

$$P_{Pj}^{NE} = P_{Pj}(P_{Sj}, q_j, \theta_P) \tag{8.10}$$

由公式（8.9）可得

$$q_j^{NE} = q_j(P_{Sj}, P_{Pj}) \tag{8.11}$$

根据上一节内容的结论2所述，生猪流通下游需求主体的声誉成本和机会成本构成的外部质量减损成本高于应急恢复成本和市场机会搜寻成本构成的内部质量减损成本，即$W_I - \Delta\pi < (1-\alpha)W_E$成立，而下游需求主体发生外部质量减损成本时的前向数量担保支付额度高于其发生内部质量减损成本时的后向质量担保支付额度，即$W_{Rj}^E > W_{Rj}^I$。

在公式（8.10）的基础上对P_{Sj}求一阶偏导数，可得$P'_{Pj}(P_{Sj}) < 0$，即$P_{Pj}(P_{Sj})$为单调递减的函数；由公式（8.11）对P_{Sj}求一阶偏导数，可得$q'_j(P_{Sj}) > 0$，即$q'_j(P_{Sj})$为单调递增的函数。

又因为$0 \leqslant P_{SL} < P_{SH} \leqslant 1$，可进一步证明$0 \leqslant P_{PH} < P_{PL} \leqslant 1$，$0 \leqslant q_L < q_H \leqslant 1$，证明完毕。

根据命题1的证明过程和结果可得出以下结论。

结论1：上游供给主体传递生猪质量安全水平的信息，会使下游需求主体推测上游供给主体的质量安全投入水平、生猪预期质量安全水平等情况。当生猪流通上游供给主体将其养殖或储运水平类型以生猪质量安全水平的形式传递给下游需求主体时，下游需求主体可凭此推测上游供给主体的质量安全投入水平、生猪预期质量安全水平等情况。

结论 2：当上游供给主体传递高质量水平的信息时，下游需求主体会选择不提高生猪质量安全检验能力，即选择低质量监管成本；反之，下游需求主体会选择培育较强的生猪质量安全检验能力，即选择高质量监管成本。

结论 3：当上游供给主体传递高质量水平的信息时，下游需求主体会选择较为完备的储运设备和先进的流通技术，即选择高流通质量成本；反之，下游需求主体会选择使用较为简陋的储运设备和技术含量较低的流通技术，即选择低流通质量成本。当下游需求主体接收到生猪流通上游供给主体养殖或储运水平类型为低水平的质量安全信息时，下游需求主体会选择不提高质量安全保障能力，体现在实际情况中，即下游需求主体对上游流入的低质量（品质）的生猪使用较为简陋的储运设备和技术含量较低的流通技术；反之，当下游需求主体接收到生猪流通上游供给主体养殖或储运水平类型为高水平的质量安全信息时，下游需求主体会选择提高质量安全保障能力，即下游需求主体对上游流入的低质量（品质）的生猪使用较为完备的储运设备和先进的流通技术。

8.3　基于流通质量保障激励与约束的扩展信用成本分析

在上一节结论的基础上，进一步推证可得：

引理 1：生猪流通上游供给主体的高水平质量安全信息传递会引致下游需求主体较高的前向支付额度；反之，生猪流通上游供给主体的低水平质量安全信息传递会引致下游需求主体较低的前向支付额度。若生猪流通上游供给主体传递较高预期质量安全水平的信息给下游需求主体，则下游需求主体会依此推测上游供给主体的质量安全投入为高水平类型，为了维护长久稳定的合作关系，下游需求主体会选择较高的前向支付额度（订金）；反之，若生猪流通上游供给主体传递较低预期质量安全水平的信息给下游需求主体，则下游需求主体会依此推测上游供给主体的质量安全投入为低水平类型，进而下游需求主体会选择较低的前向支付额度（订金）。即设高质量水平下的前向支付额度为 V_{FH}^i，低质量水平下的前向支付额度为 V_{FL}^i，则 $V_{FH}^i > V_{FL}^i$，其中 $i \in \{I, E\}$。

证明 2：由上一节构建的生猪流通上游供给主体期望收益函数 $E\varPi_{Sj}$ 分别对 P_{Sj} 和 V_{Fj} 求一阶偏导数并令其为 0，可得

$$\frac{\partial E\varPi_{Sj}}{\partial P_{Sj}} = P_{Pj}[(W_{Rj}^I - W_{Rj}^E) - (q_j \alpha W_E - \Delta\pi)] + \tag{8.12}$$

$$(W_{Rj}^E + q_j \alpha W_E) - C_S'(P_{Sj}^{NE}, \theta_S) = 0$$

$$\frac{\partial E\varPi_{Sj}}{\partial V_{Fj}} = 1 > 0 \tag{8.13}$$

其中，P_{Sj}^{NE} 为生猪上游供给主体隐藏自有信息（也就是在流通上下游交易过程中没有质量安全信息传递）的情景下，上游供给主体预期质量安全水平子博弈纳什均衡解。已知 $W_{Fj}^E > W_{Fj}^I$ 和 $0 \leqslant P_{SL} < P_{SH} \leqslant 1$，根据命题 1 的证明结果可知，$0 \leqslant P_{PH} < P_{PL} \leqslant 1$ 和 $0 \leqslant q_L < q_H \leqslant 1$。

由公式（8.12）对 P_{Pj} 求一阶偏导数，可知 $\dfrac{\partial E\Pi_{Sj}}{\partial P_{Sj} \partial P_{Pj}} < 0$，即 $E'\Pi_{Sj}(P_{Sj}, P_{Pj})$ 是下游需求主体质量安全检验水平 P_{Pj} 的减函数，当其他条件保持不变时，由公式（8.13）可得 $E'\Pi_{Sj}(V_{Fj}) > 0$，即 $E\Pi_{Sj}(P_{Sj}, V_{Fj})$ 是 V_{Fj} 的增函数。

结论 1：由引理 1 可知，当生猪流通上游供给主体通过质量安全信息传递的方式将其养殖或储运过程中质量投入水平传递给下游需求主体时，若信息的内容可推测其为较高的质量安全水平，则下游需求主体的前向支付额度明显高于较低的质量安全水平，既能看作对上游供给主体质量安全操守的奖励，也能看作维护长久稳定合作关系的投入。

在引理 1 的基础上，进一步分析后向支付额度（质量担保金）的变化，提出引理 2。

引理 2：以前文所述的质量安全信息有效传递为前提，若上游供给主体养殖或储运的生猪具有较高的质量安全水平，则下游需求主体的后向支付额度高于低质量安全水平。设高质量安全水平下的后向支付额度为 W_{RH}^i，低质量安全水平下的后向支付额度为 W_{RL}^i，则有 $W_{RH}^i > W_{RL}^i$，其中 $i \in \{I, E\}$。

笔者通过在北京、天津、山东和江苏等生猪养殖、储运较为集中的区域调研发现，引理 2 所反映的情况是普遍存在的，即规模较大、经营正规并且有着良好声誉的养殖大户或储运企业往往对下游批发商或商超赊账，体现在本研究的模型论证环节即为后向支付，也就是质量担保。

证明：由前文命题 1 和引理 1 的结果可知，当上游供给主体养殖或储运环节质量安全水平较高时，其下游需求主体的内部质量减损成本 $W_I - \Delta\pi$ 和外部质量减损成本 $(1-\alpha)W_E$ 减少，合作信任度和紧密度增加。同时，上游供给主体的质量安全预期水平也是比较高的，综合可得 $W_{RH}^i > W_{RL}^i$。当上游供给主体养殖或储运环节质量安全水平较低时，必然造成其下游需求主体的内部质量减损成本 $W_I - \Delta\pi$ 和外部质量减损成本 $(1-\alpha)W_E$ 增大，进而上下游合作主体之间的信任度将下降直到不合作的地步，即 $W_{RL}^i = 0$。

结论 2：高质量投入水平的上游供给主体通常接受较高质量担保的契约条款，并且该决策与其养殖或储运的生猪是否存在质量安全问题无关。无论上游供给主体养殖或储运的生猪是否存在质量安全问题，高质量投入水平的上游供给主体的预期质量安全水平都是比较高的，即比低水平质量安全投入的供给主体支付较高的质量安全减损担保。

结论 3：高质量投入水平的上游供给主体通常接受较高质量担保的契约条款，并且该决策与下游需求主体质量安全检验能力和保障能力无关。无论下游需求主体的质量安全检验水平高低以及质量安全保障水平高低，高质量投入水平的上游供给主体的预期质量安全水平都是比较高的，即比低水平质量安全投入的供给主体支付较高的质量安全减损担保。

结论 4：低质量投入水平的上游供给主体通常不愿接受质量担保的契约条款。低质量投入水平的上游供给主体都不愿为下游需求主体提供较高的质量安全减损担保，甚至拒绝承担质量安全减损，进而造成合作关系不稳定甚至双方失去合作的意向。

8.4　基于江苏射阳调研数据的质量信息成本动态仿真实证

根据前文假设和结论，以江苏射阳生猪流通上游供给主体基地 S 和南京市水产经销公司 P 为例，对隐匿质量信息和向下游传递质量信息 2 种情景下，流通需求主体公司 P 的质量安全检验能力、基地 S 与公司 P 的质量内外部减损成本与预期收益变化情况进行仿真评价（表 8.1）。

表 8.1　江苏射阳基地 S 和南京市公司 P 的流通质量成本构成

主体	成本具体构成
基地 S	（1）预期质量保障投入成本：1.1 元/斤[①] （2）当对方发生内部质量减损时，需提供的价格折合：0.1 元/斤
公司 P	（1）预付前向订金：3 元/斤 （2）质量检验成本：1.1 元/斤 （3）质量保障投入成本：1.2 元/斤 （4）内部质量减损成本：0.5 元/斤，内部质量减损成本担保金：0.1 元/斤 （5）外部质量减损成本：1.2 元/斤，外部质量减损成本担保金：0.6 元/斤

根据公式（8.1）和公式（8.2），可以分别对基地 S 与公司 P 的预期收益进行分析；可进一步求解以基地 S 与公司 P 为主要组成部分的射阳-南京流通链条整体预期收益；求解在没有质量信息集成的情景下公司 P 的质量安全检验能力值，求解在质量信息集成的情境下公司 P 的质量安全检验能力值；求解基地 S 和公司 P 的内外部质量减损成本和各自收益。使用 Matlab 6.5 对已知数据进行仿真计算，$q_j=0.5$[②] 和 $q_j=1$ 两种情景下的结果如表 8.2 和表 8.3 所示。

---

① 斤为非法定计量单位，1 斤＝500 克。——编者注
② 调研得到的相关数据非常模糊。因此，选择常见的 0.5 作为假设数据。

表 8.2　江苏射阳基地 S 进行质量信息集成时的各项仿真结果（已知 $q_j = 0.5$）

P_{Sj}	P_{Pj}^{NE}	P_{Pj}^{*}（元）	$E\Pi_{Sj}$（元）	$E\Pi_{Pj}$（元）	$E\Pi_{SP}$（元）
0.000	0.591	1.000	2.213 64	−2.207 95	0.005 68
0.100	0.532	0.989	2.219 55	−2.089 44	0.130 10
0.200	0.473	0.807	2.222 73	−1.967 09	0.255 64
0.300	0.414	0.630	2.223 18	−1.840 90	0.382 28
0.400	0.355	0.475	2.220 91	−1.710 86	0.510 05
0.500	0.295	0.341	2.215 91	−1.576 99	0.638 92
0.600	0.236	0.229	2.208 18	−1.439 27	0.768 91
0.700	0.177	0.139	2.197 73	−1.297 72	0.900 01
0.800	0.118	0.071	2.184 55	−1.152 32	1.032 23
0.900	0.059	0.025	2.168 64	−1.003 08	1.165 56
1.000	0.000	0.000	2.150 00	−0.850 00	1.300 00

表 8.3　江苏射阳基地 S 进行质量信息集成时的各项仿真结果（已知 $q_j = 1.0$）

P_{Sj}	P_{Pj}^{NE}	P_{Pj}^{*}（元）	$E\Pi_{Sj}$（元）	$E\Pi_{Pj}$（元）	$E\Pi_{SP}$（元）
0.000	0.182	1.000	1.981 82	−2.081 82	−0.100 00
0.100	0.164	0.884	2.061 77	−1.835 27	0.226 50
0.200	0.145	0.698	2.134 36	−1.588 36	0.546 00
0.300	0.127	0.535	2.199 59	−1.341 09	0.858 50
0.400	0.109	0.393	2.257 45	−1.093 45	1.164 00
0.500	0.091	0.273	2.307 95	−0.845 45	1.462 50
0.600	0.073	0.175	2.351 09	−0.597 09	1.754 00
0.700	0.055	0.098	2.386 86	−0.348 36	2.038 50
0.800	0.036	0.044	2.415 27	−0.099 27	2.316 00
0.900	0.018	0.011	2.436 32	0.150 18	2.586 50
1.000	0.000	0.000	2.450 00	0.400 00	2.850 00

　　由以上运算结果可知，随着基地 S 生猪质量投入水平的增加，公司 P 的质量安全检验能力（或严格程度）整体呈下降趋势。同时，当基地 S 选择比较高的质量安全投入水平的情况下，其将质量信息集成给公司 P 所引致的质量安全检验能力明显低于不进行质量信息集成的情景。2 种情况下对比发现，公司 P 的期望收益呈现增长趋势，生猪流通链条的整体期望收益也呈现增长趋势。

8.5　结论与启示

　　生猪流通需求主体的质量检验严格程度、检验水平和惩罚力度是供给主体选择质量投机行为的主要因素。供给主体通过这些信息来进行质量安全投入的决策。供给主体较高的质量投入，会使得需求主体降低质量监测成本，转而提高流通技术和流通能力，同时，整个流通体系的交易成本降低、流通水平提升；反之，供给主体较低的质量投入会使得需求主体提高质量监测成本，转而降低流通技术和流通能力，进而形成整体水平偏低的流通体系。综合本章得到的基本结论可知，增加生猪质量安全投入、保证流通上下游主体的信息交互是提升生猪流通体系整体水平的关键。

第9章 生猪产业链健康的环境污染约束

近年来，我国生猪生产能力不断增强，生产效率大幅提高，生猪产业稳定发展，规模化养殖持续推进，综合生产能力不断提升。当前，生猪产业处于转型升级的关键时期，可持续发展面临重大挑战，生猪养殖与生态环境之间的矛盾日益突出，生猪养殖过程中产生的污染给生态环境带来了极大挑战，而且南北方生猪养殖污染类型还存在较大差异。由于我国南方经济发展程度较高，生猪养殖造成的水体污染已经引起了人们的高度重视，"南方水网污染"问题已经引发了全社会的广泛关注。然而，北方生猪养殖过程中猪舍采暖产生的大气污染尚未得到足够的关注。

北方地区[①]生猪出栏量占全国的34%左右，北方地区生猪养殖在全国生猪产业中占有比较重要的地位。近年来，农业农村部重点推动南方水网地区生猪养殖发展与生态环境保护双赢以及引导生猪产业布局向北方作物主产区倾斜，北方地区在全国生猪产业中将扮演更加重要的角色。我国北方地处温带寒温带气候区，冬季气候寒冷。雷云峰等（2016）研究发现，猪舍的温度控制技术一直以来都是畜牧业的重点，而猪舍冷季采暖又是猪舍温控的重中之重。温度是影响猪生产力最为重要的环境因素。猪是恒温动物，正常的体温在38.7~39.8℃，对猪舍内温度的要求相对严格。温度过低或过高，都不利于育肥猪的生长（王美芝，2010）。当猪舍内环境温度过低时，猪为了抵抗寒冷会被迫消耗体内的脂肪，导致育肥猪增重缓慢。猪在冷季的饲养管理要求不同于其他季节。因此，刘金（2010）提出，冷季才是考验北方地区生猪养殖户的关键时期。然而，我国北方的许多猪场缺乏统一的规划，采暖设备落后，供热效率较低，采暖燃料以玉米芯和煤炭等效率低、污染大的燃料为主。傅敏良等（1997）经过几年的考察和对不同形式畜舍进行的多次检验发现，畜舍采暖消耗了大量能源，运行费用大大增加，采暖设备隔热保温性能太低，综合评价经济效益不高。付仕伦（2010）在研究冷季提高猪舍环境温度的效益时发现南北方的猪舍都比较简陋，冷季舍内温度远远达不到猪对

---

① 本章选取的北方地区包括河南、山东、河北、山西、陕西、内蒙古、河北、北京、天津、辽宁、吉林、黑龙江共12个省份。

环境温度的要求。

　　猪舍采暖过程中的燃煤在改善育肥猪生长所需的温度环境、提高猪场养殖经济效益的同时，也带来了严重的大气污染问题。我国畜牧业在迅速发展的同时，环境污染问题日益显现。孟祥海等（2014）基于环境承载力和生命周期理论的实证表明，我国畜牧业环境污染形势严峻，畜舍冷季采暖排放污染物导致大气污染的同时，也严重制约了我国北方地区生猪产业的发展。吴林海等（2015）研究发现，当养殖户不承担相应的环境污染治理成本时，最佳的养殖规模在 600～800 头；当环境污染治理成本内部化时，最佳的养殖规模在 31～35 头。如果生猪养殖成本包括环境污染治理成本，大规模养殖主体就不再具备成本优势，生猪养殖过程中的污染已经严重影响到北方地区生猪产业的健康发展。借鉴 Kuznets（1955）关于收入分配与经济发展之间著名的倒 U 形曲线论述，一些学者指出，生猪产业与环境污染之间可能也会存在倒 U 形曲线关系，即在生猪产业发展初期，生猪产业发展和猪场效益提高将会使环境污染加重；当生猪产业的发展超过了某一临界值，猪场效益的提升反而有利于减少污染物排放，改善空气质量。那么，猪舍冷季采暖造成的大气污染程度有多严重？笔者希望在估算污染当量的基础上，结合库兹涅茨曲线去验证环境污染是否为影响生猪产业健康发展的重要因素。

9.1　猪舍采暖的污染物当量数估算

　　在生猪养殖中，温度是诸多因素中较为重要的，猪对环境温度高度敏感。研究表明，育肥猪如果生存在 12℃ 的环境中，其增重比对照组减缓 4.3%，饲料转化率降低 4.5%。温度与育肥猪生长之间的数值关系有益于分析冷季温度偏离猪生长适宜温度条件下猪的生长速度随温度变化而变化的简单规律，从而为猪场冷季采暖提供支持。

9.1.1　猪对温度的适应性分析

　　温度对猪的生长影响很大，不同体重的猪在不同温度下的增重速度也是不一样的。低温不仅能影响育肥猪的正常生长，还会导致育肥猪的出栏期延长，饲养成本增加。

　　由图 9.1 可以看出，猪最适宜生长的温度为 15～20℃，显著高于 4～15℃和 27～30℃ 舍温条件下的增重。但是，20～27℃ 与 4～15℃ 和 27～30℃ 舍温条件下的日增重相比差距明显。

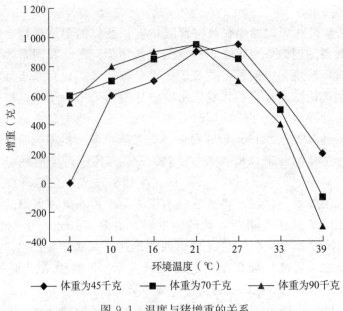

图 9.1   温度与猪增重的关系

9.1.2　猪舍采暖的大气污染当量分析

2015 年我国规模化猪场生猪出栏占比 54%，猪价的波浪式特征打乱了"一年赚、两年平、三年亏"的"猪周期"，在一定程度上意味着我国生猪产业将整体进入"微利时代"。在此背景下，研究猪场采暖能为分析生猪饲养的经济性提供很大帮助。

通过分析猪对温度的适应性发现，育肥猪最适宜的环境温度为 15~20℃。以黑龙江绥化为例，通过估算年出栏 500 头的标准化规模猪场一年冷季供暖需要的热量，进而估算 2014 年该猪场采暖的燃煤消耗量。农业农村部给出的年出栏 500 头商品猪的标准化规模猪场的总建筑面积为 670 米² 左右，生产建筑面积为 580 米²。猪场采用标准化饲养、全进全出的饲养方式，能实现安全、高效、生态、连续的均衡生产。猪舍墙壁使用 370 毫米厚黏土砖，墙高 2.8 米，外墙表面水泥砂浆勾缝，内表面抹 18 毫米水泥砂浆，屋顶为 75 毫米彩钢复合夹芯板，门窗使用玻璃塑钢材料。从 2014 年绥化市平均气温数据中可以看到，1—4 月和 10—12 月周平均温度低于 5℃。当环境温度低于 5℃时，猪舍就开始进入供暖期，一年中有约 7 个月的冷季时间需要供暖。

9.1.2.1　猪舍围护结构的传热系数计算

围护结构保温设计的指标一般采用冷季低限热阻，冷季低限热阻是为保证猪舍在正常情况下能够使用，而且在必要的供暖情况下，围护结构的内表面温度不低于允许值的总热阻。围护结构的总热阻必须大于或者等于低限热阻。

$$R_{\min} = \frac{\alpha(t_i - t_o)}{\Delta t} R_i \qquad (9.1)$$

其中，$R_{\min}$ 表示围护结构低限热阻，单位为（米²·开尔文）/瓦；t_i 表示冷季舍内计算温度，$t_i = 20℃$；t_o 表示冷季外围护结构舍外计算温度，$t_o = -27℃$；Δt 表示冷季舍内计算温度与围护结构内表面温度的允许温差，$\Delta t = 9.4℃$；α 表示围护结构温差修正系数，此处 $\alpha = 1.00$；R_i 表示围护结构内表面换热阻，此处的 $R_i = 0.115$（米²·开尔文）/瓦。

则墙体的冷季低限热阻 $R_{\min} = 0.56$（米²·开尔文）/瓦，屋顶的低限热阻 $R_{\min} = 0.63$（米²·开尔文）/瓦。

外墙总热阻为

$$R_v = R_i + R + R_o \qquad (9.2)$$

其中，R_i 表示围护结构内表面换热阻；R_o 表示围护结构外表面换热阻，为 0.04（米²·开尔文）/瓦。

外墙总热阻为

$$R_v = R_i + R + R_o = 0.115 + \frac{0.37}{0.81} + \frac{0.018}{0.93} + 0.043 \qquad (9.3)$$
$$= 0.63 > R_{\min} = 0.56（米²·开尔文）/瓦$$

外墙传热系数为

$$K = \frac{1}{R_v} = 1.59 \text{ 瓦}/（米²·开尔文）。 \qquad (9.4)$$

屋顶的总热阻为

$$R_v = R_i + R + R_o = 0.115 + \frac{0.075}{0.042} + 0.04 \qquad (9.5)$$
$$= 1.94 > R_{\min} = 0.63（米²·开尔文）/瓦$$

屋顶的传热系数为

$$K = \frac{1}{R_v} = 0.52 \text{ 瓦}/（米²·开尔文） \qquad (9.6)$$

9.1.2.2 猪舍采暖的热负荷和燃煤量估算

猪舍内的平均温度是否能够达到理想温度（20℃），需要通过计算猪舍获得热量和散失热量的平衡来确定。猪舍在没有采暖的情况下，热量的来源主要是猪群产生的可感热和通过猪舍外围护结构进入舍内的太阳辐射热，猪舍热量的损失主要是舍内外存在温差并由外围护结构散出的热量、舍内通风散失的热量以及通过通风和围护结构孔隙进入的舍外冷空气吸收的热量。当散失的热量（Q_s）等于获得的热量（Q_h）时，则说明在设计条件下猪舍热量平衡，不需要供暖；当 $Q_h < Q_s$ 时，说明散失的热量多于产热，若要保证舍内的计算温度 t_i，

则必须采暖，需要提供的热量即两者之差。

（1）基本散热量。

$$Q_m = \alpha KF(t_i - t_o) \qquad (9.7)$$

其中，Q_m 表示围护结构的基本散热量，单位为瓦；α 表示温差修正系数，这里仍取 $\alpha = 1.00$；K 表示围护结构的传热系数，单位为瓦／（米^2·开尔文）；F 表示围护结构的面积，单位为平方米。

（2）附加散热量。

一是通风附加。冷季通风时进入猪舍内的舍外冷空气导致的热量散失为

$$Q_C = V \cdot c \cdot r(t_i - t_o) \qquad (9.8)$$

其中，Q_C 表示通风附加散热量，单位为瓦；V 表示猪舍通风量，这里 $V = 0.35$ 米^3／（时·千克）×50 千克/头×250 头＝4 375 米^3/时；c 表示空气比热容，单位为千焦／（千克·℃），当猪舍内计算温度为 20℃时，$c = 1.01$ 千焦/（千克·℃）；r 表示空气容重，单位为千克/米^3，当猪舍内计算温度为 20℃时，$r = 1.164$ 千克/米^3。

通风耗热量为

$$Q_C = V \cdot c \cdot r(t_i - t_o) = 241\ 741\ \text{千焦／时} = 67\ 150.3\ \text{瓦}$$

$$(9.9)$$

二是朝向附加。朝向不同的同种围护结构，接受的太阳辐射热和风速频率不同，单位面积相同时间的失热量也不同，可以用基本失热量乘以朝向修正系数计算围护结构的朝向附加失热量。东西向取−5％，南向取−20％，北向无需修正。

三是风力附加。猪舍建筑在高地时，垂直的外围护结构附加 7％。

猪舍的外门短时间开启，冲入冷风增加的热损失，按门基本失热量的 200％计算。

冷风渗透是指在风压和热压作用下，由门窗缝隙渗入舍内冷空气造成的热量损失。因为猪舍在冷季也需要通风，故此项不再计算。

育肥猪舍各部位围护结构的基本散热量、附加散热量和总散热量的计算结果见表 9.1。

表 9.1 育肥猪舍各部位围护结构的散热量计算

围护结构名称		围护结构面积（米^2）	传热系数[瓦/（米^2·开尔文）]	基本散热量（瓦）	散热量附加率	附加散热量（瓦）	总散热量（瓦）
墙	南	89.0	1.590	6 651.00	−20％+7％	−864.3	5 786.3
	北	105.0	1.590	7 846.70	+7％	549.2	8 395.9
	东	33.0	1.590	2 466.10	−5％+7％	49.3	2 515.4
	西	33.0	1.590	2 413.60	−5％+7％	49.3	2 515.4

（续）

围护结构名称		围护结构面积（米²）	传热系数[瓦/（米²·开尔文）]	基本散热量（瓦）	散热量附加率	附加散热量（瓦）	总散热量（瓦）
门窗	南窗	60.0	4.700	13 254.00	−20%＋7%	−1 723.0	11 530.0
	北窗	40.0	4.700	8 836.00	7%	618.5	9 454.5
	东门	2.5	4.700	552.20	200%＋7%	1143.2	1 695.4
	西门	2.5	4.700	552.25	200%＋7%	1118.8	1 695.4
地面	d_1	245.0	0.465	5 354.50	0	0.0	5 354.5
	d_2	200.0	0.233	2 190.20	0	0.0	2 190.2
	d_3	90.0	0.116	490.70	0	0.0	490.7
屋顶		526.0	0.520	12 855.40	24%×7%	216.0	13 071.4

注：表中 d_1、d_2、d_3 为按照地面划分地带之后进行的命名。

（3）猪舍的产热量。育肥猪的平均体重按照 50 千克计算，在相对湿度为 70%、舍内温度为 20℃时，每头育肥猪产生的体感热量为 155×0.67＝103.85 瓦，则该猪舍猪群产生的体感热量为 500×103.85＝51 925 瓦。

2014 年黑龙江省绥化市猪舍的供暖天数为 210 天。那么，猪舍采暖期需要提供的热量约为 79 920.4×210×24＝402 798.8 千瓦·时＝1 408 663 兆焦。标准煤的热值为 19.7 兆焦/千克，燃煤锅炉的实际热效率按 70%计算，则该规模化标准猪场一年冷季猪舍供暖需要的燃煤约为 102.2 吨。其余 7 市 2014 年猪舍采暖燃煤消耗量计算结果见表 9.2。

表 9.2　2014 年北方 8 地市 500 头/年的标准化规模猪场采暖燃煤消耗量

项目	黑龙江绥化	吉林长春	辽宁沈阳	辽宁锦州	山东潍坊	河北唐山	河南信阳	河北石家庄
供暖天数（天）	210	189	179	176	127	169	85	134
热量需要（兆焦）	1 408 663	1 121 851	932 339	746 083	261 334	388 721	113 103	308 216
煤炭消耗量（吨）	102.2	91.0	64.7	58.9	18.9	31.9	9.7	26.4

9.1.2.3　污染当量的估算

本研究在这里引入污染当量来衡量猪舍采暖给空气质量带来的危害，污染当量表示不同的污染物或污染排放量之间的污染危害和处理费用之间的相对关系。污染当量是收取企业排污费的参照标准，某污染物的污染当量＝该污染物的排放量/该污染物的污染当量。秸秆、燃煤等燃料的燃烧产生的废气是以大气中主要污染物 2.18 千克烟尘、0.95 千克二氧化硫为基准，对其他污染物的有害程度、处理费用和对生物体的毒性等进行的研究和测算得到的结果是排放 0.95 千克氮氧化物、4 千克一般性粉尘，产生的污染危害和相应的处理费用基本相等，即废气中烟尘的污染物当量为 2.18 千克，二氧化硫的污染当量为 0.95 千克，氮氧化物的污染当量为 0.95 千克，一般性粉尘的污染当量为 4 千克。黑龙江省绥化市 2014 年生猪出栏量为 622 万头，由此估算出绥化市一年冷季猪舍供暖需要的燃煤约为 710 232.6 吨。污染物排放量估算结果为二氧化硫 9 090.1 吨，氮氧化物 6 448.9 吨，粉尘 7 812.6 吨，烟尘约 16 122.3 吨。污染当量计算结果如表 9.3 所示。

$$二氧化硫的污染当量 = \frac{二氧化硫污染物的排放量}{二氧化硫污染物的污染当量} \qquad (9.10)$$

$$= \frac{9\ 090\ 100\ 千克}{0.95\ 千克} = 9\ 568\ 526.3$$

表 9.3　绥化市一年冷季猪舍供暖污染当量的计算

污染物类型	污染当量
二氧化硫	9 568 526.3
烟尘	7 395 541.3
氮氧化物	6 788 328.4
粉尘	1 953 139.6

试验证明，林木在低浓度范围内，吸收各种有毒气体，使污染的环境得到净化。例如，1 公顷柳杉林每月可以吸收二氧化硫 60 千克，森林吸附粉尘的能力是裸露土地的 75 倍；1 公顷的山毛榉树林，一年之内吸附的粉尘就有 68 吨之多；1 公顷的绿地一年可以吸收氮氧化物约 380 千克；1 公顷榆树一年可以吸收 4 吨的烟尘。2014 年北方 8 地市一年冷季猪舍采暖消耗的燃煤产生的污染当量以及净化各污染物需要的森林类型、时间和面积的详细估算结果见表 9.4。

表 9.4　2014 年北方 8 地市猪舍采暖污染当量与净化指标

地市	二氧化硫		烟尘		氮氧化物		粉尘	
	污染当量（万）	柳杉林（公顷/年）	污染当量（万）	生家榆树（公顷/年）	污染当量（万）	绿地（公顷/年）	污染当量（万）	山毛榉（公顷/年）
黑龙江绥化	956.9	12 626	739.6	4 031	678.8	16 970	195.3	115
吉林长春	854.7	11 277	660.6	3 600	606.3	15 158	174.5	103
辽宁沈阳	491.1	6 479	379.5	2 068	348.4	8 709	100.2	59
辽宁锦州	495.0	6 531	382.6	2 085	351.2	8 779	101.0	59
河北唐山	284.0	4 078	219.5	1 196	201.5	8 189	58.0	31
河北石家庄	181.2	2 391	140.1	763	128.6	3 214	37.0	22
山东潍坊	138.5	1 828	107.1	583	98.3	2 456	28.3	17
河南信阳	18.5	243	14.3	78	13.1	327	3.8	2

9.2 大气污染与生猪产业发展之间的关系分析

生猪产业指与生猪产品紧密相关的有上下游关系的一系列流程，包括饲料供应、种猪繁育、育肥猪生产、屠宰加工、猪肉销售等环节。由于部分猪场不重视污染处理，造成了严重的环境污染问题。采用截面数据分析环境库兹涅茨曲线时，仅能反映经济增长与环境污染之间具有的负相关关系，而在发展中国家经济增长与环境污染是呈正相关的（Grimes，1997），我国生猪产业发展水平总体较低，使得生猪养殖过程中的污染与生猪产业的发展呈正相关关系。库兹涅茨曲线可能反映了环境质量与人均收入之间关系的普遍规律，但是库兹涅茨曲线也可能产生一些误导性的政策建议：既然只有当生猪产业超过一定的临界值水平之后，污染问题才会随着产业发展而得到改善，因此为了平衡生猪产业与环境污染，只需要加快生猪产业的发展，直到产业水平超过临界值。污染治理成本会随着污染严重程度而增加，即环境质量的下降会使污染治理成本迅速增加。因此，在生猪产业发展的早期阶段就应该致力于控制和监管污染物的排放（包群等，2006）。而且，有些污染导致的环境恶化是不可逆的。环境质量一旦被破坏，很难被修复改善。综合以上文献，可以发现生猪产业与大气污染之间具有的双向关系，生猪产业的发展通过规模化效应、技术效应和标准化效应影响着大气质量，大气污染同样通过政策法规、产出变化负向地作用于生猪产业。生猪产业在成为农村经济重要产业的同时，带来的环境污染却相当严重。2014年《畜禽规模养殖污染防治条例》等法规推行，猪场建设环保投入比重占比在 40%～50%，养猪成本继续增加，生猪产业的进一步快速发展遭受重大挫折，环保政策在无形中提高了养猪的门槛。生猪养殖过程中猪舍采暖引致的大气污染影响着生猪产业的快速发展。

Grossman 等（1991）提出了论述环境污染与经济发展之间关系的环境库兹涅茨曲线理论。该理论假定如果没有环境政策的干预，一个地区的环境污染会随着经济增长先恶化，而后跨过转折点逐步改善。许多学者在研究中指出，在经济发展的初期阶段，人均收入提高，意味着过度消耗资源和排放大量污染物，会导致环境质量下降。但随着经济增长跨过某一临界值后，人们对环境质量的追求和产业结构优化，能促进环境质量的改善。国际上根据环境库兹涅茨曲线理论所产生的计量模型主要分为两大类：一是基于时间序列的模型分析，二是基于面板数据的模型分析。本研究选择第一类方法，基于时间序列数据分析环境库兹涅茨曲线模型。该模型具有代表性的是三次多项式的函数关系，也是国际上使用的简化模型：

$$E_t = \alpha_0 + \alpha_1 Y_t + \alpha_2 Y_t^2 + \alpha_3 Y_t^3 + \mu_t \tag{9.11}$$

其中，E_t 表示某地市在 t 时刻环境压力，用污染物排放当量表示；α_0 表示特征相关参数；Y_t 表示该地市在 t 时刻的经济产出，用人均生猪饲养产值表示；α_1、α_2、α_3 为参数；μ_t 为误差项。如果 $\alpha_1 > 0$，$\alpha_2 < 0$ 且 $\alpha_3 > 0$，则为三次曲线关系或者说是 N 形曲线关系；若 $\alpha_3 = 0$，且 $\alpha_1 < 0$、$\alpha_2 > 0$，则为倒 U 形曲线，可得到环境库兹涅茨曲线的转折点 $Y^* = -\alpha_1/2\alpha_2$。

本研究使用公式（9.11）模型，分别对黑龙江省绥化市猪舍采暖产生的二氧化硫、氮氧化物、烟尘、粉尘当量与人均生猪饲养产值的环境库兹涅茨曲线进行估计，样本区间为 2000—2014 年，数据来源主要是 2016 年 4 月调研数据、《黑龙江统计年鉴》和《中国区域发展统计数据库》。使用环境库兹涅茨曲线模型，并依据 SPSS 软件的模型拟合分析绥化市生猪产业进程中生猪产业与环境污染之间的关系。使用 SPSS17.0 对污染物当量和人均生猪饲养产值的关系进行模拟，并依据曲线拟合效果以及参数检验的显著性输出结果，检验结果见表 9.5。

表 9.5　黑龙江省绥化市污染物当量与人均生猪饲养产值的检验结果

指标	二氧化硫当量	氮氧化物当量	烟尘当量	粉尘当量
R^2	0.777	0.777	0.777	0.777
α_0	2 646 291.472	1 877 213.013	2 045 128.885	540 112.224
α_1	2 703.050	1 917.416	2 088.993	551.697
α_2	−0.214	−0.152	−0.165	−0.044
F 值	20.883	20.883	20.883	20.883

（1）黑龙江省绥化市二氧化硫当量与人均生猪饲养产值的环境库兹涅茨曲线验证。以二氧化硫当量为因变量、人均生猪饲养产值为自变量进行回归分析，根据参数估计结果，得出二氧化硫当量与人均生猪饲养产值的估计方程为

$$E_t = 2\ 646\ 291.472 + 2\ 703.050\ Y_t - 0.214\ Y_t^2$$
$$(2.215) \qquad (3.428) \qquad (-2.586)$$
（9.12）

回归结果表明，二氧化硫当量与生猪产业产值增长存在显著的倒 U 形环境库兹涅茨曲线，但是 R^2 为 0.777，拟合程度还不够高，说明人均生猪饲养产值对大气污染中的二氧化硫当量解释能力还不够。根据最优拟合结果，得到其环境库兹涅茨曲线（图 9.2）。

可以看到，黑龙江省绥化市二氧化硫当量与氮氧化物、烟尘、粉尘当量相比数值最大，且总体上呈现缓慢上升后快速下降的趋势。环境库兹涅茨曲线的转折点为 $Y^* = -\alpha_1/2\alpha_2 = 6\ 315.537$，即图 9.2 中曲线的顶点对应的人均生猪饲养产值为 6 315.537 元。2014 年绥化市实际人均生猪饲养产值为 8 607.976 元，大于转折点的人均生猪饲养产值 6 315.537 元，故二氧化硫当量位于倒 U

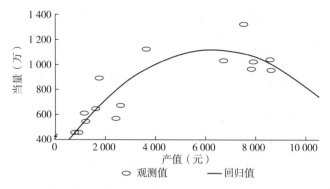

图 9.2　黑龙江省绥化市二氧化硫当量与人均生猪饲养产值的回归曲线

形曲线的右侧。这说明随着绥化市生猪产业的发展，冷季猪舍采暖排放的二氧化硫当量正在逐步减少，大气质量有改善的趋势。绥化市作为生猪养殖大市，重视生猪产业的良性发展、猪舍采暖环节的优化和政策引导会促使生猪产业发展与大气环境质量改善的两难问题得到解决。

（2）黑龙江省绥化市氮氧化物当量与人均生猪饲养产值的环境库兹涅茨曲线验证。依据参数估计结果，得到氮氧化物当量与人均生猪饲养产值的估计方程为

$$E_t = 1\,877\,213.013 + 1\,917.476\,Y_t - 0.152\,Y_t^2$$
$$(2.215) \qquad (3.428) \qquad (-2.586)$$
$$(9.13)$$

绥化市氮氧化物当量与人均生猪饲养产值的环境库兹涅茨曲线的转折点为 $Y^* = -\alpha_1/2\alpha_2 = 6\,307.289$，转折点的人均生猪饲养产值 6 307.229 元小于 2014 年绥化市实际人均生猪饲养产值 8 607.976 元，故氮氧化物当量位于倒 U 形曲线的右侧（图 9.3）。同样的，估算的绥化市烟尘、粉尘当量也位于倒 U 形曲线的右侧。绥化市大气污染物当量逐步减少，是冷季猪舍采暖效率提高、燃料质量改善和当地改善猪舍环境温度措施的结果。

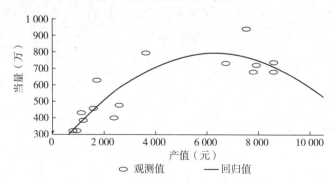

图 9.3　黑龙江省绥化市氮氧化物当量与人均生猪饲养产值的回归曲线

依据计算结果可以看出，二氧化硫、氮氧化物、烟尘、粉尘当量与人均生猪饲养产值的模型拟合结果基本一致，其中拟合优度 R^2 为 0.777，F 值为 20.883。所以，这 4 种污染物当量的拟合效果（曲线走势）基本相似。在这 4 种污染物中，造成环境污染严重程度由高到低依次为二氧化硫、烟尘、氮氧化物、粉尘。根据模型判定标准，若 $\alpha_1 < 0$ 且 $\alpha_2 > 0$，则当用横坐标表示人均生猪饲养产值，纵坐标表示二氧化硫污染当量，二氧化硫污染当量的环境库兹涅茨曲线呈倒 U 形，再次验证了公式（8.11）的估计方程得到的结论，即二氧化硫、氮氧化物、烟尘、粉尘污染当量的环境库兹涅茨曲线都呈现倒 U 形。

但需要注意的是，人均生猪产值对大气污染的解释能力即 R^2 仅为 0.777，这就说明存在其他的因素对猪舍采暖引起的大气污染有较大影响，如猪舍供暖技术改进、燃烧设备改良、养殖规模的改变、生猪产业结构的变化、政府政策扶持等。绥化市冬季养猪的"一建、二保、三增、四防"技法显著改善了生猪饲养的环境温度，减少了采暖燃煤消耗量："一建"即建塑料大棚，塑料大棚可提高舍温，投资又少；"二保"即猪舍加保温层和保持干燥；"三增"即增加饲养密度、增设床板和增加喂料次数；"四防"即防低温、防咬架、防乱喂饮和防疫病。绥化市生猪养殖相对发达，正处在由传统养殖向现代化养殖的转型过程当中，规模化养殖得到了较快的发展。尽管绥化市的生猪产业进程已经跨过了转折点，但仅是猪舍采暖引致的大气污染问题有所改善，生猪产业当中仍有诸多亟待改善的问题，如市场研究滞后、技术指导体系没有很好地发挥作用等。

类似于分析绥化市的方法，使用 SPSS17.0 对辽宁省沈阳市大气污染物当量与人均生猪饲养产值进行模拟，并依据曲线拟合效果以及参数检验的显著性输出结果，沈阳市污染物当量与人均生猪饲养产值之间的回归分析检验结果见表 9.6。

表 9.6　辽宁省沈阳市污染物当量与人均生猪饲养产值的检验结果

指标	二氧化硫当量	氮氧化物当量	烟尘当量	粉尘当量
R^2	0.913	0.913	0.913	0.913
常数项	−124 057.389	−88 003.210	−95 875.057	−25 320.307
α_1	8 840.978	159 877.819	6 253.427	1 722.817
α_2	−3.354	−2.337 9	−2.592	−0.685
F 值	62.622	62.622	62.622	62.622

以污染当量为因变量、人均生猪饲养产值为自变量的检验结果表明，污染当量与生猪产业产值增长存在显著的倒 U 形环境库兹涅茨曲线，拟合优度 R^2

为 0.913，拟合程度较高，说明人均生猪饲养产值能够很好地解释污染当量的趋势。图 9.4 为沈阳市粉尘当量与人均生猪饲养产值的回归曲线，沈阳市二氧化硫、氮氧化物、粉尘和烟尘当量与人均生猪饲养产值之间的关系相似，所以本研究仅分析沈阳市粉尘当量与生猪产业之间的关系。

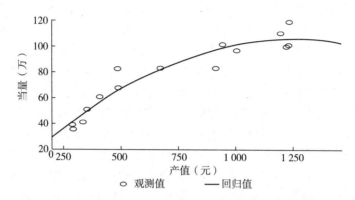

图 9.4　辽宁省沈阳市粉尘当量与人均生猪饲养产值的回归曲线

（3）辽宁省沈阳市粉尘当量与人均生猪饲养产值的环境库兹涅茨曲线验证。以粉尘当量为因变量、人均生猪饲养产值为自变量进行回归分析，根据参数估计结果，得出粉尘当量与人均生猪饲养产值的回归方程为

$$E_t = -25\ 320.307 + 1\ 722.817 Y_t - 0.685 Y_t^2$$

回归结果表明，粉尘当量与沈阳市人均生猪饲养产值存在显著的倒 U 形环境库兹涅茨曲线关系，R^2 为 0.913，拟合程度比较高。环境库兹涅茨曲线的转折点为 $Y^* = -\alpha_1/2\alpha_2 = 1\ 257.53$，即曲线的顶点代表的人均生猪饲养产值为 1 257.53 元。2014 年沈阳实际的人均生猪饲养产值为 1 221.32 元，低于转折点的 1 257.53 元，这表明沈阳市粉尘当量处于环境库兹涅茨曲线的左侧上升阶段。这一回归结果说明，只有当沈阳市人均生猪饲养产值超过 1 257.53 元时，猪舍采暖导致的大气污染才会趋于改善，即随着人均生猪饲养产值的进一步上升，大气环境质量将有所改善。就沈阳市而言，人均生猪饲养产值还没有达到转折点 1 257.53 元的水平，这说明冷季猪舍采暖导致的大气污染在一段时间内还有加重的趋势。污染当量处于环境库兹涅茨曲线的左半段，则必须在生猪产业发展与大气污染之间进行权衡。绥化、沈阳两市在生猪产业发展过程中不可避免地面临大气污染和产业发展的两难问题。但是，这并不意味着只有当沈阳市的人均生猪饲养产值达到转折点的水平时，冷季猪舍采暖导致的大气污染问题才会得到改善，可以通过改良采暖的技术、政府政策引导等来改变环境库兹涅茨曲线的转折点，从而在一个相对较低水平的临界值跨过倒 U 形曲线的转折点。

（4）辽宁省锦州市烟尘当量与人均生猪饲养产值的环境库兹涅茨曲线实证。模型回归方程为

$$E_t = -506\,606.378 + 5\,294.128\,Y_t - 3.365\,Y_t^2 + 0.001\,Y_t^3$$

回归方程估计结果表明，烟尘当量与人均生猪饲养产值之间存在 N 形曲线关系。根据回归方程估计结果可以进一步估算出 N 形曲线的 2 个转折点分别为人均生猪饲养产值 1 100 元与 2 000 元。人均生猪产值低于 1 100 元时，烟尘当量会随着人均生猪饲养产值的上升而逐步增加；当人均生猪饲养产值突破了 1 100 元的临界值水平，人均生猪饲养产值的增加将有助于减少烟尘的排放；随着人均生猪饲养产值的进一步提升，在 2 000 元的第二个临界值后，烟尘当量又将随着人均生猪饲养产值的上升而增加。这一结果也说明，人均生猪饲养产值与大气污染之间的曲线关系可能会较为复杂。

（5）河北省唐山市和石家庄市猪舍采暖排放的大气污染物与人均生猪饲养产值的关系呈现 U 形曲线，并且曲线拟合效果也很不好，显著性检验也不理想。即便如此，仍然可以看到大气污染当量所对应的曲线的转折点都已经出现。即随着人均生猪饲养产值的增加，污染物排放将会增多，大气污染会继续加重。这就意味着政府必须采取相关措施，促进生猪产业健康发展，遏制大气污染加剧的趋势。唐山市和石家庄市都是工业化高度发达的城市，生猪产业并没有引起政府部门足够的重视，生猪产业的发展处于规划不完善的阶段。因此，必须重视大气污染加重的问题，合理规划生猪产业的发展，改善空气质量。

（6）河南省信阳市、山东省潍坊市和吉林省长春市猪舍采暖排放的污染物与人均生猪饲养产值的关系呈现倒 U 形曲线。其中，长春市和潍坊市的污染当量位于倒 U 形曲线的左端，说明这 2 个地市的生猪产业发展程度较低，但这并不意味着等生猪产业发展到转折点的水平时大气污染才能得到改善。政府部门可以给予当地生猪养殖更多的技术、政策支持，使得生猪产业在一个相对较低的临界值跨过倒 U 形曲线的转折点。虽然信阳市猪舍采暖排放的污染物与人均生猪饲养产值之间也呈现倒 U 形曲线，但是信阳市的生猪产业受到大气污染的制约较少。原因在于信阳市冷季时间较短，燃煤排放的污染物较少，对大气污染的影响相对较小。

9.3 结论及对策建议

9.3.1 结论

（1）同样规模的猪场，纬度越高，猪舍冷季采暖燃煤消耗量越大。纬度越高的地市冬季温度越低，供暖周期越长，由此导致猪场冷季采暖消耗的燃煤较多，排放的污染物当量相应较多，对空气质量的污染程度较大。

（2）北方 8 地市污染物当量的比较结果：二氧化硫当量＞烟尘当量＞氮氧化物当量＞粉尘当量。北方地区冷季猪舍采暖消耗燃煤排放的二氧化硫对大气污染的贡献率最大，粉尘对大气污染的贡献率相对较小。

（3）生猪产业比较发达的大多是经济发展相对落后的地市。在相当长的时间内，这些地市冷季猪舍采暖排放的燃煤污染物仍然是当地大气主要污染源。随着生猪产业的发展、猪舍冷季采暖效率的提升，生猪养殖过程更加合理，大气污染状况有望得到显著改善。

（4）通过分析北方 8 地市生猪产业发展与污染物排放之间的关系，结果表明，我国北方地区生猪养殖过程中冷季采暖排放的污染物与生猪产业之间并非完全符合环境库兹涅茨曲线的特征。也就是说，环境库兹涅茨假说不能完全解释我国生猪产业发展与污染物排放之间的关系。

9.3.2　对策建议

（1）激励猪场采用环保型采暖技术。猪场利润最大化决策的结果决定其是否有足够的动力去采用环保型的采暖技术设备。政府在整治污染方面要出台相应的配套措施，不仅为清洁型技术研发提供支持，还要为猪场提供外在的激励以加快环保型技术的使用。

（2）国家要给予生猪养殖大市政策扶持。国家要给予生猪大市相应的补贴政策，促使生猪养殖大市向生猪养殖强市迈进。要放弃"先污染，后治理"的老路，走生猪产业发展与环境保护相结合的可持续道路。

（3）树立对环保内在规律的正确认识。要对环境保护的内在规律树立正确的认识；否则，环境库兹涅茨曲线就不会应用于我国实际的经济发展与污染防治的关系当中。如果能够疏通经济发展与环境污染之间的阻力，尊重环境内在规律，就能真正在绿水青山和金山银山之间实现统一。发展中国家需要通过同时提升污染治理能力与生猪产业发展水平来解决发展与污染的两难困境。

主 要 参 考 文 献

包群，彭水军，2006. 经济增长与环境污染——基于面板数据的联立方程估计 [J]. 世界经济 (11)：48-58.

宾幕容，周发明，2015. 我国生猪价格研究综述 [J]. 中国畜牧杂志 (14)：15-20.

曹琳，孙日瑶，2012. 资源循环利用的双循环模型及品牌经济机制研究 [J]. 广西社会科学 (2)：7.

常伟，2011. 农产品价格异常波动的机理分析与对策探讨 [J]. 价格理论与实践 (3)：23-24.

陈晨，2011. 我国城乡发展的"刘易斯转折点"辨析及延伸探讨——基于湖北省村镇调研的城乡二元关系研究 [J]. 城市规划，35 (11)：65-72.

陈勇，李首成，康银红，2012. 中国农业非点源污染源及其产生根源解析 [J]. 江苏农业科学，40 (10)：320-324.

杜红梅，王明春，2020. 中国生猪优势产区规模养殖的环境效率评价——基于非径向、非角度 SE-SBM 模型 [J]. 经济地理，40 (9)：176-183.

段一群，曹玲，2013. 天气灾害小额保险与农村小额贷款的合作效用分析 [J]. 统计与决策 (24)：62-64.

傅敏良，张凤菊，王金平，等，1997. 高寒地区建立节能保温畜舍的初步研究 [J]. 农业工程学报 (S1)：175-179.

甘筱青，高阔，2012. 生猪供应链模式的系统动力学仿真及对策分析 [J]. 系统科学学报，20 (3)：46-49.

高定，陈同斌，刘斌，等，2006. 我国畜禽养殖业粪便污染风险与控制策略 [J]. 地理研究 (2)：311-319.

高阔，2014. 猪肉供应链网络均衡模型研究 [J]. 统计与决策 (6)：44-47.

高阔，甘筱青，2013. 基于时空视角和 BSC 的生猪供应链绩效评价体系研究 [J]. 湖北农业科学，52 (18)：4461-4468.

辜玉红，童晓莉，钟正泽，2005. 猪日粮中添加不同剂量铜锌砷对环境污染程度的研究 [J]. 当代畜牧 (8)：42-44.

郭本海，方志耕，刘卿，2012. 基于演化博弈的区域高耗能产业退出机制研究 [J]. 中国管理科学，20 (4)：79-85.

郭亚军，王毅，贾筱智，2012. 中国猪肉生产者供给行为分析——基于适应性预期模型的实证研究 [J]. 中国畜牧杂志，48 (16)：32-36.

韩胜飞，2007. 市场整合研究方法与传达的信息 [J]. 经济学 (季刊) (4)：1359-1372.

贺群，周宏，马媛媛，2013. 农户参与农业供应链内部融资的影响因素研究——基于江苏省阜宁县生猪供应链农户的调查 [J]. 南京农业大学学报 (社会科学版)，13 (6)：49-56.

胡本勇，彭其渊，王性玉，2009. 考虑采购资金约束的供应链期权柔性契约 [J]. 管理科学学报 (6)：66-75.

胡浩，应瑞瑶，刘佳，2005. 中国生猪产地移动的经济分析——从自然性布局向经济性布局的转变 [J]. 中国农村经济 (12)：46-52，60.

胡浩，张晖，黄士新，2009. 规模养殖户健康养殖行为研究——以上海市为例 [J]. 农业经济问题，30 (8)：25-31，110.

胡凯，2010. 内生信息结构下的激励性规制理论述评 [J]. 产业经济研究 (2)：87-94.

胡凯，甘筱青，2010. 我国生猪价格波动的系统动力学仿真与对策分析 [J]. 系统工程理论与实践，30 (12)：2220-2227.

胡凯，甘筱青，2013. "公司＋农户" 模式生猪供应链中农户最优饲养规模研究 [J]. 系统工程理论与实践，33 (5)：1200-1206.

胡凯，马士华，2013. 具有众多小型供应商的品牌供应链中的食品安全问题研究 [J]. 系统科学与数学，33 (8)：892-904.

胡启春，汤晓玉，宁睿婷，等，2015. 与生猪产业发展联动的中国沼气工程建设现状分析 [J]. 农业工程学报，31 (8)：1-6.

黄季焜，1998. 必需的代价——加入世贸组织对中国粮食市场的影响 [J]. 国际贸易 (11)：10-12.

黄凯南，2009. 演化博弈与演化经济学 [J]. 经济研究，44 (2)：132-145.

鞠国华，2009. "外部冲击" 的国内研究综述 [J]. 经济学动态 (5)：75-78.

冷碧滨，涂国平，贾仁安，2014. 基于 SD 演化博弈模型的生猪规模养殖与户用沼气开发系统动态稳定性 [J]. 系统工程，32 (3)：104-111.

李秉龙，何秋红，2007. 中国猪肉价格短期波动及其原因分析 [J]. 农业经济问题 (10)：18-21，110.

李红兵，孙世民，2007. 质量型健康养殖——优质猪肉生产的关键 [J]. 中国畜牧杂志 (24)：34-37.

李圣君，2013. 健全纳税服务体系的实践与优化措施 [J]. 税务研究 (1)：95-97.

李晓红，2007. 猪肉产品质量形成的影响因素及对猪肉产业链经营的启示 [J]. 农村经济 (1)：47-50.

李晓红，卢凤君，2005. 我国猪肉产业链投资模式现状及变迁动因分析 [J]. 黑龙江畜牧兽医 (4)：5-7.

李艳芬，2011. 生猪供应链中的生猪质量安全分析 [J]. 广东农业科学，38 (2)：174-175.

李以翠，李保明，施正香，等，2006. 猪排泄地点选择及其对圈栏污染程度的影响 [J]. 农业工程学报 (S2)：108-111.

梁桂，2011. 影响我国生猪价格波动的因素 [J]. 当代畜牧 (1)：1-2.

梁剑宏，刘清泉，2014. 我国生猪生产规模报酬与全要素生产率 [J]. 农业技术经济 (8)：44-52.

廖翼，周发明，2012a. 我国生猪价格调控政策运行机制和效果及政策建议 [J]. 农业现代化研究，33 (4)：430-434.

廖翼，周发明，2012b. 中国生猪养殖生产效率的实证分析——基于 DEA - Malmquist 指数法 [J]. 技术经济，31 (5)：93 - 98.

刘钢，王慧敏，仇蕾，等，2012. 湖域工业初始排污权纳什议价模型研究——以江苏省太湖流域纺织行业为例 [J]. 中国人口·资源与环境，22 (10)：78 - 85.

刘贵富，2011. 产业链形成过程研究 [J]. 社会科学战线 (7)：240 - 242.

刘培芳，陈振楼，许世远，等，2002. 长江三角洲城郊畜禽粪便的污染负荷及其防治对策 [J]. 长江流域资源与环境 (5)：456 - 460.

刘清泉，周发明，2011. 中国生猪有效供给的现实困境与市场调控 [J]. 中国畜牧杂志，47 (20)：5 - 8，13.

刘小乐，黎东升，2015. 我国生猪价格调控政策综合效果实证评价——基于生猪价格波动视角 [J]. 价格月刊 (9)：14 - 17.

卢凤君，彭涛，单福彬，等，2011. 中国生猪价格超常波动的抑制策略研究——以实现生猪健康养殖发展目标为视角 [J]. 中国畜牧兽医，38 (9)：206 - 208.

卢凤君，彭涛，朱鹤岩，等，2009. 中国生猪健康养殖业发展的战略思考 [J]. 中国畜牧兽医，36 (9)：192 - 196.

卢凤君，王刚毅，张建胜，等，2010. 战略联盟主导的生猪健康养殖产业链组织模式下基于契约的风险分担博弈分析 [J]. 中国软科学 (S1)：398 - 402.

卢凤君，张敏，刘晴，2008. 农业产业化龙头企业发展面临的技术与价值创新问题及其解决思路 [J]. 经济研究参考 (31)：34 - 36.

吕立才，庄丽娟，2011. 中国农业国际合作的成就、问题及对策 [J]. 科技管理研究，31 (9)：37 - 40.

毛学峰，曾寅初，2008. 基于时间序列分解的生猪价格周期识别 [J]. 中国农村经济 (12)：4 - 13.

毛学峰，曾寅初，2009. 我国生猪市场价格动态变动规律研究——基于月度价格非线性模型分析 [J]. 农业技术经济 (3)：87 - 93.

孟祥海，刘黎，周海川，等，2014. 畜禽养殖污染防治个案分析 [J]. 农业现代化研究，35 (5)：562 - 567.

明利，李威夷，2010. 生猪价格的趋势周期分解和随机冲击效应测定 [J]. 农业技术经济 (12)：68 - 77.

宁攸凉，乔娟，2010. 中国生猪价格波动的影响与成因探究 [J]. 中国畜牧杂志，46 (2)：52 - 56.

潘春玲，2008. 辽宁生猪生产：30 年波动分析与发展建议 [J]. 沈阳农业大学学报 (社会科学版)，10 (6)：649 - 653.

潘方卉，李翠霞，2014. 我国生猪价格非线性波动规律的实证研究——基于 Markov 区制转移模型 [J]. 价格理论与实践 (2)：84 - 86.

潘方卉，李翠霞，2015. 生猪产销价格传导机制——门限效应与市场势力 [J]. 中国农村经济 (5)：19 - 35.

潘峰，西宝，王琳，2014. 地方政府间环境规制策略的演化博弈分析 [J]. 中国人口·资源与环境，24（6）：97-102.

潘耀国，2011. 中国肉类消费全景图和大趋势［J］. 西北农林科技大学学报（社会科学版），11（1）：1-6.

齐亚伟，2013. 区域经济合作中的跨界环境污染治理分析——基于合作博弈模型［J］. 管理现代化（4）：43-45.

綦颖，吕杰，宋连喜，2007. 关于中国生猪产业的周期波动问题探析［J］. 农业现代化研究（5）：567-570.

曲丽丽，张桂僮，王刚毅，2016. 流动性约束下外部冲击对生猪供应链的决策影响——基于商业信用分析［J］. 南京农业大学学报（社会科学版），16（4）：130-138，159.

单福彬，卢凤君，王刚毅，2010. 生猪健康养殖中订单组织模式的创新研究［J］. 中国畜牧杂志，46（18）：22-25.

盛毅，2010. 用行业集中度确定国有经济控制力的数量界限［J］. 经济体制改革（6）：15-20.

宋连喜，2007. 生猪散养模式的利弊分析与趋势预测［J］. 中国畜牧杂志（18）：17-20.

宋连喜，綦颖，2006. 生猪市场价格周期性波动的原因分析与缓解对策［J］. 黑龙江畜牧兽医（10）：4-7.

宋长鸣，徐娟，项朝阳，2014. 基于时间序列分解视角的蔬菜价格波动原因探析［J］. 统计与决策（3）：106-108.

孙工声，2009. 中国宏观经济波动——内部调整还是外部冲击？［J］. 金融研究（11）：60-73.

孙秀玲，李志博，乔娟，2014. 猪肉零售价格波动因素模糊综合分析——基于北京市不同分销渠道猪肉零售商视角［J］. 价格理论与实践（7）：64-66.

谭莹，2011. 我国猪肉供给的驱动因素及补贴政策分析［J］. 农业经济问题，32（9）：52-57.

田素妍，郑微微，周力，2012. 中国低碳养殖的环境库兹涅茨曲线特征及其成因分析［J］. 资源科学，34（3）：481-493.

田晓超，聂凤英，2010. 我国生猪产销区间空间市场整合研究［J］. 中国畜牧杂志，46（8）：34-38.

王兵，黄人杰，2014. 中国区域绿色发展效率与绿色全要素生产率2000—2010——基于参数共同边界的实证研究［J］. 产经评论（1）：16-35.

王冬梅，吕本富，2010. 供应链管理对企业财务绩效的影响研究［J］. 管理评论，22（1）：94-104.

王刚毅，卢凤君，刘晴，等，2011. 基于供求关系的生猪契约定价博弈分析［J］. 经济问题（7）：77-81.

王刚毅，卢凤君，单福彬，2011. 基于价格的收益分享博弈分析——以订单主导的生猪健康养殖产业链组织模式为例［J］. 经济问题探索（6）：88-92.

王刚毅，王晨，李红梅，等，2013. 畜产品供应链品牌体系创建与运营的机理分析［J］. 中国畜牧杂志，49（6）：51-56.

王刚毅，王孝华，李洪姝，2018. 中国生猪价格空间溢出效应研究——基于同步系数矩阵的空间计量分析［J］. 农业现代化研究，39（1）：105-112.

王慧敏，乔娟，2011. "瘦肉精"事件对生猪产业相关利益主体的影响及对策探讨［J］. 中国畜牧杂志，47（8）：7-9，12.

王建华，刘苗，朱淀，2017. 生猪供应链生产环节安全风险识别与防控路径研究 [J]. 中国人口·资源与环境，27（12）：174-182.

王俊能，许振成，杨剑，2012. 我国畜牧业的规模发展模式研究——从环保的角度 [J]. 农业经济问题，33（8）：13-18.

王凯，2012. 产业转移背景下产业集群发展研究述评 [J]. 华中农业大学学报（社会科学版）（3）：95-99.

王良，杨乃定，2005. 项目合作条件下基于资源的联盟成员效用模型及其求解 [J]. 中国管理科学，13（5）：100.

王明利，李威夷，2010. 生猪价格的趋势周期分解和随机冲击效应测定 [J]. 农业技术经济（12）：68-77.

王西琴，高伟，曾勇，2014. 基于 SD 模型的水生态承载力模拟优化与例证 [J]. 系统工程理论与实践，34（5）：1352-1360.

王孝华，王刚毅，2017. 中国生猪价格区域协动性研究——基于同步系数法的分析 [J]. 价格月刊（8）：6.

王玉华，赵平，2012. 中国开放型经济发展模式探析 [J]. 商业研究（6）：50-56.

王珍珍，陈功玉，2012. 制造业与物流业联动发展的演化博弈分析 [J]. 中国经济问题（2）：86-97.

魏珠清，黄建华，2017. 多因素影响下我国生猪供应链价格传导研究 [J]. 武汉理工大学学报（信息与管理工程版），39（5）：598-604.

吴登生，李建平，汤铃，等，2011. 生猪价格波动特征及影响事件的混合分析模型与实证 [J]. 系统工程理论与实践，31（11）：2033-2042.

吴林海，许国艳，杨乐，2015. 环境污染治理成本内部化条件下的适度生猪养殖规模的研究 [J]. 中国人口·资源与环境，25（7）：113-119.

吴群，2011. 转型升级期中小企业面临的问题与应对策略 [J]. 企业经济，30（8）：23-25.

武拉平，1999. 我国小麦、玉米和生猪收购市场整合程度研究 [J]. 中国农村观察（4）：25-31，40.

肖传禄，2007. 健康养殖是确保养猪业高效持续发展的基本条件 [J]. 山东畜牧兽医（2）：13-14.

肖开红，2018. 加工企业主导下农产品供应链整合研究——一个基于生猪产业背景的理论分析框架 [J]. 河南大学学报（社会科学版），58（4）：38-45.

肖亮，2011. 农产品绿色供应链流通模式及运作流程研究 [J]. 技术经济与管理研究（11）：109-112.

谢杰，李鹏，2015. 我国生猪目标价格保险试点经验回溯与政策思考 [J]. 中国畜牧杂志，51（12）：21-24.

谢杰，李鹏，王济民，2015. 我国生猪价格的周期性波动：实证分析与政策思考 [J]. 中国畜牧杂志，51（6）：44-48，72.

辛贤，谭向勇，1999. 中国生猪和猪肉价格波动因素测定 [J]. 中国农村经济（5）：29-35.

辛贤，谭向勇，2000. 农产品价格的放大效应研究 [J]. 中国农村观察 (1)：52-57，81.

许彪，施亮，刘洋，2015. 我国生猪养殖行业规模化演变模式研究 [J]. 农业经济问题，36 (2)：21-26，110.

许民利，王俏，欧阳林寒，2012. 食品供应链中质量投入的演化博弈分析 [J]. 中国管理科学，20 (5)：131-141.

严广全，吴清烈，何勇，2008. 非对称信息条件下供应链协同的重复博弈分析 [J]. 工业技术经济 (2)：33-37.

杨朝英，徐学英，2011. 中国生猪与猪肉价格的非对称传递研究 [J]. 农业技术经济 (9)：58-64.

杨晓晗，韩纪琴，2015. 猪肉供应链管理的国际经验 [J]. 世界农业 (5)：34-37.

殷传麟，周兵兵，1997. 生猪价格——波动与抗波动 [J]. 价格理论与实践 (4)：19-22.

于爱芝，2005. 中国生猪饲养业比较优势分析 [J]. 农业技术经济 (1)：40-44.

于少东，2012. 北京市猪肉价格波动周期分析 [J]. 农业经济问题，33 (2)：75-78.

于潇萌，刘爱民，2007. 生猪主产省区散养生猪成本收益分析 [J]. 黑龙江畜牧兽医 (5)：4-6.

于晓秋，冷志杰，2011. 基于分散决策的生猪供应链上发展沼气项目的激励机制优化 [J]. 农业系统科学与综合研究，27 (1)：49-54.

岳冬冬，2011. 中国生猪生产波动的同步性特征与平抑对策 [J]. 农业现代化研究，32 (5)：513-517.

张大海，方伟，宁攸凉，2011. 广东省供销合作社经营效率评价——基于 DEA-Malmquist 指数法 [J]. 技术经济，30 (9)：101-103.

张立中，刘倩倩，辛国昌，2013. 我国生猪价格波动与调控对策研究 [J]. 经济问题探索 (11)：117-122.

张琼，齐源，2006. 农地股份合作制效用分析——以广东南海为例 [J]. 江西财经大学学报 (6)：60-63.

张喜才，汤金金，2019. 非洲猪瘟背景下生猪供应链重塑及其对策研究 [J]. 中国畜牧杂志，55 (9)：143-146.

张喜才，张利庠，卞秋实，2012. 外部冲击对生猪产业链价格波动的影响及调控机制研究 [J]. 农业技术经济 (7)：22-31.

张晓恒，周应恒，张蓬，2015. 中国生猪养殖的环境效率估算——以粪便中氮盈余为例 [J]. 农业技术经济 (5)：92-102.

张绪美，董元华，王辉，等，2007. 中国畜禽养殖结构及其粪便 N 污染负荷特征分析 [J]. 环境科学 (6)：1311-1318.

张颖南，姜振寰，2009. 军工企业军民价值链网络中的协同关系与合作效用研究 [J]. 技术经济，28 (9)：109-114.

张园园，孙世民，张媛媛，2014. 中国生猪生产效率及区域差异分析——基于 Malmquist-DEA 模型的省际面板数据 [J]. 四川农业大学学报，32 (2)：224-229.

赵安平，王大山，肖金科，等，2014. 蔬菜价格时间序列的分解与分析——基于北京市

2002—2012 年数据 [J]. 华中农业大学学报（社会科学版）(1)：49-53.

赵骅，张志强，2010. 产业集群内企业间社会资本对合作效用的影响分析 [J]. 科技管理研究，30 (9)：184-186.

赵颖文，李晓，2012. 基于 RFID 技术的生猪产业链信息采集研究 [J]. 湖北农业科学，51 (9)：5.

郑立平，龙文军，2005. 论利益联结机制与农业产业化经营——以广西壮族自治区为例 [J]. 华南农业大学学报（社会科学版）(2)：15-20.

周发明，廖翼，2012. 我国生猪价格波动及其调控政策评价——一个文献综述 [J]. 湖南社会科学 (1)：156-160.

周海文，王劲松，王锐，等，2014. 外部冲击对内产品价格的影响——以疫病为例 [J]. 世界农业 (11)：76-82.

周金城，陈乐一，2014a. 基于门限模型的我国猪肉产业链非对称价格传导研究 [J]. 经济问题探索 (1)：127-134.

周金城，陈乐一，2014b. 我国生猪价格与玉米价格的动态传导关系研究 [J]. 价格理论与实践 (1)：82-83.

周力，郑旭媛，2012. 基于低碳要素支付意愿视角的绿色补贴政策效果评价——以生猪养殖业为例 [J]. 南京农业大学学报（社会科学版），12 (4)：7.

朱有为，段丽丽，1999. 浙江省畜牧业发展的生态环境问题及其控制对策 [J]. 环境污染与防治 (1)：40-43.

朱增勇，陈加齐，张学彪，等，2018. 日本生猪产业发展与价格支持性政策启示 [J]. 价格理论与实践 (4)：68-72.

左志平，齐振宏，胡剑，等，2017. 生猪供应链绿色运营模式演化路径及影响机理分析 [J]. 农业现代化研究，38 (2)：275-283.

ABDULAI, AWUDU, 2002. Using threshold cointegration to estimate asymmetric price transmission in the Swiss pork market [J]. Applied economics, 34 (6)：679-687.

ABRAHM S, O'DEA M, PAGE S W, et al, 2017. Current and future antimicrobial resistance issues for the Australian pig industry [J]. Animal production science, 57 (12)：2398-2407.

ALARCÓN L V, MONTERUBBIANESI M, PERELMAN S, et al, 2019. Biosecurity assessment of Argentinian pig farms [J]. Preventive veterinary medicine (170)：104637.

ALLAN C, 1988. The future of local economic strategies [J]. Local economy, 3 (2)：132-141.

ALLEN N B, QINGLEI D, STEVEN O, et al, 2003. To what extent will the banking industry be globalized? A study of bank nationality and reach in 20 European nations [J]. Journal of banking and finance, 27 (3)：383-415.

ANDRIYCHENKO O, GIRNIUS A, SAHA A, 2006. Complementary goods：Prices and consumer welfare under duopoly and monopoly [J]. International journal of the economics of business, 13 (3)：373-386.

APICHOTTANAKUL A, PATHUMNAKUL S, PIEWTHONGNAM K, 2012. The role of pig size prediction in supply chain planning [J]. Biosystems engineering, 113 (3)：298-307.

AXEL S, SUBRAMANIAN B, 2005. The making of a "hot product": A signaling explanation of marketers'scarcity strategy [J]. Management science, 51 (8): 1181 - 1192.

AYOMEN J P, KINGAN M S, 2019. Value chain analysis of pig (*Sus scrofa*) in a highland, indigenous community [J]. Mountain journal of science and interdisciplinary research, 79 (2 Supp 1): 139 - 151.

BARTON M D, 2014. Impact of antibiotic use in the swine industry [J]. Current opinion in microbiology (19): 9 - 15.

BINTER C, STRAVER J M, HÄGGBLOM P, et al, 2011. Transmission and control of salmonella in the pig feed chain: A conceptual model [J]. International journal of food microbiology (145): S7 - S17.

BOROSH I, TALPAZ H, 1974. Multi - frequency cobweb model: Decomposition of the hog cycle [J]. American journal of agricultural economics, 57 (1): 132.

BOUMA J, 2006. Industry structure/integration: What are the options for the Canadian pork industry [J]. Advances in pork production (17): 23 - 31.

BOWDEN R, ZHU J, 2010. Asymmetric hedging of the corporate terms of trade [J]. Journal of futures markets, 26 (11): 1059 - 1088.

BOWMAN A, FROUD J, JOHAL S, et al, 2013. Opportunist dealing in the UK pig meat supply chain: Trader mentalities and alternatives [J]. Accounting forum, 37 (4): 300 - 314.

CACHON G P, 2001. Stock wars: Inventory competition in a two - echelon supply chain with multiple retailers [J]. Operations research, 49 (5): 658 - 674.

CAMPOS J, MOURÃO J, PEIXE L, et al, 2019. Non - typhoidal salmonella in the pig production chain: A comprehensive analysis of its impact on human health [J]. Pathogens, 8 (1): 19.

CEMIN H S, TOKACH M D, WOODWORTH J C, et al, 2019. Branched - chain amino acid interactions in growing pig diets [J]. Translational animal science, 3 (4): 1246 - 1253.

CHAU L T M, LEBAILLY P, TRUNG T Q, 2017. Enhancing farmers' market power and income in the pig value chain: A case study in Bac Giang province, Vietnam [J]. Livestock research for rural development, 29 (12): 13.

CHO K H, KIM M J, JEON G J, et al, 2011. Association of genetic variants for FABP3 gene with back fat thickness and intramuscular fat content in pig [J]. Molecular biology reports, 38 (3): 2161 - 2166.

CICCOLINI M, DAHL J, CHASE - TOPPING M E, et al, 2012. Disease transmission on fragmented contact networks: Livestock - associated methicillin - resistant staphylococcus aureus in the Danish pig - industry [J]. Epidemics, 4 (4): 171 - 178.

COOK A J C, BRUTON L A, CLIFTON - HADLEY F A, et al, 2013. Expert opinion on Salmonella control in pigs in the UK [J]. The pig journal (68): 102 - 109.

DA SILVA C A, MANTECA X, DIAS C P, 2016. Needs and challenges of using enrichment materials in the pig industry [J]. Semina: Ciências agrárias, 37 (1): 525 - 535.

DAVIS J S, 1938. The economics of the ever-normal granary [J]. Journal of farm economics, 20 (1): 8-21.

DEVITT C, BOYLE L, TEIXEIRA D L, et al, 2015. Pig producer perspectives on the use of meat inspection as an animal health and welfare diagnostic tool in the Republic of Ireland and Northern Ireland [J]. Irish veterinary journal, 69 (1): 1-9.

DIONE M, OUMA E, OPIO F, et al, 2016. Qualitative analysis of the risks and practices associated with the spread of African swine fever within the smallholder pig value chains in Uganda [J]. Preventive veterinary medicine (135): 102-112.

DUNAY A, VINKLER-RAJCSÁNYI K, 2016. Hungarian pig sector: Actual problems and prospects for the future development [J]. Acta universitatis agriculturae et silviculturae mendelianae brunensis, 64 (6): 1879-1888.

EBETA A, MACGREGOR H, LOEVINSOHN M, et al, 2020. Value chain governance, power and negative externalities: What influences efforts to control pig diseases in Myanmar? [J]. The European journal of development research, 32 (3): 759-780.

FARRELL M J, 1957. The measurement of productive efficiency [J]. Journal of the royal statistical society: Series A (General), 120 (3): 253-281.

FAVERJON C, BERNSTEIN A, GRÜTTER R, et al, 2019. A transdisciplinary approach supporting the implementation of a big data project in livestock production: An example from the Swiss pig production industry [J]. Frontiers in veterinary science (6): 215.

FÉLIX B, FEURER C, MAILLET A, et al, 2018. Population genetic structure of listeria monocytogenes strains isolated from the pig and pork production chain in France [J]. Frontiers in microbiology (9): 684.

GAO Y, ZHAO S, GAO X, 2019. Selection of vertical coordination modes for pig breeders under the framework of supply chain [J]. Revista científica de la facultad de ciencias veterinarias, 29 (2): 289-297.

GAZZONIS A L, MARANGI M, VILLA L, et al, 2018. Toxoplasma gondii infection and biosecurity levels in fattening pigs and sows: Serological and molecular epidemiology in the intensive pig industry (Lombardy, Northern Italy) [J]. Parasitology research, 117 (2): 539-546.

GOODWIN B K, HARPER D C, 2000. Price transmission, threshold behavior, and asymmetric adjustment in the U. S. pork sector [J]. Journal of agricultural & applied economics, 32 (3): 543-553.

GRACIA A, DE MAGISTRIS T, ALBISU L M, 2011. Supply chain relationships and SME firms' competitiveness in the Spanish pig-to-cured ham chain [J]. Journal of international food & agribusiness marketing, 23 (3): 192-210.

GU M, HOU B, ZHOU J, et al, 2020. An industrial internet platform for massive pig farming (IIP4MPF) [J]. Journal of computer and communications, 8 (12): 181.

HARLEY S, MORE S, BOYLE L, et al, 2012. Good animal welfare makes economic sense: Potential of pig abattoir meat inspection as a welfare surveillance tool [J]. Irish veterinary journal, 65 (1): 1-12.

HARLOW A A, 1960. The hog cycle and the cobweb theorem [J]. American journal of agricultural economics, 42 (4): 842-853.

HE K L, PENG T, 2011. Green supply chain management model and its implementation strategy for pig industry: A case of pig industry in Chongqing city [J]. Research of agricultural modernization, 32 (4): 440-444.

HOLT C, 1991. On Nonlinear dynamics: The case of the pork cycle [J]. American journal of agricultural economics, 73 (3): 819-828.

HOLT M T, CRAIG L A, 2006. Nonlinear dynamics and structural change in the U. S. hog-corn cycle: A time-varying star approach [J]. American journal of agricultural economics, 88 (1): 215-233.

HORGAN M, ABBOTT Y, LAWLOR P G, et al, 2011. A study of the prevalence of methicillin-resistant staphylococcus aureus in pigs and in personnel involved in the pig industry in Ireland [J]. The veterinary journal, 190 (2): 255-259.

JACKMAN J A, BOYD R D, ELROD C C, 2020. Medium-chain fatty acids and monoglycerides as feed additives for pig production: Towards gut health improvement and feed pathogen mitigation [J]. Journal of animal science and biotechnology, 11 (1): 1-15.

KENNY M, SMIDT H, MENGHERI E, et al, 2011. Probiotics: Do they have a role in the pig industry? [J]. Animal, 5 (3): 462-470.

KHAMJAN S, PIEWTHONGNGAM K, PATHUMNAKUL S, 2013. Pig procurement plan considering pig growth and size distribution [J]. Computers & industrial engineering, 64 (4): 886-894.

KHAN M A, CAO L, RIAZ A, et al, 2019. The harm of salmonella to pig industry and its control measures [J]. International journal of applied agricultural sciences (5): 24.

KING G A, 1956. Estimates of the elasticities of supply of selected agricultural commodities [J]. Journal of farm economics, 38 (2): 509-512.

KOLCHYK O V, BUZUN A I, PALIY A P, et al, 2020. Biofilms of pathogenic bacteria in pig industry [J]. Ukrainian journal of ecology, 10 (4): 202-209.

KULLAPAPRUK P, PRASERT V, SUPACHAI P, et al, 2014. System dynamics modelling of an integrated pig production supply chain [J]. Biosystems engineering, 127: 24-40.

LARSON A B, 1964. The hog cycle as harmonic motion [J]. American journal of agricultural economics, 46 (2): 375-386.

LEAT P M K, REVOREDO-GIHA C, 2013. In search of differentiation and the creation of value: The quest of the Scottish pig supply chain [J]. British food journal, 115 (10): 1487-1504.

LEAT P, REVOREDO-GIHA C, 2013. Risk and resilience in agri-food supply chains: The case of the ASDA porklink supply chain in Scotland [J]. Supply chain management, 18 (2): 219-231.

LI S, 2013. The price transmission mechanism of pig and pork whole industry chain [J]. On economic problems (2): 62 - 67.

LIU X, XIAO X, 2016. The optimization of cyclic links of live pig - industry chain based on circular economics [J]. Sustainability, 8 (1): 26.

LIU Z, KLÜMPER U, SHI L, et al, 2019. From pig breeding environment to subsequently produced pork: Comparative analysis of antibiotic resistance genes and bacterial community composition [J]. Frontiers in microbiology (10): 43.

MCCULLOUGH M P, HUFFAKER R, MARSH T L, 2012. Endogenously determined cycles: Empirical evidence from livestock industries. [J]. Nonlinear dynamics psychology and life sciences, 16 (2): 205 - 231.

MCORIST S, KHAMPEE K, GUO A, 2011. Modern pig farming in the People's Republic of China: Growth and veterinary challenges [J]. Revue scientifique et technique - oie, 30 (3): 961.

MICEK G, NEO H, GÓRECKI J, 2011. Foreign direct investment, institutional context and the changing Polish pig industry [J]. Geografiska annaler: Series B, human geography, 93 (1): 41 - 55.

MIGUEL M A, MINGALA C N, 2019. Screening of pig (*Sus scrofa*) bactericidal permeability - increasing protein (BPI) gene as marker for disease resistance [J]. Animal biotechnology, 30 (2): 146 - 150.

MOLINA - MORENO V, LEYVA - DÍAZ J C, LLORENS - MONTES F J, et al, 2017 Design of indicators of circular economy as instruments for the evaluation of sustainability and efficiency in wastewater from pig farming industry [J]. Water, 9 (9): 653.

MONTSHO T, MOREKI J C, 2012. Challenges in commercial pig production in Botswana [J]. Journal of agricultural technology, 8 (4): 1161 - 1170.

MUHANGI D, MASEMBE C, BERG M, et al, 2014. Practices in the pig value chain in Uganda: Implications to African swine fever transmission [J]. Livestock research for rural development, 26 (5): 94.

MUTAMBARA J, 2013. Non regulatory constraints affecting pig industry in Zimbabwe [J]. Online journal of animal and feed research, 3 (1): 62 - 67.

MUTAMBARA J, 2013. A preliminary review of regulatory constraints affecting pig industry in Zimbabwe [J]. Livestock research for rural development, 25 (3): 205 - 208.

NADAL - ROIG E, PLÀ - ARAGONÉS L M, 2015. Optimal planning of pig transfers along a pig supply chain [M] //Handbook of operations research in agriculture and the agri - food industry. New York: Springer: 1 - 18.

NADAL - ROIG E, PLÀ - ARAGONÉS L M, 2014. Multiperiod planning tool for multisite pig production systems [J]. Journal of animal science, 92 (9): 4154 - 4160.

NADAL - ROIG E, PLÀ - ARAGONÈS L M, ALONSO - AYUSO A, 2019. Production planning of supply chains in the pig industry [J]. Computers and electronics in agriculture (161): 72 - 78.

NDWANDWE S B，WENG R C，2018. Competitive analyses of the pig industry in Swaziland [J]. Sustainability，10 (12)：4402.

NÖREMARK M，HÅKANSSON N，LEWERIN S S，et al，2011. Network analysis of cattle and pig movements in Sweden：Measures relevant for disease control and risk based surveillance [J]. Preventive veterinary medicine，99 (2－4)：78－90.

ORTIZ S，LÓPEZ V，VILLATORO D，et al，2010. A 3－year surveillance of the genetic diversity and persistence of listeria monocytogenes in an Iberian pig slaughterhouse and processing plant [J]. Foodborne pathogens and disease，7 (10)：1177－1184.

OUDEN M D，NIJSING J T，DIJKHUIZEN A A，et al，1997. Economic optimization of pork production－marketing chains：I Model input on animal welfare and costs [J]. Livestock production science，48 (1)：23－37.

PAPAGEORGIOU K V，BURRIEL A R，FILIOUSSIS G，et al，2011. Aujeszky's disease (pseudo rabies). An old threat in current pig industry? Part Ⅰ. Pathogenetic information and implications [J]. Journal of the hellenic veterinary medical society，62 (1)：29－37.

PATCHANEE P，TANSIRICHAROENKUL K，BUAWIRATLERT T，et al，2016. Salmonella in pork retail outlets and dissemination of its pulsotypes through pig production chain in Chiang Mai and surrounding areas，Thailand [J]. Preventive veterinary medicine (130)：99－105.

PENG T，LU F，WANG G，et al.，2013. Study on the optimization mechanism about behavior selection of healthy pig industry chain [J]. IERI procedia (5)：161－165.

PIEWTHONGNGAM K，VIJITNOPPARAT P，PATHUMNAKUL S，et al.，2014. System dynamics modelling of an integrated pig production supply chain [J]. Biosystems engineering (127)：24－40.

PURSLOW P P，MANDELL I B，WIDOWSKI T M，et al，2008. Modelling quality variations in commercial Ontario pork production [J]. Meat science，80 (1)：123－131.

RATAJCZAK－MROZEK M，2013. Global business networks and cooperation within supply chain as a strategy for high－tech companies' growth [J]. Social science electronic publishing，8 (1)：35－51.

ROUDAUT B，PESSEL D，SANDERS P，2018. Search for antibiotic residues in the French pig industry－contribution of new techniques to the identification of antibiotics in pig meat [J]. Journées de la recherche porcine en France (50)：229－233.

SANCHEZ－VAZQUEZ M J，STRACHAN W D，ARMSTRONG D，et al，2011. The British pig health schemes：Integrated systems for large－scale pig abattoir lesion monitoring [J]. Veterinary record，169 (16)：413.

SECCO C，DA LUZ L M，PINHEIRO E，et al，2020. Circular economy in the pig farming chain：Proposing a model for measurement [J]. Journal of cleaner production (260)：121003.

SILVA J S，NUNES J L T，2013. Inventory and characterization of traditional Mediterranean pig production systems. Advantages and constraints towards its development [J]. Acta agriculturae Slovenica (4): 61 - 67.

SOMA P, VAN MARLE - KÖSTER E, FRYLINCK L, 2014. Frequency of the malignant hyperthermia gene in the South African pig industry [J]. South African journal of animal science, 44 (4): 384 - 387.

SWAI E S, LYIMO C J, 2014. Impact of African swine fever epidemics in smallholder pig production units in Rombo district of Kilimanjaro, Tanzania [J]. Livestock research for rural development, 26 (2): 32.

TUUSJAEDRVI E, MOELLER K, 2009. Multiplicity of norms in inter - company cooperation [J]. Journal of business & industrial marketing, 24 (7 - 8): 519 - 528.

VARGAS F D, ESCATELL G A S, LARA A C M, et al, 2018. Study of porcine circovirus type 2 (PCV2) and porcine reproductive and respiratory syndrome virus (PRRSV) frequencies and coinfection in Mexican farrow to finish pig farms [J]. Journal of veterinary medicine and animal health, 10 (3): 96 - 100.

VEILLETTE M, GIRARD M, VIENS P, et al, 2012. Function and limits of biofilters for the removal of methane in exhaust gases from the pig industry [J]. Applied microbiology and biotechnology, 94 (3): 601 - 611.

WANG M, 2019. Short - term forecast of pig price index on an agricultural internet platform [J]. Agribusiness, 35 (3): 492 - 497.

WILFRED E, MUTEBI F, MWIINE F N, et al, 2018. Porcine circovirus type 2 - systemic disease on pig farms and associated knowledge of key players in the pig industry in Central Uganda [J]. International journal of veterinary science and medicine, 6 (2): 178 - 185.

ZHANG Y, LIU P, YU Q, 2015. Safety traceability platform building for the whole industry chain of Laiwu pig based on IOT [J]. Journal of Chinese agricultural mechanization, 36 (2): 141 - 144.

ZHUO N, JI C, 2019. Toward livestock supply chain sustainability: A case study on supply chain coordination and sustainable development in the pig sector in China [J]. International journal of environmental research and public health, 16 (18): 3241.

图书在版编目（CIP）数据

生猪产业链健康状态波动机理与临界情境仿真研究 /
东北农业大学经济管理学院，重庆乡村振兴研究院组编；
王刚毅，申玉琢，王菁菁主编 . —北京：中国农业出版
社，2022.8
ISBN 978-7-109-29896-5

Ⅰ.①生… Ⅱ.①东… ②重… ③王… ④申… ⑤王
… Ⅲ.①生猪市场－产业链－研究－中国 Ⅳ.
①F326.3

中国版本图书馆 CIP 数据核字（2022）第 156598 号

生猪产业链健康状态波动机理与临界情境仿真研究
SHENGZHU CHANYELIAN JIANKANG ZHUANGTAI BODONG JILI YU
LINJIE QINGJING FANGZHEN YANJIU

中国农业出版社出版
地址：北京市朝阳区麦子店街 18 号楼
邮编：100125
责任编辑：冀　刚　　文字编辑：戈晓伟
版式设计：杨　婧　　责任校对：沙凯霖
印刷：北京中兴印刷有限公司
版次：2022 年 8 月第 1 版
印次：2022 年 8 月北京第 1 次印刷
发行：新华书店北京发行所
开本：700mm×1000mm　1/16
印张：13.75
字数：280 千字
定价：78.00 元